Ulrike Graff
Selbstbestimmung für Mädchen

Ulrike Graff

Selbstbestimmung für Mädchen

Theorie und Praxis feministischer Pädagogik

Ulrike HELMER Verlag

Bibliografische Information Der Deutschen Bibliothek

Die Deutsche Bibliothek verzeichnet diese Publikation in der
Deutschen Nationalbibliografie; detaillierte bibliografische Daten
sind im Internet über http://dnb.ddb.de abrufbar.

Dieser Publikation liegt die Dissertation der Autorin zugrunde. Die Arbeit wurde an der Fakultät für Pädagogik der Universität Bielefeld eingereicht.

Druck und Bindung: Wilfried Niederland Verlagsservice, Königstein/Taunus
Printed in Germany
ISBN 3-89741-150-4

Gesamtverzeichnis sendet gern: Ulrike Helmer Verlag,
Altkönigstraße 6a, D-61462 Königstein/Taunus
E-Mail: ulrike.helmer.verlag@t-online.de
Fax: 06174 / 93 60 65

Besuchen Sie uns im Internet: www.ulrike-helmer-verlag.de

Inhaltsverzeichnis

Vorwort

Selbstbestimmung für Mädchen. So lautet das grundlegende Anliegen feministischer Mädchenpädagogik. Damit hat sie einerseits dasselbe humanistische Erziehungsziel wie andere kritisch emanzipatorische Pädagogiken auch, andererseits unterscheidet sie sich von ihnen in der Frage der Organisationsform in Bezug auf Geschlecht. Da feministische Pädagogik von der These ausgeht, dass die Selbstbestimmung von Mädchen in koedukativer Pädagogik behindert wird, strukturiert sie sich bewusst wieder geschlechtshomogen.

Die vorliegende Arbeit untersucht die Realisierung einer Mädchenpädagogik, die sich als feministisch versteht und seit 18 Jahren in einem Mädchentreff Freizeit-, Bildungs- und Kulturarbeit macht. Dabei geht es zum einen um die Bedeutung von Mädchentreffs für eine zukünftige Struktur von Jugendarbeit, zum anderen um eine Evaluierung der Praxis feministischer Mädchenarbeit. Die Studie möchte empirisch fundierte Ergebnisse für die Weiterentwicklung feministischer Mädchenpädagogik liefern.

Nach einer Einführung in wichtige erziehungswissenschaftliche und forschungspragmatische Fragestellungen wird zunächst ausführlich der selbstevaluative Charakter dieser Studie problematisiert: Die Forscherin selbst hat diesen Mädchentreff mit aufgebaut und war dort acht Jahre pädagogisch tätig. Als nun forschende Pädagogin verfüge ich einerseits über einen guten Zugang zum Feld und über ein hohes Maß an Kontextwissen, andererseits ist es nötig, mit Hilfe kontinuierlicher Selbstreflexion meine Gefühle im Arbeitsprozess zu thematisieren, um so immer wieder eine forschende und nicht gleich bewertende Haltung einnehmen zu können. Die Auswertung meines Forschungstagebuchs brachte spannende Phänomene meines Rollenwechsels für die Phase der empirischen Datenerhebung zu Tage. Diese konkrete Selbstreflexion ist deshalb so ausführlich dargestellt, weil sie auch im Rahmen pädagogischer Praxis sinnvoll und durchaus übertragbar ist.

Das dann folgende Kapitel bildet den theoretischen Hintergrund für die kritische Praxisreflexion des Mädchentreffs, indem es die Begriffe ›Feminismus‹ und ›Pädagogik‹ für den Kontext dieser Studie einführt und das Konzept feministischer Mädchenpädagogik als theoretische Grundlage des Mädchentreffs darstellt.

Als sensibilisierende Einstimmung für die Analyse der Aussagen von Pädagoginnen und Mädchen referiere ich dann die sozialpsychologische Untersuchung von Brown/Gilligan (1994) zu Mädchen in der Adoleszenz: »Meeting at the Crossroads« (in der deutschen Übersetzung »Die verlorene Stimme«). Dort wird die Haltung unserer Kultur Mädchen gegenüber selbstkritisch als eine charakterisiert, die stets erwartet, dass Mädchen die eigene Erwartung an sie erfüllen. Selbst Wissenschaftlerinnen oder Pädagoginnen, die sich als Feministinnen verstehen, reproduzieren das – bei ihnen ändert sich lediglich der Inhalt ihrer Erwartungen: nicht mehr das ›brave‹ Mädchen ist gefragt, sondern das ›freche‹. Bevor ich mit dieser kritischen Perspektive das Material meiner Studie bearbeite, werde ich auf Professionalisierungsprozesse in der Mädchenarbeit eingehen. Darin wird zum einen der allgemeine Professionalisierungsdiskurs in der sozialen und pädagogischen Arbeit auf die Entstehung von Mädchenarbeit als eigenes pädagogisches Feld bezogen und zum anderen für den Mädchentreff Bielefeld in seiner Institutionalisierung und Professionalisierung der pädagogischen Praxis konkretisiert.

Im empirischen Teil der Studie versuche ich, der Beziehung zwischen Pädagoginnen und Mädchen auf die Spur zu kommen. Beziehung, realisiert in Interaktion, ist einer der Orte, wo sich Pädagogik konkret abspielt. Zunächst analysiere ich Geschichten gelungener und misslungener pädagogischer Situationen, die die Mädchentreff-Pädagoginnen erinnern. Hier wird es immer dann pädagogisch spannend, wenn die Mädchen anders sind oder andere Dinge tun als die Pädagogin erwartet. Die Frage nach Selbstbestimmung ist keine, die sich mit einem feministischen Konzept von selbst erledigt. Dann stelle ich exemplarische Interviewpassagen mit Mädchen aus dem Mädchentreff vor. Sie erzählen, welche Beziehungsmöglichkeiten sie im Mädchentreff zu den Pädagoginnen erleben, welche Art von Unterstützung und Anregung sie bekommen und welche Konflikte es für sie gibt.

Die vorliegende Studie war mir deshalb möglich, weil die Pädagoginnen und Mädchen bereit waren, kritisch und selbstkritisch über sich und den Mädchentreff zu sprechen.

Dank gilt vor allem meinen Kolleginnen Miriam Asmus, Eike Bartheidel, Silvia Lück und Regina Puffer, die den Mut haben, ihre Arbeit zum

Gegenstand pädagogischer Forschung zu machen. Damit erlauben sie eine Analyse, die immer auch schonungslos ist, da sie im Nachhinein mit inhaltlichen und methodischen Werkzeugen in aller Ruhe Dynamiken herausarbeiten kann, die der Komplexität lebendiger Pädagogik geschuldet sind. Hier muss ich auf die Unmöglichkeit der direkten Übertragbarkeit von Wissenschaft auf Praxis und umgekehrt verweisen. Pädagogische Praxis und Wissenschaft sollten sich in gegenseitiger Anerkennung ihrer Arbeit füreinander interessieren und sich nicht aneinander messen.

Die pädagogischen Geschichten und die Interviews sind wertvolles Material für pädagogische Erkenntnis, die verstehen und nicht als richtig oder falsch bewerten will. Sie erzählen Berührendes, Heiteres, Mühsames, Ärgerliches, Kluges, Aufregendes, Trauriges und Stolzes aus der Arbeit von Pädagoginnen und aus dem Alltag von Mädchen, erlebt an einem Ort der Begegnung zwischen Mädchen und Frauen – »meeting at the crossroads« (Brown/Gilligan 1994).

Mein Dank gilt von ganzem Herzen darüber hinaus: Brigitte Thyen, Ulla und der Dinobande, PD Dr. Helga Kelle, Prof. Dr. Katharina Gröning, Prof. Dr. Hans-Uwe Otto, Prof. Dr. Juliane Jacobi, Prof. Dr. Annedore Prengel, Prof. Dr. Dieter Baacke (posthum), Dr. Ruth Großmaß und der Coaching-Gruppe für Doktorandinnen der ZSB der Universität Bielefeld, der »3D-Gruppe«: Dr. Ellen Schwitalski und Andrea Baier, Prof. Dr. Benedikt Sturzenhecker, Gisela Netzeband, Irmgard Nölle und meiner Mutter Charlotte Zühlke.

1. Einführung

Die vorliegende Studie über den Mädchentreff Bielefeld untersucht, wie sich das Ziel *Selbstbestimmung für Mädchen* in diesem neuen geschlechtshomogenen Praxisfeld realisiert.

Neu meint hier jung in der Tradition pädagogischer Institutionen: Der Mädchentreff wurde 1985 gegründet als eine der ersten Einrichtungen außerschulischer Mädchenbildungs- und Kulturarbeit in Nordrhein-Westfalen. Neu am Mädchentreff ist auch das Konzept einer feministischen Mädchenpädagogik; es macht Geschlechtshomogenität bewusst wieder zu einem Prinzip der Arbeit, da es von der Annahme ausgeht, dass Koedukation Jungen fördert und Mädchen benachteiligt (vgl. hier zunächst stellvertretend Spender 1985).

Der Mädchentreff will deshalb ein Freiraum für Mädchen sein, den sie selbst gestalten, wo sie mit ihren Fähigkeiten und Vorlieben im Mittelpunkt stehen. Sie sollen selbst, ohne direkten männlichen Einfluss, entscheiden können, was sie machen, wer und wie sie sein wollen. Damit soll ein Prozess von Selbstbestimmung unterstützt werden, der über die Einschränkungen traditioneller Rollenzuschreibungen hinausgehen kann.

Die Studie untersucht, wie sich die Praxis eines Mädchentreffs realisiert, ob und wie sie ihrem Ziel *Selbstbestimmung für Mädchen* näher kommt.

Zunächst einige Grundinformationen über den Mädchentreff Bielefeld: Der Mädchentreff arbeitet in freier Trägerschaft, finanziert von der Stadt Bielefeld als offene Jugendeinrichtung. Er ist Mitverein im Paritätischen Wohlfahrtsverband. Der Mädchentreff wurde aufgebaut und wird getragen von einem Kollektiv von fünf Pädagoginnen. Zielgruppe sind 12- bis 19-jährige Mädchen. Das pädagogische Angebot differenziert sich in zwei Bereiche:

- offener Treffpunkt und Café,
- Bildungsseminare in Kooperation mit Schulen. Inhalte der Arbeit sind: Selbstbehauptung, Lebensplanung und Berufsorientierung, Fotografie, Musik, Solartechnik, Reisen (vgl. Asmus/Sander 1998).

Selbstbestimmung ist ein zentraler Begriff in Theorie und Praxis des Mädchentreffs: Er ist pädagogische Zielkategorie der Konzeption und er ist thematisch präsent im Mädchentreff als Ort, wo Lebensplanung und Berufsorientierung in Seminaren oder in offenen Alltagsgesprächen stattfinden. Er konkretisiert sich dort in den Situationen, die Mädchen und Pädagoginnen gemeinsam erleben, in pädagogischen Beziehungen.

Die Studie ist angelegt als qualitativ-empirische Analyse der Pädagogik des Mädchentreffs. Diese Analyse findet auf zwei Ebenen statt:

1. *auf der Ebene pädagogischer Situationen* als konkrete Praxis des Mädchentreffs; diese Situationen wurden eingefangen in zehn selbstreflexiven Geschichten von fünf Pädagoginnen zum Thema »Selbstbestimmung«. Dieses Material eröffnet den subjektiv-professionellen Blick z.B. auf Alltagsbedingungen, Beziehungsdynamiken, Handlungsaspekte.
2. auf der Ebene der Adressatinnen, der Mädchen als Besucherinnen des Mädchentreffs; in Leitfadeninterviews wurden 13 Mädchen daraufhin befragt, was Selbstbestimmung für sie bedeutet und welchen Stellenwert der Mädchentreff in diesem Zusammenhang für sie hat – anders gesagt: welche Erfahrungen und Bedingungen sie im Mädchentreff als förderlich (oder hinderlich) für eigene Selbstbestimmung erlebten. Die Interviews wurden nach Witzel »Das problemzentrierte Interview« durchgeführt (Witzel 1985).

Dieses Material wurde mit interpretativen Methoden qualitativer Sozialforschung ausgewertet. Die Materialbasis wurde ebenfalls im Abschlussbericht des Modellprojektes zur Pädagogischen Auswertung der Theorie und Praxis des Mädchentreffs Bielefeld des Landschaftsverbandes Westfalen-Lippe verwendet (vgl. Graff 1999).

Die Forschungsarbeit versuchte zunächst offen heuristisch, Spuren und Phänomene von Selbstbestimmung im Material zu identifizieren. Es stellte sich heraus, dass die Daten beider Gruppen einschlägige Aussagen zu dem für den Kontext Selbstbestimmung relevanten Thema »pädagogische Beziehung« enthielten. Daher wurde der Focus der Untersuchung auf die Beziehungen zwischen Mädchen und Pädagoginnen im Mädchentreff gelegt. Jeweils fünf Geschichten und fünf Interviewpassagen wurden ausgewählt und bearbeitet, da zum einen eine gleiche Quantität von Fällen aus beiden Gruppen gewährleistet sein sollte, zum anderen verlangte die ergiebige qualitative Forschungsmethodik der »strukturellen Beschreibung« (Schütze 1984) diese forschungspragmatische Reduzierung des Materials.

Die Untersuchung möchte einen Beitrag für folgende jugendpolitische und erziehungswissenschaftliche Fragestellungen liefern:

- Das Kinder- und Jugendhilfegesetz (KJHG) verlangt mit dem § 9.3 die geschlechtsspezifische Qualifizierung von Jugendhilfe. Jugendpolitische Entscheidungen über länderbezogene Ausführungsgesetze zum KJHG sowie für kommunale Jugendhilfeplanungen müssen Mädchenarbeit als Querschnittsaufgabe berücksichtigen (vgl. Werthmanns-Reppekus 1993; Wallner 1996). Die Studie will empirisch fundierte Ergebnisse für diese Debatte liefern. Sie kann speziell die Bedeutung von Mädchentreffs für eine zukünftige Struktur von Jugendarbeit aufzeigen.
- Mädchentreffs sind auf institutioneller Ebene die weitestgehende Konsequenz aus der Kritik an Koedukation. Als geschlechtshomogene Einrichtungen haben sie Modellfunktion für die Mädchenarbeit. Konzepte, Methoden und Erfahrungen werden vielfach nachgefragt. Die hier vorgenommene Reflexion der Praxis kann wichtige Impulse für eine mädchengerechte Jugendarbeit liefern.
- Als wissenschaftliche Evaluation der Modellpraxis von Mädchentreffs ist die Studie ein Beitrag zur pädagogischen Grundlagenforschung im Theoriebereich Pädagogik und Geschlecht.

Die Arbeit bewegt sich auf unterschiedlichen Ebenen und je nach Kontext auf ein- und ausschließenden pädagogischen Territorien. Zum einen ist auf der Ebene der institutionellen Praxis der Mädchentreff in das Feld offener Jugendarbeit einzuordnen, d.h. in die außerschulische Pädagogik, die Teil von Jugendhilfe ist; zum anderen rekurrieren auf der Ebene des Theoriediskurses viele Ausführungen zum Verhältnis von Monoedukation und Koedukation auf Forschungen im Bereich Schule sowie auf die allgemeine Erziehungswissenschaft; und drittens ist die fachliche Klammer der Professionalisierungsdebatte der Begriff der sozialen Arbeit, der Jugendarbeit und außerschulische Pädagogik impliziert, in Abgrenzung zur Institution Schule.

1.1 Der erziehungswissenschaftliche Kontext der Untersuchung

Koedukative Erziehung reproduziert noch immer eher traditionelle Verhältnisse für Mädchen und für Jungen. Trotz des Gleichberechtigungspostulats orientiert sie sich in der Praxis bevorzugt an Jungen: an ihren Fähigkeiten

Andreetinus

und Interessen und an ihrem, verglichen mit Mädchen, »auffälligeren« Verhalten. »Mädchen sind eigentlich kein Problem« (Nava 1982). Ihre soziale Kompetenz z.B. ist als positiver atmosphärischer Faktor in einer Gruppe erwünscht und genutzt, wird jedoch für ihre Art zu lernen nicht berücksichtigt. Dies ist für die Schule einschlägig erforscht (vgl. stellvertretend Spender 1985; Enders-Dragässer/Fuchs 1989; Kampshoff/Nyssen 1999; Kreienbaum 1992) und für den außerschulischen Bereich deutlich benannt und analysiert (vgl. u.a. Savier/Wildt 1980; Schuhmacher/Trauernicht 1984; Heiliger 1993; Friebertshäuser/Jakob, Hg., 1997).

Konsequenzen dieser Erkenntnisse für die *pädagogische Praxis* sind: Differenzierung der Koedukation, d.h. zeitweilige Geschlechtertrennung für bestimmte Themen und Ereignisse in Schule und Jugendarbeit, sowie neue geschlechtshomogene pädagogische Einrichtungen für Mädchen wie Mädchentreffs oder Mädchenzentren im Rahmen außerschulischer Jugendarbeit.

Auf *theoretischer Ebene* fehlte bis vor kurzem eine systematische Diskussion »Pädagogik und Geschlecht«. Mit Rendtorff/Moser (1999) wurde hier eine wichtige Lücke geschlossen. Die Frage, ob und wie Mädchen und Jungen gemeinsam oder getrennt voneinander erzogen werden sollten, beantwortete sich eher politisch-pragmatisch als pädagogisch-theoretisch. Die Antworten entsprachen dem jeweiligen Verhältnis der Geschlechter, genauer: dem historischen Stand der Frauenfrage (vgl. Arolt 1987).

Erziehungswissenschaftliche Theoriebildung hatte bezogen auf die Kategorie Geschlecht eine Leerstelle: Eine Theorie der Koedukation beispielsweise existiert nicht, da Analysen der pädagogischen Praxis fehlten, die Kriterien für gemeinsame oder getrennte Erziehung liefern konnten (vgl. Knab 1970).

Dasselbe gilt auch für neue geschlechtshomogene Pädagogik: Ihre wissenschaftliche Evaluation steht bisher aus.

Erst die feministische Koedukationskritik fasst den Diskurs »Pädagogik und Geschlecht«, in der Weise, dass sie differenziert Interaktionen und Effekte der gemeinsamen Erziehung von Mädchen und Jungen erforscht (vgl. Schmauch 1987, Oswald u.a. 1988, Metz-Göckel 1991, Breidenstein/Kelle 1998).

Koedukation und Geschlechtshomogenität sind Organisations*formen* von Pädagogik, *in* denen bestimmte Erziehungsziele verfolgt werden. Es geht hier also auch um die Klärung eines Verhältnisses von *Form* und *Inhalt* in der Pädagogik (vgl. dazu 3.3.1).

Eine wichtige Fragestellung der vorliegenden Studie ist, wie die Umsetzung geschlechtshomogener feministischer Pädagogik mit Mädchen aussieht: passen hier »Form« und »Inhalt« zusammen? Wie gestalten sich pädagogische Beziehungen im geschlechtshomogenen Feld? Sind sie geeignet, dem Erziehungsziel Selbstbestimmung von Mädchen ein Stück näher zu kommen?

Im Begriff »Selbstbestimmung« treffen sich zwei Traditionen: zum einen die pädagogische, deren klassisch-humanistisches Ziel »Erziehung zu Selbstbestimmung« ist (vgl. Benner 1983), zum anderen die feministische, deren wichtigstes Ziel ebenfalls als »Selbstbestimmung für Frauen« formuliert wird (vgl. Beyer u.a. 1983).

Hintergrund für eine *feministische Begriffsklärung* bilden hier zwei Arbeiten:

- zum einen die amerikanische Untersuchung »Die verlorene Stimme« (Brown/Gilligan 1994). Sie fragt als Weiterentwicklung der Studie von Carol Gilligan zu weiblicher Moral (Gilligan 1984) nach dem Wissen, das Mädchen über Beziehungen haben, wie sich dies mit der Adoleszenz verändert und welche Bedeutung erwachsene Frauen für eine »eigene Stimme« von Mädchen haben.
- Zum anderen: die Überlegungen des Mailänder Frauenbuchladens zum Konzept »Affidamento« (Libreria delle donne 1988). Affidamento heißt wörtlich: »sich anvertrauen«, Frauen vertrauen sich einander an. Dies wird entwickelt als politisch-feministische Strategie in einer patriarchalen Kultur, die Männer und Frauen auf den Vater-Mann-Sohn zentriert und die Beziehungen unter Müttern-Frauen-Töchtern leugnet oder diffamiert. Konkrete und symbolische Frauenbezogenheit will diese Struktur männlicher Herrschaft aufbrechen und gilt als Voraussetzung für weibliche Selbstbestimmung. Feministische Mädchenpädagogik überträgt dies als Prinzip der Geschlechtshomogenität sowohl auf die Mädchen als Adressatinnen als auch auf die Pädagoginnen als Professionelle. Intendiert ist hier zum einen die Stärkung der Beziehungen der Mädchen untereinander, zum anderen die bewusste Auseinandersetzung mit dem Mädchen-/Frauenbild der Mädchen durch Prozesse positiver oder negativer Identifikation zwischen Mädchen und Pädagoginnen (vgl. Graff 1988, Haasis 2002).

Für den feministischen Diskurs bedeutet die Studie, die Umsetzung eigener Forderungen in Praxis auszuwerten. Ein Teil feministischer Forschung richtet sich auf die Kritik an bestehenden Geschlechterverhältnissen und entwickelt daraus Konzepte und Utopien für eine veränderte Praxis. Hier stehen nun Daten zu Verfügung, die erlauben, feministische Theorie im Bereich der Pädagogik an Erfahrungen solch einer veränderten Praxis, einem Mädchentreff als »feministischer Errungenschaft« kritisch-konstruktiv weiterzuentwickeln.

Im *erziehungswissenschaftlichen Diskurs* nimmt die Auseinandersetzung mit dem Thema Selbstbestimmung breiten Raum ein: Erziehung zu Mündigkeit, Förderung von persönlicher Autonomie, Emanzipation tauchen als »Bildsamkeitspostulat« in geisteswissenschaftlicher Pädagogik (vgl. hierzu Dilthey 1961) ebenso auf wie in analytisch-empirischer (vgl. Brezinka 1974) sowie emanzipatorisch-kritischer Pädagogik (vgl. Mollenhauer 1974, Gamm 1979).

Selbstbestimmung ist mit diesem Hintergrund klassisch pädagogisches Ziel. Es ist der positiven Utopie verpflichtet, dass alle Menschen freidemokratisch über ihre Kompromisse zwischen individuellen und kollektiv-gesellschaftlichen Belangen entscheiden können sollen.

Dieses Ziel verweist auf ein Menschenbild, für das ein »Selbst« als selbstreflexives Bewusstsein konstitutiv ist. Dieses Selbst steht in dialektischem Verhältnis zur Umwelt, d.h. es lernt im Handeln mit anderen als Individuum die Balance zwischen eigenen Interessen und Anforderungen des Kollektivs.

Der pädagogische Diskurs fragt nach den Bedingungen für die Entwicklung von Ich-Stärke und Persönlichkeit als Voraussetzung für ein selbstbestimmtes Handeln.

Zentraler Bezugsrahmen für das dieser Arbeit zugrunde liegende Pädagogikverständnis ist das Konzept einer »Pädagogik der Vielfalt« (Prengel 1993), das die Begriffe Differenz und Gleichheit erziehungswissenschaftlich und erziehungspraktisch aufarbeitet und damit eine Grundlage feministischer Mädchenpädagogik darstellen kann.

Für den *erziehungswissenschaftlichen Diskurs* versteht sich die Studie als Beitrag zur pädagogischen Theorieentwicklung im Kontext geschlechtshomogener feministischer Pädagogik als Teil des Diskurses Pädagogik und Geschlecht.

1.2 Der erziehungsgeschichtliche Hintergrund des Feldes

Der historisch-kulturelle Hintergrund des Untersuchungsfeldes Mädchentreff ist die Geschichte der Koedukation.

Die Geschichte der Pädagogik belegt, dass bis ins 19. Jahrhundert hinein Bildung als humanistische Erziehung und Ausbildung für höhere gesellschaftliche Aufgaben in der Regel geschlechtshomogen »für Knaben« organisiert war. Mädchenbildung in diesem Sinn war selten, und wenn sie stattfand, war sie von Frauen getragen (vgl. Kleinau u.a. 1996). Für Deutschland lässt sich feststellen, dass die Forderung der ersten Frauenbewegung nach gleichberechtigter Teilhabe von Frauen an gesellschaftlicher Macht und öffentlich finanzierter, höherer Allgemeinbildung für Mädchen die Organisationsfrage von Pädagogik und damit »Koedukation« als Begriff überhaupt erst aufbrachte.

Koedukation bezeichnet die gemeinsame Erziehung von Mädchen und Jungen. Die Einführung der allgemeinen Schulpflicht bewirkte rein organisatorisch vielfach gemischte Klassen – ›Koinstruktion‹ –, die jedoch nicht Anlass grundsätzlicher Überlegungen zur geschlechtsspezifischen Erziehung wurde. Koedukation war ein Problem der Mädchenbildung, denn die höheren Schulen waren traditionell »Knabenschulen«. Sollten Mädchen mit Jungen gemeinsam gebildet werden oder sollte es getrennte Mädchenschulen geben? Das Problem wurde pragmatisch gelöst: In größeren Städten gründeten sich Höhere Mädchenschulen, Fachschulen und Lyzeen, die jedoch alle geringere Qualifikationsmöglichkeiten als Jungenschulen hatten, oder Mädchenklassen wurden Jungenschulen angegliedert. In beiden Fällen wurden jedoch spezielle Lehrpläne für Mädchen entwickelt:

> »Ihre Vorbereitung auf Haus und Familie sucht man durch Differenzierung im Lehrplan zu sichern (der Unterricht in Handarbeit und Hauswirtschaft ging dabei meist auf Kosten anderer Fächer), in größeren Schulen auch durch Geschlechtertrennung in den Abschlussklassen – womit man zugleich das Problem der Koedukation in der Pubertät umging.« (Knab 1970, 81)

In diesem Zitat sind zwei wichtige Aspekte von Koedukation angesprochen: die geschlechtsspezifische Erziehung von Jungen und Mädchen und die heterosexuelle Doppelmoral, die Mädchen und Jungen Sexualität als etwas ›Gefährliches‹ verbietet und sie Frauen und Männern später qua Eheinstitution verordnet. Auf diesen Grundgedanken lassen sich die Argumente der konservativen Gegner von Koedukation in der heutigen Zeit immer noch zurückführen.

Innerhalb der reformpädagogischen Bewegung wird eine koedukative Erziehung um die Jahrhundertwende eingeführt, so z.B. in den berühmten Landeserziehungsheimen Wickersdorf und der Odenwaldschule. Die »hoffnungsreiche Perspektive« der Koedukation (Geheeb 1926) gegenüber traditioneller Geschlechtertrennung wird beschrieben als Kennenlernen des anderen Geschlechts im Hinblick auf einen späteren verständnisvollen Umgang zwischen Frauen und Männern und gegenseitige Bereicherung. Eine Ausnahme in dieser letztlich geschlechterunbewussten Debatte bildet die Arbeit von Lydia Stöcker, die bereits 1922 Parteilichkeit für Mädchen als notwendiges Korrektiv für die Koedukation fordert. Diese reformpädagogischen Experimente werden dann von der schulpolitischen Diskussion in den 30er Jahren für das Regelschulwesen der Weimarer Republik übernommen. In der Jugendbewegung, als Jugendarbeit dieser Zeit, wurden ebenfalls unter dem Motto »das Mädel als Kamerad« gemischtgeschlechtliche Gruppen eingerichtet (vgl. Andresen 1997).

Der Nationalsozialismus setzt dieser Entwicklung ein Ende. Die faschistische Ideologie hat eindeutig geschlechtsspezifische Erziehungsziele: Mütter und Soldaten. Diese verlangten »reine« Gruppen (vgl. Schimpf 1999).

Die Nachkriegszeit brachte in Westdeutschland keine wesentlichen Beiträge zur Koedukationsdebatte.

In den fortschrittlich-liberalen Pädagogiken der 60er Jahre, z.B. der emanzipatorischen und antiautoritären, ist Koedukation selbstverständlich. Positive Aspekte wie natürlicher Umgang miteinander und gleiche Bildungschancen werden genannt und nicht weiter problematisiert. Im Laufe der 70er Jahre hat sich die Argumentation zugespitzt. Die ›sexuelle Revolution‹ richtete sich berechtigterweise gegen bürgerliche Doppelmoral und proklamierte als Reaktion sexuelle Freizügigkeit und Freimütigkeit – eine Trennung der Geschlechter war undenkbar. So wird auch in den pädagogischen Konzepten, die in dieser Zeit entstanden (progressive, antikapitalistische), die Gleichbehandlung von Mädchen zwar gefordert und Frauenunterdrückung angeklagt, aber die Veränderung dieser Probleme sollte im gemeinsamen Tun und Handeln von Männern und Frauen erfolgen, denn »Mädchen sind genauso schlau wie Jungen ...« (Refrain eines Emanzipations-Liedes des Grips-Theaters Berlin aus den siebziger Jahren).

»... Koedukation bedeutet Anpassung an die Ziele und Inhalte der Jungenbildung und damit ein Hindernis für die Herausarbeitung der veränderten Frauenrolle in der modernen Gesellschaft wie für die Vorbereitung auf die tradierte Rolle der bürgerlichen Frau und Mutter.« (Knab 1970, 81)

Dieses Zitat aus einem Pädagogik-Lexikon von 1970 benennt die ambivalente Bedeutung von Koedukation und gleichzeitig von Geschlechtertrennung für Frauen. Koedukation verhindert auf der einen Seite den traditionellen Konservatismus in der Mädchenpädagogik, auf der anderen Seite verhindert sie aber auch eine echte Emanzipation im Sinne von Selbstbestimmung von Frauen.

Geschlechtertrennung kann sowohl Bildung gemäß der ›natürlichen‹ Bestimmung der Frau zur Ehefrau und Mutter als auch eine (nach der Erfahrung der Grenzen koedukativer Gleichberechtigung) weitergehende feministische Erziehung ermöglichen. Ziel der Koedukation ist die Gleichbehandlung von Frauen und Männern auf dem erst einmal positiven anthropologischen Verständnis: ›Frauen und Männer sind gleich fähig und gleichwertig‹. Sie geht damit über den Ansatz der ›natürlichen Ungleichheit‹ von Frauen und Männern der konservativen Geschlechtertrennung hinaus. Sie kann jedoch innerhalb dieses Systems mit dem einfachen Postulat ›Frauen sollen genauso behandelt werden wie Männer‹ nicht die vorhandene Dominanz des männlichen Geschlechtes aufheben; Jungen bleiben der Maßstab, den Mädchen erreichen können sollen, »weibliche« Qualitäten stehen nicht gleich-wertig neben »männlichen«, sondern sie bleiben defizitär. Dominanz von Jungen wird nicht grundsätzlich in Frage gestellt, so dass sich in koedukativen Gruppen das Verhältnis der Geschlechter reproduziert.

Feministische Mädchenpädagogik, die anstatt »Gleichberechtigung mit Jungen« die »Selbstbestimmung für Mädchen« postuliert, arbeitet in erster Linie geschlechtshomogen. Sie findet entweder als Mädchengruppe im koedukativen Feld oder in eigenen Einrichtungen statt. In beiden Fällen wird sie heute unter den Bedingungen der Koedukation praktiziert. Dies hat, wie noch zu zeigen sein wird, großen Einfluss auf die Akzeptanz und den Erfolg des Konzeptes (vgl. 3.3.1).

1.3 Das methodologische Grundverständnis

Die Untersuchung ist als qualitative Sozialforschung angelegt. Ihr interpretatives Paradigma verfügt über Methoden, die geeignet sind, sich sozialer Wirklichkeit in ihrer Komplexität zu nähern. Die Gültigkeit von Aussagen über soziale Welt liegt hier im Konkret-Beispielhaften und nicht in der Erfassung von Merkmalen einer möglichst großen Population wie im quantitativen Paradigma. Grundlagen sind: der symbolische Interaktionismus und »natural sociologie«; wissenschaftstheoretische Basis für Methoden des Verstehens sind Phänomenologie und Hermeneutik (vgl. Blumer 1969, Schütz 1960, Hopf/Weingarten 1979, Lamnek 1988, Flick u.a., Hg., 1991).

Neuere erziehungswissenschaftliche Forschung entwickelt und nutzt qualitative Methoden, um spezifische Fragestellungen zu bearbeiten (vgl. Friebertshäuser/Prengel, Hg., 1997), unter anderem als Lebensweltanalysen, als Interaktionsstudien und Biografieforschung (vgl. Baacke/Schulze 1979, Kieper 1980, Schründer 1982, Mollenhauer 1983).

Die Untersuchung hat den Charakter einer Evaluationsstudie: Sie will eine pädagogische Praxis auf die Realisierung ihres selbstgesteckten Zieles hin auswerten.

Mit dieser Aufgabe stellt sich das grundsätzliche Problem der Beurteilung *pädagogischer Effektivität*. Sie ist notwendig, da Erziehung als zu reflektierendes und veränderbares Handeln verstanden werden muss, aber klassisch summative Evaluationsverfahren erweisen sich als wenig aussagekräftig (vgl. Müller 1988).

Pädagogik kann unter dieser Perspektive als »people processing organization« bezeichnet werden, d.h. sie initiiert und beeinflusst Wissens- und Entwicklungsprozesse bei Menschen. Diese Prozesse unterliegen der Selbstreferenzialität ihrer Subjekte (vgl. Benner 1983): Ob und wie sich erfahrene Bildung in einem Lebenslauf aktualisiert, wird von einer unbestimmbaren Menge von Variablen beeinflusst, so dass diese Frage nicht in einem »input-output Verfahren« zu einem bestimmten Zeitpunkt quantitativ valide geprüft werden kann.

In negativer Formulierung ist dies das »Technologie-Defizit« von Erziehung (vgl. Luhmann/Schorr 1979), positiv formuliert zeigt sich hier der notwendig widerständige, nicht komplett steuerbare Charakter von Pädagogik, als Aufforderung zu Selbsttätigkeit ihrer Adressatinnen und Adressaten.

Daraus folgt: Um sinnvolle Ergebnisse zu erhalten, muss pädagogische Effektivität übersetzt werden in Aspekte und Phänomene, die die Fragestellung einkreisen und illustrieren, und sie muss mit einfühlenden, verstehenden Methoden erschlossen werden. Es geht stets um *sekundäre Annäherungen* an eine pädagogische Problemstellung. Im vorliegenden Fall sollen Phänomene von »Selbstbestimmung« untersucht werden innerhalb des pädagogischen Feldes »Mädchentreff«.

Das Forschungsverständnis greift die Idee der »grounded theory« oder »gegenstandsbezogener Theoriebildung« (Strauss 1991) auf. Sie bezeichnet

Zur Methode:

die Entwicklung sozialwissenschaftlicher Theorie aus qualitativ-empirischen Daten, die sich auf ein Feld oder eine Gruppe beziehen. In diesem Konzept geht es darum, in erster Linie induktiv Theorie im Prozess zu entwickeln und nicht deduktiv Theorie an der Praxis zu überprüfen. Diese Theorien sind dann »gegenstandsbezogen« im Gegensatz zu »formal«, sie sind »bereichsspezifisch«, haben »mittlere Reichweite«; sie können damit Grundlage sein für vergleichende Theorien mit hohem Allgemeinheitsgrad.

Dahinter steht die wissenschaftstheoretische Haltung, dass eine große Theorienvielfalt und -spezifik existieren sollte und nicht die *eine* Theorie, die für einen Bereich alles erschließt (vgl. Lamnek 1988).

In den Erziehungswissenschaften ist dieses Forschungsverständnis weit verbreitet: phänomenologische Pädagogik (vgl. Langeveld 1973), pädagogische Handlungsforschung (vgl. Heinze, u.a. 1975), pädagogische Kasuistik (vgl. Binneberg 1979), Lebensweltorientierung (vgl. Lippitz 1980) – dies alles sind Ansätze, die von der Vorrangigkeit reflektierter Praxiserfahrungen für Theoriebildung ausgehen, und die sich gegen eine Subsumtionslogik deduktiv angewandter Theorie im Forschungsprozess wenden. »Verstehen« und »Praxisbezug« sind konstitutiv für aktuelle pädagogische Forschung (vgl. Baacke 1991).

In diesem Sinne will die Studie *an* und *mit* der pädagogischen Praxis »Mädchentreff« die Theorie feministischer Pädagogik weiterentwickeln.

Qualitative Sozialforschung kann auf unterschiedlichen Ebenen ansetzen (vgl. Lüders/Reicherts 1986): Innerhalb eines vertikalen Modells passiert »oben« bzw. an der Oberfläche das Benennen sozialer Wirklichkeit, das »Nachvollziehen subjektiv gemeinten Sinns« wie in Biografieforschung (vgl. Bühler 1932); darunter geht es um das Verstehen eines sozialen Feldes, um die »Deskription einer Lebenswelt«, die z.B. die Methode der »qualitativen Inhaltsanalyse« benutzt (vgl. Mayring 1988); darunter wiederum liegt die Perspektive auf der Tiefenstruktur eines Milieus, der »Rekonstruktion latenter Sinnstrukturen«, intendiert in objektiver Hermeneutik (vgl. Oevermann 1979).

Für die Untersuchung des Mädchentreffs wird die mittlere Ebene der Lebensweltanalyse gewählt. Sie verlangt Methoden, die im Feld akzeptiert und verstanden werden (vgl. 2.2).

1.4 Selbstbestimmung als Forschungsgegenstand

Die postulierte theoretische Offenheit gegenüber einem Untersuchungsfeld ist ein Konstrukt und birgt die Gefahr impliziter Vorannahmen, wenn explizite verboten sind (vgl. Hopf 1985). Daher ist die Formulierung einer eingrenzenden Fragestellung, des erkenntnisleitenden Begriffs oder »sensibilisierenden Konzeptes« notwendig (vgl. Flick 1991).

Für die geplante Studie ist dies der Begriff »Selbstbestimmung«; er leitet die Fragestellung an die Lebenswelt »Mädchentreff«.

Die Hypothesen der Untersuchung formulieren das Erkenntnisinteresse, in dem ein soziales Feld erschlossen werden soll und nicht feste Vorannahmen, die subsumptionslogisch im Feld überprüft werden und so leicht den Blick auf Abseitiges oder Unerwartetes verstellen.

Darüber hinaus entzieht sich der Untersuchungsgegenstand selbst eindeutigen, operationalisierenden Hypothesen: Selbstbestimmung kann nicht an Entscheidungs*ergebnissen* überprüft werden, wie etwa: Die Entscheidung für einen technischen Beruf ist »selbstbestimmter« als die Entscheidung für einen sozialen Beruf. Selbstbestimmung ist ein Begriff, der etwas über die *Qualität eines Entscheidungsprozesses* aussagt. Insofern geht es in der vorliegenden Studie darum zu untersuchen, wie Selbstbestimmungsprozesse von Mädchen unterstützt werden.

Im Folgenden werden Hypothesen dazu formuliert, welche Bedingungen Selbstbestimmungsprozesse von Mädchen positiv beeinflussen.

- Formen geschlechtshomogener Pädagogik, die in emanzipatorischer Absicht eingerichtet werden, sind gut geeignet, Mädchen (und Jungen) ein Lernfeld für persönliche Entwicklungen zu geben, die traditionelle Rollenklischees von Weiblichkeit (und Männlichkeit) überschreiten können (vgl. Lemmermöhle 1996).
- Selbstbestimmung in der Entwicklung von Geschlechtsidentität braucht einen experimentellen Freiraum. Freiraum heißt im Kontext des Mädchentreffs: die Abwesenheit männlicher Konkurrenz und eines normierenden männlichen Blicks.
- Das ermöglicht Mädchen sowohl die Übernahme von Positionen und Aktivitäten, die überwiegend Jungen besetzen (Dominanz, Leitung, Aggressivität, Technik, Sport, Rockmusik), als auch die Erfahrung der Anerkennung so genannter mädchentypischer Kompetenzen und Vorlieben (Beziehungsorientiertheit, Kooperation, Versorgung, Gestaltung, Körperpflege, Tanz, Schreiben) (vgl. Metz-Göckel 1999).

- Die Qualität eines Freiraums für Selbstbestimmung liegt dann in der Möglichkeit des Ausprobierens der einen oder anderen Rolle, ohne auf alte traditionelle oder auf neue »feministische« Mädchenbilder festgelegt zu werden. Wenn diese Erfahrungen mit pädagogischer Hilfe reflektiert werden können, unterstützt das Selbstbestimmung von Mädchen.
- Selbstbestimmung entwickelt sich an und in Beziehungen. Für Selbstbestimmungsprozesse von Mädchen haben sowohl eine starke Mädchen peer group als auch erwachsene Frauen als Vorbilder einen großen Stellenwert.
- Die Beziehung zwischen Pädagogin und Mädchen muss sowohl positive Identifikation als auch negative Abgrenzung seitens der Mädchen erlauben. Dann fördert sie die aktive Auseinandersetzung der Mädchen mit dem eigenen Mädchen- und Frauenbild und damit einen bewussten Selbstentwurf (vgl. Brown/Gilligan 1994).

»Selbstbestimmung bezeichnet die erlernbare Fähigkeit, Beziehungszusammenhänge in der Lebensumwelt aufzugreifen, ihre Wertgrundlage zu erfassen und in Auseinandersetzung mit ihnen nach eigenem Urteil Handlungsstandards zu entwickeln.« (Schiefele 1974, 12)

Diese Definition stellt Selbstbestimmung als *kommunikativen Prozess* dar: Für die Operationalisierung innerhalb einer Forschung heißt das, die *Qualität eines Entscheidungsprozesses ist Kriterium für Selbstbestimmung, nicht ein bestimmtes Ergebnis*. Günther Huber spricht in diesem Zusammenhang vom Zutreffen der Heisenbergschen Unschärferelation: So wie ich nicht die Position eines Elektrons im Raum (seine Geschwindigkeit und Richtung gleichzeitig) bestimmen kann, ohne es bei der Messung selbst zu beeinflussen, kann ich Selbstbestimmung nicht an inhaltlichen Kriterien überprüfen, weil sie dann keine mehr wäre (vgl. Huber 1976).

Selbstbestimmung als *Entscheidungskompetenz* braucht Raum und Gelegenheit für Entscheidungen, braucht sowohl Entscheidungsmaterial/-inhalte/-alternativen, als auch die Fähigkeit zu Selbstreflexion, um die Integration von Norm und Individualität, von eigenen und äußeren Perspektiven als bewussten Prozess gestalten zu können. Selbstbestimmung entwickelt und übt sich im Kontakt, sie braucht solidarische Bezugspersonen.

Es können also nicht bestimmte Entscheidungsergebnisse als Indikatoren für Selbstbestimmung bei Mädchen abgefragt werden in dem Sinne: Die Entscheidung für einen technischen Beruf ist selbstbestimmt, da mädchenuntypisch, und die Entscheidung für einen sozialen Beruf ist nicht selbstbestimmt, da mädchentypisch. Der Mädchentreff muss auf die Bedingungen hin betrachtet werden, die er für Selbstbestimmungsprozesse von Mädchen schafft. Im Sinne des Konzeptes des pädagogischen Affidamento heißt das, die Beziehungen zwischen Pädagoginnen und Mädchen ins Zentrum der Untersuchung zu setzen.

Das Material wurde erhoben als schriftlich erinnerte pädagogische Situationen in Form von Geschichten der Pädagoginnen und in problemzentrierten Interviews mit Mädchen zu ihren Erfahrungen im Mädchentreff. Diese Zugänge wurden aus folgenden inhaltlichen und pragmatischen Gründen gewählt:

1. Pädagogische Erfahrung als Geschichte aufzuschreiben steht in der Tradition »pädagogischer Selbstvergewisserung« als Grundlage von erziehungswissenschaftlicher Erkenntnis.

Auf die Schwierigkeit, die Komplexität pädagogischer Prozesse zu begreifen, wurde bereits hingewiesen. Pädagogische Geschichten erlauben Vielschichtigkeit in der Selbstreflexion: Die Einzigartigkeit der Situation, Beziehungsdynamiken, sowie Einstellungen, Vorlieben, Ängste, Intuition der Pädagogin können unter anderem mit einbezogen sein (vgl. v. Hentig 1988). »Aus Geschichten lernen« ist damit ein wertvoller Zugang zum Verstehen von Erziehungswirklichkeit (vgl. Baacke/Schulze 1993).

Die Geschichten der Mädchentreff-Pädagoginnen sind orientiert an dem Konzept »kollektiver Erinnerungsarbeit« (Haug 1983) entstanden. Nach dieser Methode werden alltägliche Erfahrungen von Frauen zu einer ausgewählten Frage gemeinsam erinnert und als Geschichten von jeder einzelnen aufgeschrieben (vgl. dazu 2.2.5). Diese Texte sind Basis und Gegenstand eines theoretischen Diskussionsprozesses, der das Ziel hat, das Erlebte bewusst, verstehbar und intersubjektiv vermittelbar zu machen, und damit zu kollektiver Erkenntnis über Gesellschaft zu führen.

Als radikale Form »subjektiver Empirie« gilt diese Methode als wichtiger Beitrag der Frauenforschung für das Repertoire qualitativer Sozialforschung (vgl. Becker-Schmidt/Bilden 1991).

2. Mädchen selbst danach zu befragen, was sie unter Selbstbestimmung verstehen und ob sie den Mädchentreff in diesem Zusammenhang als förderlich oder hinderlich erleben, ist die direkte und spannendste Perspektive der Untersuchung.

Micha Brumlik hat die Probleme und Widersprüche analysiert, die bei der Operationalisierung von Selbstbestimmung für erziehungswissenschaftliche Reflexion entstehen. Sie kann nicht an Inhalten überprüft werden, sondern ist letztlich an das Erleben der Adressatinnen gebunden und muss auch an ihren Selbstaussagen gemessen werden. Insofern ist die Befragung der Mädchen ein wichtiges Datum für die Beurteilung der Mädchentreffs (vgl. Brumlik 1992).

2. Selbstevaluation als Forschung

Will man das Feld nach wissenschaftlichen Ansprüchen erforschen, in dem man selbst als Akteurin involviert war, entstehen methodische und methodologische Probleme. Diese Schwierigkeiten aber auch die Ausarbeitung von Umgangsweisen damit sind Thema dieses Kapitels (vgl. Graff 1997).

Seit zwei Jahren arbeite ich forschend in dem Feld, das ich mitinitiiert und gestaltet habe und in dem ich zuvor acht Jahre pädagogisch tätig war. Mein Erkenntnisinteresse bezieht sich auf die Pädagogik des Mädchentreffs: Wie realisiert sie sich dort, wo sie – mit feministischem Konzept – bewusst wieder geschlechtshomogen gestaltet wird?

Eine »Selbst«-Thematisierung ist für diese Forschungskonstruktion notwendig, weil durch die Erforschung eigener Praxis Überschneidungen zwischen der Rolle der Pädagogin und der Rolle der Forscherin passieren. Denn untersucht werden jetzt Phänomene und Situationen, an denen die Pädagogin selbst beteiligt war. Dieses direkte Beteiligtsein kann starke Gefühle wie Abwehr, Beschämung, Erschrecken oder auch Begeisterung und Stolz hervorrufen. Das verlangt, systematisch Selbstreflexion zu betreiben, die diese Regungen thematisiert und ihren jeweiligen Einfluss auf den Forschungsprozess einschätzt.

Die Studie hat evaluativen Charakter, weil sie eine bewertende Auswertung pädagogischer Praxis versucht. *Selbstevaluation* meint die kontinuierliche systematische Beurteilung eigenen professionellen Handelns in sozialen und pädagogischen Feldern (vgl. v. Spiegel 1993, Heiner 1988). Dieser Aspekt des Begriffs stimmt für mein Vorhaben nicht. Ich evaluiere den Mädchentreff nicht praxisbegleitend, sondern ich habe die praktische Pädagogik verlassen und reflektiere sie nun an empirischem Material mit Methoden qualitativer Sozialforschung. Es geschieht häufig, dass engagierte PraktikerInnen, die Innovationen in ihrem Feld kreiert haben, anschließend zu dieser Thematik wissenschaftlich arbeiten. Sie gehen einen Schritt aus dem Praxisfeld heraus, anders als PädagogInnen, die Praxisforschung kontinuierlich im Feld betreiben, anders auch als die Forschenden, die sich von außen als WissenschaftlerInnen dem Feld annähern. Beispiele sind Döpp

(1990) und Imhof (1978) für den Bereich Schule und Bida-Winter (1991) und Deinet (1992) für den Bereich der offenen Jugendarbeit.

Herbert Altrichter (1990), profilierter Vertreter der schulischen Aktionsforschung, beschreibt die Skala wissenschaftstheoretischer Akzeptanz einer selbstevaluativen Forschung.

Sie reicht von: *wissenschaftlich nicht akzeptabel,* weil sie »keine kritische Distanz aufbringt«, »Laienforschung ist«, »nur zu Einzelaussagen führt, nicht allgemeingültig ist« (ebd., 271) – bis zu: *die einzig akzeptable Forschungskonstruktion,* weil im Sinne emanzipatorischen Gesellschaftsverständnisses Praxis und Wissenschaft zusammengehören, daher Wissenschaft ihre Legitimität aus ihren Aufklärungspotentialen für Gesellschaft bezieht und Praktikerinnen und Praktiker als Betroffene die Garanten für praxisrelevante Forschung sind (vgl. ebd.).

In diesem Kapitel soll es darum gehen, zwischen diesen Polen die spezifischen Stärken und Probleme eines selbstevaluativen Forschungsvorhabens deutlich zu machen.

Die Stärke einer selbstevaluativen Forschung liegt darin, dass sie auf Grund der Kenntnis der Binnenrealität eines Feldes Perspektiven einnehmen und Probleme identifizieren kann, die der Wahrnehmung von außen nicht zugänglich sind. Die Qualität dieses Kontextwissens bildet ein Potential für wissenschaftliche Erkenntnis, das nur innerhalb dieser Forschungskonstellation erschlossen werden kann.

Die Probleme einer involvierten Forschungsposition sind demgegenüber: intensive Beziehungen im Feld, gemeinsamer Vergangenheitsbezug, sowie persönliche und politische Loyalitäten, die spezifische Blindheiten produzieren können, die einen Blick von außen nicht verstellen.

Mit Devereux (1967) ist von der Selbstbezogenheit jeglicher Sozialforschung auszugehen, damit Methoden nicht unbemerkt zur Bearbeitung der Ängste gegenüber verhaltenswissenschaftlichen Daten dienen. Daher gilt letztlich nicht nur für selbstevaluative Forschung, dass sie systematisch selbstreflexiv arbeiten muss, um das Subjektive im Forschungsprozess transparent und die spezifische Reichweite der Ergebnisse deutlich zu machen. Darüber hinaus liefern selbstreflexive Verfahren die angemessene Methodik für Untersuchungen, die selbstevaluativ angelegt sind. Beispiele in diesem Sinne sind dialogische Interviews im Rahmen von Handlungsforschungsprojekten (vgl. Braun/Gekeler/Wetzel 1989) oder reflexive Gespräche zur Auswertung von Lehrerinnentagebüchern (vgl. Stübig 1995).

Ein selbstevaluativer Ansatz ist insofern eine typische Forschungskonstruktion innerhalb der Erziehungswissenschaft, als sich pädagogische Innovationen häufig aus sozialen Bewegungen entwickeln. Sie versuchen auf Grund der Kritik an bestehender Praxis und Theorie, eine neue bessere pädagogische Gestalt zu erfinden und ihr Gelingen zu evaluieren.

So ist auch der Mädchentreff im Zuge der Frauenbewegung aus der »Pädagoginnen-Gruppe Bielefeld« entstanden. Diese Gruppe hatte sich Anfang der 80er Jahre gegründet zur Praxisreflexion von Mädchenarbeit in der Jugendarbeit und Diskussion theoretischer Konzepte wie feministische Parteilichkeit, Gefühlsarbeit und Koedukation. Die Gruppe richtete ihre Energien zur Stärkung der fachlichen Positionen der einzelnen Frauen zunächst nach innen. In einer nächsten Phase veröffentlichte sie ihre Erkenntnisse (vgl. Mädchentreff Bielefeld/Stein-Hilbers 1988) und setzte sie dann praktisch um, indem sie eine *neue* pädagogische Einrichtung für Mädchen in Bielefeld schuf (vgl. 5.5).

Dieser Prozess bedeutet konkret: fachliche Reflexion, theoretische Analyse, bildungspolitische Diskussion, pädagogische Konzeptionsarbeit, experimentelle Praxis sowie Vorstellung der Erfahrungen im Rahmen fachlicher Öffentlichkeit.

Selbstevaluative Forschung hat im pädagogischen Kontext eine lange Tradition als »erziehungswissenschaftliche Selbstvergewisserung«. Neill (1969), Negt (1975/1976), v. Hentig (1982) sind einige prominente Vertreter. V. Hentig spricht in diesem Zusammenhang von: »Rehabilitation der Erfahrung für die Erkenntnis« (ebd., 42). Reflektierte Praxis ist für ihn die Voraussetzung erziehungswissenschaftlicher Theoriebildung.

Nähe und Distanz qualifizieren hier Forschungspositionen, die sich auf die Person der Forschenden beziehen. Nah ist diese, wenn die Forscherin selbst aus dem Feld kommt, das sie untersucht, distanziert ist sie, wenn die Forscherin als externe von außen ein Feld beforscht. In der sozialwissenschaftlichen Methodendiskussion gibt es eine weitere Bedeutung von Nähe und Distanz. Dort bezeichnen Nähe und Distanz oft den realen räumlichen Abstand der Forscherin zu den untersuchten Personen. Dabei legen die Methoden qualitativer Sozialforschung wie narratives Interview und teilnehmende Beobachtung Wert darauf, nah zu sein, um viele genaue und differenzierte Daten wahrnehmen zu können. Sozialforschung, die quantitativ angelegt ist, will demgegenüber eher wenig über viele Menschen erfahren, und das erreicht sie mit Methoden, die auf Distanz zu den Personen bleiben können, wie schriftliche Befragung oder Auswertung von Statistiken (vgl. Lamnek 1988). Ich beschreibe Praxisforschung als einen Prozess in Nähe und Distanz, wobei ich beide Begriffe auf eine nahe Forschungsposition beziehe. Damit kann ich Veränderungen und Bewegungen meiner Forschungsposition zum Ausdruck bringen.

Ich werde in diesem Kapitel zunächst Theoriekonzepte vorstellen, die sich mit Nähe/Distanz und den Bedingungen wissenschaftlicher Erkenntnis beschäftigen. Sie kommen aus der Wissenssoziologie (vgl. Merton 1972), der pädagogischen Praxisforschung (vgl. v. Kardoff 1988) sowie aus der feministischen (vgl. Thürmer-Rohr 1984) und postmodern-pragmatischen (vgl. Richardson 1994) Methodologiedebatte. Im zweiten Schritt werde ich zeigen, wie ich das Selbstreflexionspostulat der vorgestellten Konzepte methodisch anwende: Ich reflektiere meinen Forschungsprozess konkret von der Etablierung der Forschung im Mädchentreff bis zur empirischen Materialerhebung.

2.1 Konzepte selbstevaluativer Forschung

2.1.1 Wissenschaftliche Erkenntnis von (dr)innen oder (dr)außen

Die alte kontroverse Debatte darüber, ob eher Nähe oder Distanz zu Problem oder Feld geeignet seien für die Entwicklung wissenschaftlicher Erkenntnis, hat Merton (1972) um eine gesellschaftspolitische Dimension erweitert. Er wendet die Debatte schließlich konstruktiv, indem er Wissenschaftlichkeit nicht an einen bestimmten Standort bindet, sondern an Methodik, Autonomie und gesellschaftliche Verantwortung einer Forschungsarbeit. In den politischen Auseinandersetzungen der 60er Jahre in den USA formulieren die zentralen und die marginalen Gruppen »Insider« und »Outsider« Doktrinen, um Macht und Einfluss im Bereich der Wissenschaft zu reklamieren. Eine extreme »Outsider« Doktrin sagt: Ein Innen-Gruppen-Blick ist beschränkt und voreingenommen, und nicht in der Lage, die realen Bedingungen der eigenen Existenz zu erkennen. Die »Insider« Doktrin hat ihre soziale Basis in den Protestbewegungen diskriminierter Gruppen. Sie sagt in ihrer radikalen Form z.B.: Nur Schwarze können Schwarze verstehen, nur Frauen Frauen usw. Die Voraussetzung wissenschaftlicher Erkenntnis ist für sie das empathische Verstehen auf der Basis der Erfahrung gleicher sozialer und kultureller Lebensbedingungen. Für Merton ist die

»Outsider« Position methodisch kompetent, aber in Gefahr, sozialer Realität nicht gerecht zu werden, wenn sie lediglich »von oben« blickt. Entsprechend bezeichnet er die »Insider« Position als inhaltlich wichtiges Korrektiv für die »Outsider« Position, aber sie ist dafür methodisch zu qualifizieren. Merton löst damit den Streit um die richtige Forschungs*position* auf in der Frage nach den Gütekriterien einer Forschung. Er postuliert zunächst die relative Freiheit, die Autonomie der Wissenschaft; sie ist wichtig, damit nicht Erkenntnis komplett in den Dienst gesellschaftlicher Gruppen gestellt werden kann, im Sinne einer Auftragsforschung, die nur bestätigen, nicht kritisieren darf. Das methodische Instrumentarium von Wissenschaft ermöglicht dann intellektuelle Einsicht, die sich von alltäglicher unterscheidet. So müssten sich »Insider« und »Outsider« Perspektiven in ihrem über Partikularinteressen hinausgehenden Streben nach Erkenntnis im Bereich der Wissenschaft ergänzen und verbinden.

2.1.2 Selbstevaluative Praxisforschung

Ein Beispiel für wissenschaftliches Vorgehen mit einer »Insider« Perspektive im Bereich sozialer oder pädagogischer Arbeit gibt Ernst v. Kardoff (1988) mit dem Konzept »Praxisforschung als Forschung der Praxis«.

Die Elemente dieser Forschung sind an den Bedingungen sozialpädagogischer Praxis orientiert, bilden sich nicht an »akademischen Forschungsfronten« (ebd., 78): Der *Wissenstyp* der Praxisforschung muss Praxiserfahrungen in den Widerständigkeiten sozialer Wirklichkeiten rekonstruieren. Gegenüber dem in traditioneller Wissenschaftstheorie angestrebten allgemeinen Erkenntnisideal ist Praxisforschung »problembezogen, kontextspezifisch, ortsbezogen, auf lokale Interessenlagen, sozial akzeptierte politisch durchsetzbare Pragmatiken gerichtet« (ebd., 79). Sie kann aber die in der Praxis existierenden Problemdeutungen weder einfach übernehmen noch negieren, sondern muss das Zustandekommen von Phänomenen erforschen. Sie produziert so die soziale Wirklichkeit des Feldes mit. Praxisforschung kommt damit dem Konzept des sozialen empirischen Konstruktivismus nahe, das sich ebenfalls damit beschäftigt, *wie* sich soziale Realität herstellt, wie die »Choreografien« eines Feldes aussehen (vgl. Knorr-Cetina 1989, 93). Für meinen Kontext bedeutet das, danach zu fragen, *wie* sich die Pädagogik eines Mädchentreffs realisiert. V. Kardoff zeigt ein Spektrum von möglichen *Perspektiven,* die Praxisforschung einnehmen kann: – sie kann Auftragsforschung für das politisch-administrative System sein; – sie kann adressatenbezogen anwaltschaftlich für die Betroffeneninteressen forschen; – sie kann die eigene Fachlichkeit evaluieren. Diese letztgenannte ist auch die Perspektive meiner Forschung. Die *Forschungsökonomie* von Praxisforschung, ihre personellen, materiellen und zeitlichen Ressourcen sind in der Regel sehr eng. Sie steht unter der »Vordringlichkeit des Befristeten«. Praxisforschung kann von außen oder von innen gemacht werden. Für beide Fälle gilt, dass die *Person der Forscherin* das entscheidende »Forschungsinstrument« ist. Um die Subjektivität einer nahen Forschungsposition transparent zu machen, ist eine begleitende Selbstreflexion notwendig; v. Kardoff nennt sie »normatives Konzept (...) der Balance zwischen Engagement und Distanzierung« (ebd., 97). Nur so kann der »subjektive Faktor« als Erkenntnisquelle erschlossen werden, um auf unerwünschte Verzerrungen aufmerksam zu werden oder, um ihn im Sinne von Kontextwissen nutzen zu können. Im letzten Teil dieses Kapitels finden sich Beispiele dazu.

Praxisforschung verlässt deutlich die Illusion wertfreier Forschung. Dabei gibt sie den Anspruch auf valide Ergebnisse nicht auf. Sie reklamiert Gültigkeit mit den folgenden Operationen. Die Forschung wirkt als *Triangulation,* d.h. es werden mehrere Perspektiven auf unterschiedliche Ebenen der Untersuchungsfrage gerichtet, um sie facettenreich und tiefenscharf zu beleuchten. Ein *Sekundärmaterialvergleich* knüpft empirisch Gefundenes an theoretische Konzepte an und leistet damit »eine Art konsensueller Validierung«. Die Ergebnisse werden im Sinne *kommunikativer Validierung* ins Feld zurückgegeben und dort bewertet, damit wird die Gültigkeit für die Praxis bereits im Forschungsprozess überprüft. Eine abschließende Zusammenschau aller im Forschungsprozess auftauchenden Interpretationen soll als *Perspektivenanalyse* Vergessenes, Reduziertes oder Subsumiertes in die Ergebnisdarstellung zurückführen. Eine *externe Expertenevaluation* hilft als begleitende Forschungssupervision, Fehler und Fallen zu minimieren.

2.1.3 »Betroffenheit« als Qualitätskriterium von Forschung?

Gerade der feministische Wissenschaftsdiskurs hat das Thema ›Nähe und Distanz‹ der Forscherin zu ihrem Forschungsgegenstand zentral in Bezug auf die Kategorie Geschlecht hin thematisiert. Die Behauptung einer vermeintlichen Distanz der Forschenden von ihrem Geschlecht wird kritisiert. Darüber hinaus gibt es eine Debatte um die methodische Nutzung von Nähe im Sinne gemeinsamer Betroffenheit aller Frauen von Sexismus. Die Nähe zwischen Frauen bezogen auf diese Erfahrung sei Bedingung und Methode feministischer Forschung (vgl. Mies 1978). Christina Thürmer-Rohr (1984) warnt vor einem unkritischen Umgang mit Betroffenheit als »feministischer« Forschungsmethode. Wenn Betroffenheit als Methode genutzt wird, weil Frauen heutzutage in dieser Gesellschaft ein spezifisches Identifikationsvermögen erlernen, und weil Frauen auf Grund der gemeinsamen Erfahrung von »Frauenleben«, vielerlei Anknüpfungspunkte zur Identifikation haben, dann liegt in dieser Argumentation eine Falle: Die Frauen beigebrachte Fähigkeit zur Identifikation mit anderen führt hier zur egozentrischen Beschränkung der Untersucherin auf ihre eigene Lebenserfahrung. Identifikation heißt, die Erfahrung eines Gegenübers als der eigenen gleich zu empfinden, und das bedeutet für eine auf Identifikation/gemeinsame Betroffenheit als Methode basierende Untersuchung, dass nicht das Fremde, Unbekannte, Unverständliche gesucht wird, sondern sich auf das Eigene, Sichere und Bekannte zu beschränken.

> »So bleiben Frauen wieder häuslich, bei sich zu hause, auf ihrem eigenen vertrauten Terrain. (...) Sofern es in der Untersuchung also primär darum geht, einen Ausschnitt aus fremder Realität aufzunehmen und zu begreifen, bedarf es einer misstrauischen Auseinandersetzung mit den eigenen identifikatorischen Bereitschaften. Denn diese sind nicht einfach methodische Spezifika bzw. methodische Hilfen, sondern sie können die notwendige konzentrierte Aufmerksamkeit durchkreuzen und außerdem verhindern, dass im Ergebnis noch zu sortieren ist, wo die eine und wo die andere Frau sich befindet.« (ebd., 78)

Diese Ausführungen machen gerade für meine Forschung deutlich, dass stets selbstreflexive Methoden gebraucht werden, um fremde Perspektiven auf das Feld richten zu können, das man aus eigener Erfahrung gut kennt. Mit unreflektierter Identifikation wird man wenig Neues über das Forschungsfeld erfahren. Methoden der Selbstreflexion thematisieren Identifikation, d.h. sie schaffen Distanz zu den eigenen Betroffenheiten im Forschungsprozess. Im feministischen Wissenschaftsverständnis wird von der Selbstbezogenheit jeglicher Forschung ausgegangen, daher gibt es eine ausführliche Beschäftigung mit Praktiken und Formen von Selbstreflexion. Sie wird von Gabriele Abels (1993) als der eigentliche Impuls eines »Female stream« für die sozialwissenschaftliche Methodendiskussion angesehen.

2.1.4 »Schreiben« als qualitative Methode

Laurel Richardson (1994) entwickelt *Schreiben* als Forschungsmethode für die qualitative Sozialforschung. Schreiben kann eine naheliegende und einfache, aber vielleicht gerade deshalb unter dem Gesichtspunkt Praxis von Selbstreflexion wenig wahrgenommene Reflexionsmethode sein. Schreiben ist für Richardson eine Möglichkeit, Transparenz, Prozesshaftigkeit und Vielschichtigkeit einer Forschung darzustellen. Es geht ihr um *Schreiben* als Forschungsmethode nicht um *Schreiben* als rein technisches Festhalten fertiger Erkenntnis. Dieses traditionelle Verständnis von *Schreiben* aber blockiert den realen schriftlichen Denkprozess, weil es suggeriert, dass das, was ich aufschreibe richtig sein muss, Vorläufigkeit, Entwicklung sind dabei nicht vorgesehen.

Richardson entwickelt ein Verständnis von *Schreiben* als Methode, wie die Schreiberin etwas über ein Thema herausfinden kann, indem sie *darüber, davon, dadurch* schreibt – als Auseinandersetzung auf dem Papier und nicht der letzte, nur noch ausführende Schritt eines eigentlich abgeschlossenen Prozesses. Die Forscherin erfährt im *Schreiben* etwas über das Thema und sich, sie kann spüren, ob sie etwas verstanden hat oder noch nicht, ob es ihr Spaß macht oder sie ärgert. Diese Affekte begleiten und beeinflussen jeden Arbeitsprozess, so dass sie als wichtige Daten festgehalten werden können, deren Beachtung praktizierte Selbstreflexion der Forscherin ist.

Schreiben ist keine neue Forschungsmethode. Experimentelles *Schreiben* sowie die Integration von Literatur, Fiktion haben sich im Rahmen der qualitativen Sozialforschung bereits etabliert (vgl. dazu Walkerdine 1990). Richardson formuliert den Prozess des *Schreibens* auf dem Hintergrund der postmodernen pragmatisch gewendeten Erlaubnis »das, was ist« (nicht essentialistisch sondern phänomenologisch gemeint), explizit zu machen und darüber hinaus zu verstärken, zu übertreiben, damit zu experimentieren. Bezogen auf *Schreiben* als Praxis wird es damit möglich, die forschungsmethodischen Aspekte von Schreiben stark zu machen. Laurel Richardson vollzieht den folgerichtigen und bisher so nicht gemachten Schritt, *Schreiben* als Forschungsmethode zu qualifizieren.

Resumée:
Die hier vorgestellten Konzepte beantworten die Frage nach Nähe/Distanz und nach den Bedingungen wissenschaftlicher Erkenntnis auf verschiedenen Ebenen:

Merton (1972) und auch Thürmer-Rohr (1984) machen deutlich, dass sie grundsätzlich *methodologisch* gar nicht zu entscheiden sei (im Sinne von: entweder eine nahe »Insider«- oder eine distanzierte »Outsider«-Position ermöglicht wissenschaftliche Erkenntnis), sondern jede Forschung kann nur und jeweils konkret *methodisch* auf ihre Wissenschaftlichkeit hin befragt werden. In diesem Sinne formulieren v. Kardoff (1988) und Richardson (1994) Modelle für selbstevaluative Forschung. Sie stellen Methoden bereit, die einer nahen Forschungsposition analytische und selbstreflexive Distanz erlauben. Dies soll im Folgenden mit der Reflexion meines Datenerhebungsprozesses konkret werden.

2.2 Forschende Selbstreflexion zwischen Nähe und Distanz

»Nähe zum Gegenstand ist zu meiden, Distanz zu suchen« – so könnte man die traditionelle wissenschaftliche Bewertung der Entfernung zwischen Forschungsfeld und Forscherin zusammenfassen. Dabei wird »Nähe« subjektive Verzerrung, »Distanz« jedoch objektive Allgemeingültigkeit unterstellt. Als ich anfing, mich mit diesem Thema zu beschäftigen, war ich unbewusst von dieser Bewertung motiviert: Ich muss meine »negative« Nähe zum Mädchentreff bearbeiten und eine »positive« Distanz erarbeiten/beweisen. Jetzt kann ich differenzierter formulieren: Meine Forschungsposition ist eine nahe, weil ich mit dem Forschungsfeld bekannt bin. In der Phase der Materialerhebung erleichtert sie mir bestimmte Dinge und erschwert mir andere. Diese Position ist positiv für meinen Zugang zum Feld; die Mädchen und Pädagoginnen im Mädchentreff bringen mir als Forscherin Vertrauen und Akzeptanz entgegen; die Mädchen sind bereit mitzuarbeiten und machen persönlich weitreichende Aussagen in den Interviews; in der Gruppendiskussion können sich die Pädagoginnen auf eine offene Reflexion einlassen. Die Position erschwert mir den Rollenwechsel von der Pädagogin zur Forscherin.

Mit diesen Phänomenen werde ich mich im Folgenden beschäftigen. Mein Forschungstagebuch ist hier das Material, an dem ich meine Erfahrungen reflektiere. In diesem Sinne verstehe ich *Distanz* als das bewusste Einnehmen einer Position, die mir einen forschenden Blick auch auf mich selbst ermöglicht. Es geht um Distanz von inneren Bildern und Identifikationen, die mich bei der Forschungsarbeit behindern. Als Hinweise darauf, dass etwas nicht stimmt, habe ich Gefühle von Unsicherheit und Ärger erlebt – unbequeme, lästige Regungen, deren Analyse mir jedoch stets Interessantes und Relevantes für meinen Arbeitsprozess gezeigt hat. Ähnlich beschreibt Maya Nadig (1985) für die Ethnopsychoanalyse die Bedeutung einer systematischen Wahrnehmung der Gefühle und Irritationen, die die Forscherin bei ihrer Arbeit methodisch leiten.

Es sollen nun eigene Lösungsansätze zum Umgang mit Nähe und Distanz dargestellt werden, um anderen, die ihre eigene Praxis erforschen wollen, einen Weg vorzustellen. Vermutlich wird jedes Untersuchungsfeld, jeder soziale Kontext spezifische Lösungen erfordern, möglicherweise kann das hier geschilderte Vorgehen aber dazu Anregungen vermitteln.

2.2.1 »Rollenwechsel«: Zur Etablierung der Forschung im Projekt

Zur Etablierung der Forschung im Mädchentreff war für mich und das soziale System des Projektes ein Rollenwechsel nötig. Das wurde erleichtert, weil das Team eine wissenschaftliche Auswertung der Arbeit unterstützte. Auch die Projektinstitution »Auszeit« (»Auszeit« ist die bezahlte halbjährige Freistellung einer Pädagogin für ein »persönliches« Vorhaben: Reisen, Kinder, Erholung, Bildung) war ein ermöglichender Faktor, denn ich konnte für die Entwicklung eines Forschungskonzeptes und die Formulierung eines Antrages auf Finanzierung darauf zurückgreifen. Damit wurde ein erster distanzierender Schritt gemacht: Ausstieg aus dem pädagogischen Alltag und Arbeit in der Bibliothek der Universität. Der Ausstieg aus dem Alltagsgeschäft verlangt darüber hinaus den Ausstieg aus der Organisations- und Entscheidungsebene, um nicht eine »alte Besserwisserin« zu produzieren. Die Anforderungen einer Forschungsarbeit liegen diametral zu den Anforderungen praktischer Pädagogik. Beide Seiten können jeweils mit Neid auf die Praxis der anderen schauen: »– die eine darf den ganzen Tag am Schreibtisch träumen ...« und »– die anderen dürfen spannende Sachen mit den Mädchen erleben ...«, so dass eine klare Abgrenzung der Arbeitsbereiche notwendig ist. Am Ende des halben Jahres bewilligte das Landesjugendamt Westfalen-Lippe die Förderung eines Forschungsprojektes »Pädagogische Auswertung der Theorie und Praxis des Mädchentreffs Bielefeld«.

Übergänge, Schwellen brauchen Aufmerksamkeit, sie müssen deutlich gemacht werden, sonst stolpert man über sie. Dieser Übergang markiert zum einen den Rollenwechsel einer Mädchentreff *Pädagogin* zur *Forscherin* im Mädchentreff, zum anderen eine Statuserweiterung des *Praxisfeldes* Mädchentreff um das *Untersuchungsfeld* Mädchentreff. Ein »inszeniertes Essen« des Teams ist der Ort, an dem diese Veränderungen mit all ihren Herausforderungen gewürdigt werden konnten. Dabei wurde als symbolische Inszenierung der Qualitäten der einzelnen Person, jede Speise einer Frau zugeordnet.

Zu Beginn der empirischen Phase, nach den ersten Probeinterviews, lade ich das Team zum »Forschungssalon« ein, um über das Konzept zu informieren. Diese Gespräche, die in unregelmäßigen Abständen stattfinden, können in der Auswertungsphase für eine kommunikative Validierung der Interpretationen der Interviews und der Gruppendiskussion genutzt werden.

Für die gelungene Etablierung der Forschung im Mädchentreff lassen sich rückblickend folgende Stationen und Bedingungen aufzeigen: Akzeptanz im Team, materielle und zeitliche Freistellung für die Planung, Ausstieg aus der Projekt-Entscheidungsebene, räumliche Trennung des Forschungs-Arbeitsplatzes vom pädagogischen Feld Mädchentreff, bewusste Wahrnehmung der Veränderung des Kollektivs, Etablierung neuer Kommunikationsorte für eine gemeinsame Forschungsprozessreflexion und für die Validierung der Untersuchung.

2.2.2 »Die forschende Pädagogin« als neue Rolle

Einen Teil der Interviews habe ich mit Mädchen gemacht, die aktuelle Besucherinnen des Mädchentreffs sind. Ich nutze meine Nähe zum Feld dafür, während der Café-Öffnungszeiten des Mädchentreffs, Mädchen um ein Interview zu bitten – vorbereitende Absprachen sind nicht nötig. Allerdings kalkuliere ich ein, dass kein Mädchen Lust hat oder dass andere Dinge gerade wichtiger sind. Forschungstagebuch 9.2.94:

> »Letzten Donnerstag habe ich ein weiteres Probeinterview mit Lilly gemacht. Es hat wieder gut geklappt, d.h. ich bin ins Café gegangen, und Lilly war sofort bereit für ein Gespräch, es passte für sie. Ich habe danach kein Protokoll zur Interviewsituation geschrieben, obwohl ich es mir fest vorgenommen hatte, sondern ich bin einfach noch so im Mädchentreff geblieben, ich mochte noch nicht gehen. Mir wird gerade bewusst, dass es für mich ein komisches Gefühl ist, nur für das Interview zu kommen, und wenn ich's im Kasten habe, zak-zak zu verschwinden. Ich habe ein schlechtes Gewissen, das sagt, du willst ja nur von den Mädchen ›abziehen‹.«

Und etwas später – Forschungstagebuch 24.4.94:

> »Ich stelle fest, ich bin unsicher im Mädchentreff, weil ich *nur* komme, um was von den Mädchen zu kriegen; ich will nicht für sie da sein – sondern will, dass sie für mich da sind.«

Hier wird deutlich, dass mich der Rollenwechsel im Mädchentreff zunächst verwirrt und unklar macht: »*nur* wegen der Interviews kommen« ist für mich »von den Mädchen ›abziehen‹« – »ich will nicht für sie da sein« – produziert ein schlechtes Gewissen. Ich springe offenbar zwischen den Extremen »Pädagogin sein = für die Mädchen da sein« und »Forscherin sein = Hauptsache, die Daten sind im Kasten« hin und her. Meine Reflexion vermittelt zwischen diesen Polen. Mir wird klar, dass beides Klischees sind, die die Gefahren jeder Rolle darstellen. Wenn ich sie so, als die mir in der Situation zu Verfügung stehenden Modelle im Kopf habe, produziere ich mir ein innerliches Dilemma, einen Un-Ort, denn ich möchte keine der beiden Positionen einnehmen. Mein »komisches Gefühl« und »Unsicherheit« werden verständliche Reaktionen. Zwischen den Polen liegt das für mich akzeptable Modell der forschenden Pädagogin, die den Fokus ihres Handelns von »Orientierung an den Entwicklungsschritten der Mädchen« zu »Orientierung an eigenen Forschungsfragen« verschoben hat.

2.2.3 Von der (pädagogisch) suggestiven zur (forscherisch) offenen Frage

Meine Identifikation mit dem zentralen konzeptionellen Prinzip des Mädchentreffs »Geschlechtshomogenität« führte zu der Schwierigkeit, mich wirklich einer Bewertung dieses Essentials durch die Mädchen zu öffnen, also auch, ihnen eine offene Bewertung zu ermöglichen. »Geschlechtshomogenität« ist also inhaltlich wichtig und fragetechnisch heikel für mich. Im ersten Probeinterview wage ich erst gar nicht, danach zu fragen; ich merke, dass ich selbst so sehr hören möchte: » – ja, es ist toll, dass im Mädchentreff nur Mädchen sind!«, dass mir in der Situation keine Frageformulierung einfällt, die nicht suggestiv wäre. Forschungstagebuch 2.2.94:

> »Für mich als Pädagogin ist das mädchenspezifische Konzept von zentraler Bedeutung als Thema pädagogischer Praxisentwicklung und jugendpolitischer Diskussion und Legitimation. Es ist so *nah,* dass ich eine *offene* Frage danach, die mit Zustimmung oder Ablehnung beantwortet werden kann, zunächst nicht formulieren kann.«

Die Reflexion dieses Konflikts in meiner »Forscherinnengruppe« klärt für mich die Unsicherheit in der Interviewsituation und verschafft mir die nötige Distanz für den bewussten Umgang mit einer zentralen Frage meiner Untersuchung. Schließlich kann ich für die folgenden Interviews formulieren: »Wie findest du, dass im Mädchentreff keine Jungen sind?« Die Antworten der Mädchen sind sehr unterschiedlich und differenziert.

2.2.4 Gedankliche Antizipation als Störung der Erhebung

Ich erlebe zunächst Störungen in der Interviewsituation, die damit zusammenhängen, dass es mir schwer fällt, mich auf die Aufgabe der reinen Material-*Erhebung* einzulassen und nicht schon gleichzeitig die Auswertung zu antizipieren. Forschungstagebuch 24.4.94:

> »Ich habe Angst, dass die Geschichten der Mädchen nicht ergiebig genug sind, dass die Aussagen und Erfahrungen nicht spezifisch das Konzept der Geschlechtshomogenität betreffen. Ich habe beim Gespräch nicht die Gelassenheit, mich auf die Erhebungssituation einzulassen, sondern ich deute und bewerte sofort: ›– das, was sie jetzt sagt, ist gut, das ist unwichtig, das bringt mir nichts.‹«

Ich mache mir bewusst, dass ein Interview die Material *Erhebung* ist, in der die Beurteilung der Ergiebigkeit des Materials nicht nötig und nicht möglich ist. Es macht mich eng und unkonzentriert, innerlich mit der Frage beschäftigt zu sein: »Ist das jetzt gut auszuwerten, oder nicht?« Im Rahmen der Auswertung meiner Probeinterviews beschäftige ich mich mit dem Konzept des »Problemzentrierten Interviews« (vgl. Witzel 1985). Dort wurde in der empirischen Arbeit mit Hauptschülerinnen und Hauptschülern ein für diese Zielgruppe adäquater Gesprächsmodus entwickelt. Für mich ist dabei die Konstruktion der Gesprächsführerin hilfreich: Sie soll und darf im Interview alle Fragen, die sie zu einem bestimmten Thema an ihr Gegenüber hat, so weit wie möglich klären. Dabei kann gemeinsames Vorwissen eine Rolle spielen. Es stehen erzähl- und verständnisgenerierende Fragen zur Verfügung. Abstinenz und Nicht-Eingreifen sind anders als im »Narrativen Interview« (vgl. Schütze 1981) nicht konstitutiv. Dieses Gesprächskonzept passt zu meiner Beziehung zu den Mädchen, die ich ja alle mehr oder weniger gut kenne. Eine einseitige Interviewführung wäre künstlich. Die Gespräche sind geprägt von beidseitigem Vorwissen. Das Konzept des »Problemzentrierten Interviews« ist für mich eine Hilfe, mich von der Pädagoginnenrolle zu distanzieren. Nach den ersten Interviews stelle ich fest, Forschungstagebuch 20.5.94:

> »Ich bin so ›getuned‹ auf empathisches Verstehen, dass ich oft nicht nachfrage, weil ich *glaube* zu verstehen.«

Für das Interview ist es notwendig, die sachlichen Hintergründe unvoreingenommen zu erfragen: »– wie war das genau, woran erinnerst du dich?« Diese Haltung muss ich sehr bewusst einnehmen. Als Pädagogin bin ich gewohnt, einfühlend mitzudenken und das mitzuteilen. An dieser Stelle denke ich jedoch, dass eine forschende Haltung in diesem Sinne auch pädagogischen Situationen oft gut tun würde.

2.2.5 Pädagogische Geschichten als Forschungsmaterial

In der langjährigen gemeinsamen Projektpraxis war die »pädagogische Geschichte« als eine dichte Nacherzählung der Erfahrung einer pädagogischen Situation stets ein wichtiger Ausgangspunkt unserer Reflexionen. Daher wählte ich »Geschichten«, um die Ebene der pädagogischen Situationen zu erheben. Dabei kann ich an die Tradition unseres Kollektivs anknüpfen: an die *Pädagoginnen-Gruppe*, die pädagogische Erfahrungen bewertete, kritisch reflektierte und Neues kreierte – letztlich an den Mädchentreff, und unser *Mädchentreff-Team*, in dem wir unsere Reflexionen immer als kostbaren und produktiven Freiraum für Fallverstehen und für pädagogische Erkenntnis erleben.

In einem zweitägigen Retreat zur Reflexion unserer Pädagogik schreibt jede Pädagogin je zwei Geschichten – eine mit dem Titel »Das war eine gute, gelungene pädagogische Situation mit Mädchen« und die zweite »Das war eine misslungene Situation – das ging schief«. Dann lesen wir uns die Texte gegenseitig vor und diskutieren sie. Diese Gruppendiskussion wird auf Tonkassetten aufgenommen. So erhalte ich als Untersuchungsmaterial eine Reihe konkreter pädagogischer Situationen und ihre kollektive Bewertung: unsere pädagogischen Meinungen, Grundsätze, unsere »Ethik«. Pädagogische Erfahrung als Geschichte aufzuschreiben steht in der Tradition »pädagogischer Selbstvergewisserung« als Grundlage erziehungswissenschaftlicher Erkenntnis. Pädagogische Prozesse sind komplex. Die Form der Geschichte erlaubt Vielschichtigkeit in der Selbstreflexion: Die Einzigartigkeit der Situation, Beziehungsdynamiken, Vorlieben, Ängste, Intuition der Pädagogin können unter anderem mit einbezogen sein (vgl. v. Hentig 1988). Für die Erhebung pädagogischer Geschichten als Material der Beurteilung von Selbstbestimmungsprozessen von Mädchen ist meine Nähe zum Feld positiv und produktiv. Die gemeinsame Erinnerung passiert sehr engagiert und in einer konstruktiv selbstkritischen Atmosphäre. Dabei zeigt sich, dass das Forschungsinteresse ein gemeinsames ist, denn Selbstreflexion ist für unser pädagogisches Selbstverständnis konstitutiv und gleichzeitig ein wichtiges Instrument meiner Forschungsarbeit. Für den gemeinsamen Denkprozess gestalte ich einen »Mädchentreff-Geschichtsraum« mit Plakaten, Fotos, Kalendern, Programmen, Symbolen, Protokollbüchern, um uns für positive und negative Erinnerungen zu erwärmen. Dafür kann ich meine pädagogische Kompetenz nutzen: Sie ist für mich das Handwerkszeug für die Umsetzung methodischer Forschungskonzepte wie kollektive »Erinnerungsarbeit« (Haug 1983) und »Aus Geschichten lernen« (Baacke/ Schulze 1993).

Resümee

Nähe und Distanz der Forschenden zu ihrer wissenschaftlichen Arbeit sind Phänomene, die jede Forschung begleiten. Ihre Bewegungen können methodisch durch schriftliche Selbstreflexion und mit Hilfe kollegialer oder professioneller Supervision im Blick behalten werden. Wie diese Reflexionen in einer Forschungsarbeit dargestellt werden können, wenn sie nicht wie in der Ethnopsychoanalyse die eigentlichen Forschungsinstrumente sind, sondern interpretative Sozialforschungsmethoden begleiten, dafür gibt es kaum Beispiele. Obwohl Transparenz des wissenschaftlichen Prozesses integraler Bestandteil qualitativer Konzepte ist, wird dieses Element zumeist nur als Hinweis auf ein Forschungstagebuch realisiert. So bleibt zu wünschen, dass Selbstreflexion von den qualitativ Forschenden öfter als bisher kompetent genutzt und veröffentlicht wird.

3. Feministische Pädagogik

Die feministische Pädagogik bildet das theoretische Konzept des Mädchentreffs, in dem seine erziehungswissenschaftlichen und gesellschaftspolitischen Bezugspunkte formuliert sind.

Dieses Kapitel führt daher zunächst die Begriffe ›Feminismus‹ und ›Pädagogik‹ ein und stellt zentrale Begriffe feministischer Mädchenpädagogik dar.

3.1 Feminismus

Feminismus ist die Theorie der Frauenbewegung als politischer Bewegung zur Verbesserung der Lebensbedingungen von Mädchen und Frauen. Feminismus beinhaltet Analyse und Kritik männlicher Herrschaft einerseits und die Erarbeitung befreiender weiblicher Lebenspraxis andererseits. Die bestehende Kultur der Zweigeschlechtlichkeit wird als eine sexistische analysiert (vgl. Hagemann-White 1984). Sexismus bedeutet die Verteilung gesellschaftlicher Ressourcen nach geschlechtsspezifischen Kriterien. Patriarchaler Sexismus privilegiert den Zugang zu gesellschaftlichen Ressourcen für das männliche und benachteiligt den Zugang zu gesellschaftlichen Ressourcen für das weibliche Geschlecht. Ziel feministischer Politik ist die Selbstbestimmung von Mädchen und Frauen sowie letztlich eine Gesellschaft, die ohne Geschlechterhierarchie auskommt.

Dieses Verständnis geht über Feminismus im Sinne von ›Emanzipation‹ hinaus. Die Kritik am Emanzipationskonzept bezieht sich darauf, dass es sein eigentliches Anliegen der ›Befreiung‹ in der Frauenpolitik auf ›Gleichberechtigung‹ reduziert. Der Duden benennt sowohl die allgemeine Bedeutung des Begriffs als auch seine geschlechtsspezifische Interpretation. Dort ist unter dem Stichwort Emanzipation folgendes zu lesen: »1. Befreiung aus einem Zustand der Abhängigkeit, Verselbständigung. 2. rechtliche und gesellschaftliche Gleichstellung (der Frau mit dem Mann).« (Duden Fremdwörterbuch 1974) Emanzipation für Frauen heißt »Gleichberechtigung«, sie erlaubt Frauen, gleiche Rechte wie Männer zu reklamieren. Die ungleiche und hierarchische Bewertung dessen, was Männer und Frauen sind und tun, wird als solche jedoch nicht berührt. Emanzipation wird gesellschaftlich realisiert als einseitige Anpassung von Frauen an männliche Standards.

Gleichheit und Differenz sind zentrale Begriffe, mit denen die Debatte um Feminismus und Emanzipation heute geführt wird (vgl. auch Thies/ Röhner 2000). In der ersten und den Anfängen der zweiten Frauenbewegung bedeutete Gleichheit: Gleichberechtigung mit Männern. Differenz bedeutete: kulturelle Verschiedenheit zwischen Frauen und Männern. Die Betonung der Gemeinsamkeiten unter Frauen als von gleicher Unterdrückung Betroffene stand im Vordergrund. Die Frauenprojekte-Praxis und die Etablierung von Frauenarbeitsbereichen in bestehenden Institutionen machten es seit den 80er Jahren nötig, dieselben Fragen innerhalb von Frauenbezügen zu stellen. Dann heißt Gleichheit unter Frauen noch immer, strukturell gleich von sexistischer Ausbeutung betroffen zu sein. Sie heißt nicht, einen gleichen weiblichen Wesenskern zu unterstellen. Diese Gleichheit ist Grundlage für ein gemeinsames Interesse an der Abschaffung von Herrschaft, an der Schaffung von Frauenräumen und an der Entlarvung patriarchaler Mythen. Differenz bezeichnet die Verschiedenheit unter Frauen aufgrund ihres sozialen, ethnischen und ihres biografischen Gewordenseins. Dieses lässt primäre Veränderungsinteressen unter Umständen komplett divergieren (vgl. Großmaß 1993). Differenz ist im feministischen Konzept des »Affidamento«, des »sich-Anvertrauens« unter Frauen, Anlass sowohl für Auseinandersetzung und Abgrenzung als auch für Interesse und Begehren unter Frauen (das Konzept des »Affidamento« ist in Kap. 3.3.2. »Identifikation« ausführlich dargestellt). Traditionell werden Beziehungen unter Frauen als Konkurrenzen dargestellt. Affidamento setzt dem ein realistischeres, weil vielseitigeres Interaktionsmodell gegenüber. Die Diskussion um Gleichheit und Differenz im Verhältnis zu Männern legt heute das Augenmerk auf die spezifischen Lebensweisen: Im Gegensatz zu essentialistischen Ansätzen werden sie als Ergebnis historisch-politischer Prozesse geronnene und damit als sozial konstruierte Entitäten in den Blick genommen. Differenz erkennt diese Unterschiedlichkeit an und will Gleichheit im Sinne einer nichthierarchischen Bewertung dessen, was weibliche und männliche Kultur bedeutet. Auf diesem Hintergrund wird Affidamento/Frauenbezogenheit als Prinzip feministischer Praxis stark gemacht. Frauen beziehen sich hier auf

Frauen und nicht in erster Linie auf Männer, um ihren Ort in Kultur und Gesellschaft zu finden.

Diese italienische Variante des Differenzfeminismus wurde von der Veroneser Philosophinnengruppe Diotima (»Der Mensch ist zwei«, 1993) und Frauen rund um den Mailänder Frauenbuchladen (»Wie weibliche Freiheit entsteht«, 1988) formuliert. Die deutschsprachige Rezeption wird u.a. von Heike Kahlert geleistet, hier vor allem in: »Weibliche Subjektivität – Geschlechterdifferenz und Demokratie in der Diskussion« (1996).

Differenzfeminismus geht zunächst von der Verschiedenheit zwischen Frauen und Männern aus und schätzt diese positiv ein. Verschiedenheit wird auch als produktives Element innerhalb der Geschlechtergruppe anerkannt. Verschiedenheit ist hier ein struktureller Begriff. Im Sinne von différance (Derrida) ist er offen und wird inhaltlich nicht bestimmt. Entscheidend in diesem Ansatz im Hinblick auf seine soziologische Dimension ist die Verknüpfung von Geschlechterdifferenz mit Gleichheit: Gleichheit der Rechte, der gesellschaftlichen Anerkennung, der Präsenz im Symbolischen, z.B. in der Sprache, in der Kultur. Zweigeschlechtlichkeit wird nichthierarchisch konzeptualisiert (vgl. Kahlert 1995, 7f.).

Differenzfeminismus will auf der Grundlage des Gerechtigkeitsprinzips die Selbstbestimmung von Frauen. Ich beziehe mich auf diesen Begriff von Feminismus, weil er Konzepte entwickelt, die auch für die Pädagogik wichtig sind: die Egalität von Differenz und Gleichheit, die Bedeutung weiblicher Genealogie, die Beziehungspraxis des Affidamento unter Frauen.

So gab es im Diskurs der feministischen Pädagogik bis Mitte der 90er Jahre zahlreiche Veröffentlichungen, die sich mit den Anregungen und Provokationen dieses Ansatzes beschäftigten. Unterschiedliche Aspekte wurden dabei aufgegriffen:

- eine feministische Revision pädagogischer Theoriebildung (vgl. Piussi 1989),
- der Entwurf einer Erziehungswissenschaft, der das Prinzip egalitärer Differenz zugrunde liegt (vgl. Prengel 1993),
- Überlegungen hin zu einer Pädagogik der Geschlechterdifferenz, die wegführt vom paradigmatischen Prinzip der Koedukation (vgl. Piussi 1990),
- die Übertragung des Affidamento-Konzeptes auf die Beziehung Pädagogin – Mädchen (vgl. Franco 1989; Markert 1994; Haasis 2002), Lehrende – Lernende (vgl. Stoehr 1994) und deren Kritik (vgl. Großmaß 1993).

Auf diese Diskussion werde ich im Kapitel 3.3. ›Feministische Mädchenpädagogik‹ ausführlich eingehen.

Im Folgenden wird der theoretische Hintergrund des »italienischen Ansatzes« anhand des Begriffes Geschlechterdifferenz dargestellt.

»Geschlechterdifferenz denken« (Günter 1994) scheint für den feministischen Diskurs auf den ersten Blick selbstverständlich und normal zu sein. Hier lautet die weiterführende These, dass die patriarchale Kultur im Grunde eingeschlechtlich sei, dass der Differenz, Frau zu sein, außerhalb der Familie keine Bedeutung und kein Wert gegeben werde.

> »Die Bedeutungslosigkeit der Geschlechterdifferenz außerhalb der familiären Sphäre ist zugleich Mitursache und Wirkung der historischen Herrschaft der Männer über Frauen.« (Muraro 1989, 49)

Die Philosophin Luisa Muraro bezieht sich auf Hegel, der die Bedeutung der Geschlechterdifferenz auf die Familie begrenzt und Öffentlichkeit bzw. Gesellschaft nur eingeschlechtlich, männlich besetzt konstruiert. Die Anerkennung der Geschlechterdifferenz hilft daher, Phänomene und Erfahrungen der Bedeutungslosigkeit, des Überflüssig-Seins von Frauen in Politik und Öffentlichkeit zu verstehen. Die Teilnahme am öffentlichen Leben verlangt ein männliches Subjekt – frau findet sich als Frau dort nicht wieder, Frauen sind nicht vorgesehen.

> »Die Frauen haben das Recht, dabei zu sein, aber es ist nicht notwendig, dass sie dabei sind.« (Muraro 1998, 48)

Muraro begründet ihr Verständnis von Differenzfeminismus mit der Liebe der Frau zur Freiheit, nicht allein aus der Abschaffung von Diskriminierung. Es geht ihr um das Recht, als Frau frei zu sein. Freiheit für Frauen bedeutet z.B., dass sie nicht auf die sozial verantwortliche Rolle festgelegt werden dürfen – sie entscheiden selbst, ob, wann, wie, mit wem sie leben, lieben, Kinder haben, Politik, Kunst oder Karriere machen. Muraro spricht gegen einen Gleichstellungsfeminismus, weil er Frauen in dem von Männern gesteckten Rahmen definiert und sie zu Assimilierung zwingt.

Aktuelle Gleichstellungspolitik westlicher Gesellschaften spiegelt das wider: Sie produziert das Emanzipationsmodell der »Doppelbelastung«: Frauen dürfen sich emanzipieren, wenn sie wollen, es ist aber nicht notwendig. Emanzipation bedeutet die Vereinbarkeit von Familie und Beruf für Frauen. Es gibt einige Veränderungen geschlechtsspezifischer Zuständigkeiten, quantitativ allerdings relativ wenig, denn männliche Dominanz bleibt trotz allem in wesentlichen Gesellschaftsbereichen bestehen, Männer vereinnahmen immer noch weibliche Fähigkeiten und sind nach wie vor nicht an einer egalitären Aufteilung von Zeit, Geld und Macht interessiert. Frauen bleiben auf diese Weise weiterhin zuständig für Haushalt und Kinder. 87% aller Teilzeitstellen werden auch heute von Frauen besetzt. So wird Reproduktion eher öffentlich finanziert, als dass Männer Versorgung übernehmen. Pflegeversicherung, Hort, Schule über Mittag, Nachmittagsbetreuung von Kindern sind systemimmanente Effekte und Maßnahmen von Gleichstellungspolitik.

Eine kulturelle Ethik der Geschlechterdifferenz würde die Potentiale von Frauen in allen gesellschaftlichen Bereichen brauchen. An dieser Stelle kommt ein Gleichheitspostulat mit ins Spiel: Die Freiheit von Frauen soll ebenso anerkannt werden wie die von Männern; mit Muraro in Bezug auf Hegel: Die Schwester soll ebenso frei sein können, aus der Familie herauszugehen, wie der Bruder.

Auf der gleichen Grundlage argumentiert Virginia Woolf (1994) in ihrem Essay »Ein Zimmer für sich allein«, wenn sie im Gedankenexperiment durchspielt, was passiert wäre, wenn Shakespeare eine Schwester gehabt hätte, die Dichterin hätte werden wollen. Sie wäre unter den damals gegebenen Bedingungen gescheitert, da Genialität nicht zweigeschlechtlich gedacht wurde. Weibliche Genialität wurde geleugnet, Mädchen wurden entmutigt, behindert und bestraft.

Assimilationsgefahren und -phänomene machen Frauen-Räume, Frauenzusammenhänge, Differenzpolitik und Differenzfeminismus notwendig. Die zentrale Forderung lautet: Gleichheit *und* Differenz, denn Gleichheit im Sinne von Gerechtigkeit realisiert sich nur über die Anerkennung von Differenz. Differenz bedarf der Anerkennung von Gleichheit, sonst existiert sie in einem System von Hierarchie, d.h. Differenzen werden ungleich bewertet, was in der Folge zu einer ungleichen Verteilung von Rechten führt. Es geht um die prinzipiell gleiche Anerkennung weiblicher und männlicher Lebenserfahrungen und Lebensrechte in Anerkennung vieler differenter weiblicher und männlicher Existenzweisen.

Der Differenzbegriff italienischer Prägung ist nach Kahlert (in Anlehnung an David-Ménard) insofern ein poststrukturalistischer, als er davon ausgeht, dass Gesellschaftlichkeit sich stets in symbolischer Ordnung herstellt. Symbolische Ordnung meint vor allem Sprache in ihren vielfältigen Ausdrucks- und Erscheinungsformen. Diese arbeitet mit dem Mittel der strukturellen Unterscheidung, um Bedeutungen produzieren zu können, die dann innerhalb der symbolischen Ordnung über Zeichen kommuniziert werden. Sprache liefert durch Unterscheidung die Konstitutionsbedingungen der symbolischen Ordnung und konstruiert sie damit. Differenz meint eine strukturelle Gegebenheit.

> »Laut Jacques Derrida ist diese aus einer bestimmten Ordnung von Sprache resultierende Differenz *(différance)* selbst der Ursprung der Unterscheidung. Sie lässt sich als ein »Zwischen« vorstellen, ohne dass gesagt werden kann, was sie inhaltlich ausmacht. Die *différance* ist eine Schwelle, sie ist der nicht eindeutig bestimmbare Ort des Übergangs und der Trennung und versucht, mit der traditionellen binären Logik zu brechen« (Kahlert 1996, 25).

Bezogen auf Geschlecht impliziert das eine Offenheit demgegenüber, wie Frauen und Männer Geschlecht leben. Die Feststellung der Geschlechterdifferenz führt nicht zu ihrer inhaltlichen Ausformulierung oder Qualifizierung. Heike Kahlert weist darauf hin, dass die Bezeichnung »Differenz«-Feminismus deshalb zu Missverständnissen führen könne, weil es eben nicht um Festschreibung z.B. komplementärer oder »natürlicher« Geschlechtscharaktere ginge, wie typisch für traditionelle Differenzkonzepte. Ebenfalls ziele dieses Verständnis von Differenz-Feminismus nicht auf die Begründung der Umkehrung der Geschlechterhierarchie seitens feministischer Autorinnen ab, die Weiblichkeit positivieren und höher bewerten (vgl. Mulack 1990). Es geht vielmehr um eine strukturelle Unterscheidung ohne inhaltliche Aussagen. Dieses theoretische Modell ist Voraussetzung für eine egalitäre zweigeschlechtliche symbolische Ordnung. In ihr wären Frauen und Männer gleichermaßen mit ihren Symbolen und Kulturen präsent.

Obwohl dieses Verständnis der Geschlechterdifferenz sich inhaltlicher Aussagen enthält, wird dennoch eine vorgängige Geschlechterdifferenz angenommen. Die Annahme der Geschlechterdifferenz sei also zugleich deterministisch als vorgängiges sprachliches und symbolisches Strukturprinzip und konstruktivistisch als identifizierbares, zu gestaltendes Phänomen (Kahlert 1996, 65). Damit werden verschiedene Aspekte eines befreienden feministischen Potentials dieser Theorie deutlich. Indem die Differenz der Geschlechter als existent anerkannt wird, wird es möglich, sie zu verhandeln. Indem sie positiv geschätzt wird, muss Weiblichkeit nicht länger geleugnet oder heruntergespielt werden. Indem die Differenz nicht inhaltlich definiert wird, weder als Opposition noch als Ergänzung, kann sie zum Ort weiblicher Freiheit werden mit Referenz zum eigenen Geschlecht, nicht in Abhängigkeit vom anderen.

Das Hineingeborensein in und die Betroffenheit von der existierenden symbolischen Ordnung der Zweigeschlechtlichkeit wird nicht einseitig gedacht, sondern als aktive Auseinandersetzung mit geschlechtsspezifischen Vorgaben, deren Veränderung und Aneignung, so dass Geschlecht permanent sozial hergestellt und konstruiert wird. Hier stellt sich die Nähe zu sozialkonstruktivistischem Denken her.

Um den Zusammenhang zwischen Eingeschlechtlichkeit auf der analytischen Ebene und Zweigeschlechtlichkeit auf der konzeptionellen Ebene zu verstehen, scheint es hilfreich, die Argumentation der Italienerinnen noch einmal nachzuvollziehen. Sie analysieren die patriarchale Kultur als eine eingeschlechtliche symbolische Ordnung, denn das einzige Geschlecht, das Bedeutung hat, ist das männliche. Hier wird auf abstrakterer Ebene die feministische Kritik am abendländischen Androzentrismus, wonach Mensch = Mann ist, formuliert. Androzentrismus produziert eine Geschlechterhierarchie, in der das Weibliche unter dem Männlichen steht. Auf dieser Ebene existiert in patriarchalen Gesellschaften also real eine Zweigeschlechtlichkeit. Diese an sich wird im italienischen Ansatz nicht als Problem gesehen, sondern Hauptkritikpunkt ist das Herrschaftsverhältnis, in dem beide Geschlechter zueinander stehen. Nach Ansicht des italienischen Differenzfeminismus besteht das Problem darin, dass in modernen, patriarchalen Gesellschaften die Geschlechterdifferenz nicht sichtbar ist, sondern im Gegenteil: Sie wird durch androzentrische Bestimmungen und Setzungen geleugnet. Das hat zur Konsequenz, dass Frauen keinen Ort in der symbolischen Ordnung haben und stattdessen als Projektionsfläche für männliche Interessen und Phantasien fungieren. Die Leugnung der Bedeutung der Geschlechterdifferenz für menschliche Gesellschaften macht ihre Einführung notwendig: Denn es existieren zwei differente Geschlechter, die beide das Recht haben, frei zu sein. An dieser Stelle verknüpft sich der Differenz- wieder mit dem Gleichheitsbegriff. Geschlechterdifferenz in diesem Sinne weiter zu denken heißt also auch, sie in einem ethischen System gleicher Anerkennung und Wertschätzung, in einer Geschlechterdemokratie zu denken. Vor allem Heike Kahlert macht diese politische Dimension des italienischen Konzeptes deutlich. Sie verteidigt es gegen ihrer Ansicht nach auf Missverständnissen beruhender Kritik an der Aufgabe gleicher Rechte und an dem Verzicht auf Einmischung in männliche Politik (vgl. Bernadoni 1995), sowie an unpolitischem Separatismus (vgl. Knapp 1991).

Politisch-historisch verortet sich der italienische Differenzfeminismus zwischen traditionell linker Politik und postmodernen Diskursen. Aus der Kritik an ersterer ist er entstanden und in die letztere ragt er hinein. Beiden Richtungen gewinnt er etwas ab bei gleichzeitiger Kritik. Der historische

Entstehungszusammenhang aus der gewerkschaftlich, am Kampf um die Gleichberechtigung orientierten Frauenbewegung in Italien macht die Betonung von Differenz nachvollziehbar. Die Analyse von Gleichstellungspolitik als Sackgasse des Feminismus und die Argumentation für Geschlechterdifferenz als unverzichtbare Politikstrategie für Emanzipation im ursprünglichen Sinne von Befreiung nimmt in den Ausführungen des Mailänder Frauenbuchladens und von *Diotima* sehr viel mehr Raum ein als die Beschäftigung mit einem produktiven Gleichheitsbegriff (vgl. auch Prengel (1993, 36), die feststellt, dass der Differenzgedanke in der Geschichte demokratischer Bewegungen kaum eine Tradition hat). Dies geschieht auch deshalb, weil ein feministischer, positiv besetzter, nicht neu idealisierender Begriff von Geschlechterdifferenz bezogen auf Weiblichkeit nicht wirklich entwickelt, gedacht, gefühlt und vertreten worden ist.

Dennoch ist mit diesem Konzept der Geschlechterdifferenz eine radikale Gleichheitsforderung verbunden, weil sie Frauen und Männer auf gleicher Stufe von Recht, Freiheit und Anerkennung denkt. Aus der Tradition einer Politik für gleiche Rechte, Emanzipation, universelle Menschenrechte werden diese Forderungen und Utopien aufgenommen und geschlechtlich differenziert. Das Projekt Geschlechterdemokratie wird nicht verabschiedet, sondern neu entworfen.

Der postmoderne Diskurs hatte dem gegenüber »große Erzählungen« über die Verbesserung der Welt für gescheitert erklärt und eine Politik unendlicher Differenzen stark gemacht. Herrschaftskritik, auch feministische, tritt in den Hintergrund und ist suspekt; es wird von Postfeminismus gesprochen. Hier greift der italienische Ansatz das strukturelle Differenzprinzip (Jacques Derrida) auf, verknüpft es mit Herrschaftskritik an patriarchaler Geschlechterhierarchie und konstruiert das Verhältnis der Geschlechter neu als ein egalitäres und nicht-hierarchisches.

Der Differenzgedanke der italienischen Feministinnen verknüpft Gewohntes mit Ungewohntem: Die Betonung der Unterschiede zwischen den Geschlechter kennen wir als Legitimation für Diskriminierung von Weiblichkeit. Hier werden sie lediglich strukturell und gleichwertig gesetzt. Das eröffnet den Raum für Selbstbestimmung der Geschlechter und impliziert die Auseinandersetzung um Demokratie im Geschlechterverhältnis. Beides ist politisch, jedoch nicht den traditionell bekannten Lagern zuzuordnen.

Annedore Prengel macht in ihrer ideengeschichtlichen Aufarbeitung der Begriffe Gleichheit und Differenz ebenfalls deutlich, dass sie logisch zusammengehören. Dabei bezieht sie sich auf ein Zitat von Wilhelm Windelband von 1910:

»›Gleichheit ist ein Verhältnis worin Verschiedenes zueinander steht.‹ An dieser Formulierung fällt auf, dass beide für unser Thema zentralen Begriffe in einem Definitionssatz vorkommen, jeder Begriff kann ohne den anderen nicht definiert werden. Beide Begriffe sind in einem Abhängigkeitsverhältnis aufeinander bezogen: Gleichheit kann nicht bestimmt werden ohne Verschiedenheit. Die Existenz von Verschiedenheit ist Voraussetzung für das Feststellen von Gleichheit. Umgekehrt verhält es sich auf den ersten Blick nicht so: Der Begriff Verschiedenheit spricht die gegebene Mannigfaltigkeit der Welt, der Personen und Sachen, sowie deren unaufhörliche Veränderlichkeit an; er beschreibt eine Welt, in der sich jedes Blatt vom anderen unterscheidet. Solche umfassende Verschiedenheit entzieht sich der definierenden Bestimmbarkeit.« (Prengel 1993, 31)

Von der konstruktivistischen Position geht eine weitere Kritik am italienischen Differenzansatz aus: Er manifestiere Zweigeschlechtlichkeit auch als körperliche Tatsache und sei damit letztlich biologistisch.

Konstruktivistisch ist die Auffassung, dass keine objektive Realität existiert, sondern alles durch subjektive Wahrnehmung erschaffen und konstruiert wird; dies begründet sich aus der Theorie des radikalen Konstruktivismus von Maturana, einem Biologen, der im Experiment die Wahrnehmung von Licht z.B. durch einen taktilen Reiz und nicht durch einen optischen Reiz, also Helligkeit, hervorgerufen hat. Die Meldung ans Gehirn war »Licht« und löste entsprechendes Handeln aus. Daraus folgerte er, menschliche Wahrnehmung sei nicht die Widerspiegelung objektiver Realität, sondern individuelle Konstruktion von Wirklichkeit.

Dies individuelle Phänomen wird im sozialen Konstruktivismus auf Soziales übertragen – auch gesellschaftliches Miteinander ist konstruiert, von Menschen gemacht und veränderbar. Konstruktivismus begreift Welt als hergestellt und beschäftigt sich mit den Mechanismen des Wie. Der Dekonstruktivismus macht davon ausgehend den nächsten Schritt und will erkannte Konstruktionen verändern.

Der italienische Differenzfeminismus ist insofern dekonstruktivistisch, als er die bestehenden Geschlechterkonstruktionen analysiert und neu konstruiert als egalitäre Differenz. Dazu gehört auch das Verhältnis von Natur/weiblicher Körper und Kultur/männlicher Körper als zentrales Thema im Prozess hierarchischer Geschlechtskonstruktion und als Konstruktionsprozess an sich. Körper wird nicht als substanzlos begriffen, sondern als materielle Gegebenheit in bestimmten kulturellen und sozialen Verhältnissen.

Heike Kahlert hält die Kontroverse zwischen der Position, dass Zweigeschlechtlichkeit eine gesellschaftliche Konstruktion und letztlich empirisch nicht nachweisbar ist (in Anlehnung an Simone de Beauvoir), und der differenztheoretischen Position, dass Zweigeschlechtlichkeit auch materielle Gegebenheit, »von Natur aus« und unhintergehbar ist (Kahlert 1996, 163), für eine scheinbare. In ihrem Verständnis geht es beiden Positionen darum, das Verhältnis von Körper und Sprache zu dekonstruieren. Eine traditionelle Denkweise bewertet den Körper geringer als die Sprache; im Gegensatz dazu sagt die differenztheoretische Denkweise: Der Körper ist Ort der Sprache, Ort des Subjekts, Körper und Sprache gehören zusammen und müssen zusammen gedacht werden. Die Skepsis gegenüber der Beschäftigung mit weiblicher Körperlichkeit im feministischen Diskurs sei ein Erbe des sexistischen Vorgehens, mit dem Körper der Frau ihre Abwertung zu begründen. »Auf diese Ebene will sich ein aufgeklärter Feminismus nicht begeben« – dies hält Heike Kahlert im Grunde für das Motiv einer grundsätzlichen Kritik an differenztheoretischer Anerkennung der Körper. Für sie ist diese Position aber in ihrer Negation letztlich immer noch an frauenfeindliche Haltungen gebunden: Als Reaktion wird der weibliche Körper in der Angst vor Biologismen feministischer Prägung wieder zum Objekt – diesmal in seiner Nichtbeachtung, im Gegensatz zu androzentrischer Fremdbestimmung.

Auf demselben Hintergrund stellt sich das sex/gender-Konzept mit seiner Gegenüberstellung von biologischem und sozialem Geschlecht als Fortsetzung patriarchaler Logik dar. Es folgt den Dualismen Natur-Kultur, Körper-Geist, in der strategischen Absicht, sich klar gegen Biologismus und Essentialismus abzugrenzen und lediglich die Konstruiertheit von gender zu analysieren (vgl. auch Nissen 1997, 80f.).

Das feministische Differenzdenken agiert nicht gegen oder in Umkehrung sexistischer Tradition, sondern dekonstruiert ihre Mechanismen. Hier den Dualismus Geist-Körper, der traditionell als Hierarchie konstruiert ist und nun zusammen, nicht hierarchisch gedacht wird. Der Geist existiert nicht ohne den Körper, der Körper kann ohne Geist nicht handeln, sich nicht verstehen, nicht Körper-Sein.

Auf der konkreten Ebene wird hier die Möglichkeit eröffnet, sich wieder unbefangen und unspektakulär mit dem weiblichen Körper (geliebt, verletzt, gepflegt, geschmückt) beschäftigen zu dürfen - jenseits von Rechtfertigung gegenüber einer feministischen Normativität, die dies eindimensional als Erfüllung sexistischer Weiblichkeitsnorm wertet. Das ist eine positive Konsequenz dieses Denkens gerade für die Mädchenarbeit. Auch sie hat Probleme, »den Lebensweisen von Frauen Wert zu verleihen« (Prengel 1993, 116). Wenn Gleichstellungsideen handlungsleitend sind, werden Vorlieben von Mädchen, z.B. sich gern mit dem eigenen Körper zu beschäftigen, eher abschätzig als Gegenstand pädagogischer Programme angesehen, die Arbeit an Themen, die in Jungendomänen fallen, wie Technik, Fußball werden dagegen hochgeschätzt. Die Auseinandersetzung mit dieser Frage wird unter dem Stichwort ›Defizitorientierung‹ von Mädchenarbeit geführt.

Geschlechterdifferenz wird von den ›Italienerinnen‹ auf drei Ebenen gedacht. Die erste Ebene ist die der Differenz zwischen den von Männern gemachten Weiblichkeitsentwürfen und weiblicher Lebenserfahrung, d.h. der Erfahrung von Frauen, nicht mit diesen eingeschränkten Vorschriften übereinzustimmen. Dies kennzeichnet nach Kahlert die Differenz zwischen den Geschlechtern (Kahlert 1996, 67). Diese Konstruktion hat mich erst irritiert: Die erste Ebene der Differenz ist nicht die zwischen Frauen und Männern – sondern die der Differenz zwischen weiblicher Lebenserfahrung und männlichen Weiblichkeitsdefinitionen. Ich verstehe die Argumentation als quasi empirische Grundlage der Geschlechterdifferenz. Frauen gehen nicht im männlichen Verständnis von Weiblichkeit auf, sondern überschreiten, unterschreiten es, stoßen an, brechen durch. Diese reale Tatsache belegt die Einheitslogik von bezeichnendem und bezeichneten Geschlecht, Signifikant und Signifikat, die nach Irigaray patriarchale Kultur prägt. Gleichzeitig werden die Unstimmigkeit und das Unrecht dieses Systems deutlich und begründet das weibliche Streben nach Freiheit und Selbstbestimmung.

Die zweite Ebene von Differenz bezieht sich auf die Differenz zwischen Frauen. Frauen sind nicht gleich, außer in sexistischen Modellen. Frauen sind verschieden und diese Verschiedenheit wird wiederum positiv geschätzt und nicht inhaltlich beschrieben. Hier wird die Grundlage der produktiven Beziehung zwischen Frauen gelegt: Als Differente können Frauen von einem »mehr« der anderen profitieren. Dieses Prinzip wird im Begriff des »Affidamento« als feministische Strategie und als politische Praxis der Frauenbezogenheit ausgearbeitet.

Die dritte Ebene berührt die Differenzen in Frauen, ihre Widersprüche und Ambivalenzen,

> »(...) den Charakter des gespaltenen Subjekts mit verschiedenen, möglicherweise widersprüchlichen Erfahrungs- und Reflexionsdimensionen, die jegliche Fixierung von Identität als feststehendem Faktum negieren« (ebd., 67).

Für Heike Kahlert liegt die Produktivität dieses vielschichtigen Differenzbegriffes vor allem darin, dass er im Sinne des feministischen Interesses an Geschlechterdemokratie brauchbar ist und parallel Frauen nicht in neuer feministischer Ideologie vereinheitlicht.

> »Es ist diesem Denken zufolge also möglich, an der Kategorie Geschlecht als zentraler Kritik- und Analysekategorie festzuhalten und gleichzeitig theoretisch, empirisch und politisch den Differenzen zwischen und innerhalb von Frauen Rechnung zu tragen.« (ebd., 164)

3.2 Pädagogik

Welcher Pädagogik-Begriff liegt einer feministischen Mädchenpädagogik zugrunde und auf welche Theorie-Traditionen in der Pädagogik kann sie sich beziehen?

Diese Fragen sollen im Folgenden mit Bezug auf die Kritische Pädagogik und das Konzept einer »Pädagogik der Vielfalt« von Annedore Prengel beantwortet werden.

Kritische Pädagogik bezieht sich auf die ›Kritische Theorie‹ der Frankfurter Schule. Diese analysiert die bürgerliche Ideologie als bürgerlich-kapitalistisch. Auf Pädagogik übertragen bedeutet das, diese in Abhängigkeit von der jeweiligen historischen und ökonomischen Situation zu verstehen, und nicht als überhistorische, allgemein Menschen bildende Instanz.

Ein ›Kritischer‹ Pädagogikbegriff erkennt Gesellschaftsimmanenz auf der einen Seite an und verpflichtet sich einer Gesellschaftsveränderung im Sinne von Befreiung von Herrschaft auf der anderen Seite.

Die bürgerliche Gesellschaft ist geprägt vom Antagonismus zwischen den Ideen der Aufklärung, »Freiheit, Gleichheit, Brüderlichkeit« und dem Weiterbestehen von Herrschaft und Ungleichheit.

Pädagogik will als ›Freiraum‹ für die Entwicklung von Mündigkeit, Tugenden und Gerechtigkeit für alle Menschen da sein – sie gibt ebenfalls das Versprechen von Freiheit und Gleichheit (Gamm 1979, 58). In dieser Widersprüchlichkeit, einem Versprechen von Emanzipation und dem Erleben von Herrschaft, konnte das Denken an eine ›gute Welt‹ nie ganz verhindert werden, und daraus leitet Hans Joachim Gamm die Verantwortung von Pädagogik ab:

»Erziehung ist damit auch Aufruf zur Einlösung der politischen Vorgaben, da die erzogenen Individuen ermächtigt sind, ihre eigenen Rechte herzustellen und Demokratie zu bewahren, indem sie sie verändern und verbessern.« (ebd., 63)

Kritische Pädagogik entkleidet Erziehung also von der bürgerlichen Ideologie politischer Enthaltsamkeit. Sie bezieht sich auf humanistische bürgerliche Ideale wie Emanzipation und Mündigkeit, aber sie reklamiert die politische Dimension und gesellschaftliche Verantwortung von Pädagogik. Sie verlangt, Pädagogik kritisch auf dem Hintergrund der gesellschaftlichen Bedingungen zu bestimmen. Aus dem Ergebnis dieser Analyse muss Pädagogik ihre Ziele formulieren.

Eine feministische Pädagogik kann sich insofern auf eine Kritische Pädagogik beziehen, als sie herrschaftskritisch nicht nur die ökonomischen Bedingungen, sondern auch die Beziehungen der Geschlechter in den Blick nimmt.

Kritische emanzipatorische Pädagogik impliziert ein Menschenbild, das von der prinzipiellen Bewusstheit, Intentionalität und Veränderungsmöglichkeit von Menschen ausgeht. Emanzipation ist hier in seiner geschlechtsunspezifischen Bedeutung »Befreiung aus einem Zustand der Abhängigkeit« gemeint (vgl. vorheriges Kapitel 3.1). Auch im Sinne sozialer Konstruktion sind Gesellschaften von Menschen gemacht, sie wirken auf Menschen zurück und sie können von Menschen erkannt und verändert werden. Diese Annahme ist Voraussetzung dafür, Pädagogik als Möglichkeit aufklärender Bildung anzusehen.

»Pädagogik hat es ihrem Wesen nach auch mit der Utopie zu tun, von deren Strahlkraft erst die Gegenwart in Richtung auf Zukunft hin erleuchtet werden und Weisung empfangen kann. Wer auf diese Kraft verzichtet, macht sich der schlechten Realität dienstbar, gelangt nicht über sie hinaus, versäumt Zukunft.« (ebd., 24)

Die konstituierenden Merkmale Kritischer Pädagogik sind: Gesellschaftskritik, Entwurf humanistischer Ziele, emanzipatorisches Menschenbild.

Darüber hinaus ist *Er*-ziehung immer auch *Be*-ziehung.

»Die objektiven Anforderungen, die jeder Erziehungsprozess stellt, sind in lauter subjektive Faktoren eingebettet, denn Erziehung ist immer Geschehen zwischen Subjekten. Die Erkenntnisfähigkeit dieser Subjekte gegenüber den gesellschaftlichen Zwängen zu erweitern, die fragwürdigen Autonomievorstellungen zu entlarven, die geringen objektiven Spielräume bei der Erziehung zu erkennen, bietet eine weitere Voraussetzung für einen kritischen Erziehungsbegriff.« (ebd., 62)

Die subjektiven Faktoren liegen zum einen in der Person der Pädagogin, zum anderen in der Person des Mädchens. Zwischen beiden Frauen besteht

Kontakt, der stets eine Beziehungs- und eine Inhaltsebene hat (vgl. Watzlawick u.a. 1974). Die Beziehungsebene ist von Identifikationsprozessen, von Zuneigung oder Ablehnung geprägt, von lebendiger Interaktion, die nicht zu programmieren und kaum zu kontrollieren ist. Das erfordert eine selbstreflexive Haltung der Pädagogin, so dass sie sich als Person in Beziehung transparent machen und für Handlungsalternativen öffnen kann. Die später folgenden pädagogischen Praxisreflexionen sind als Beitrag in diesem Sinne zu verstehen.

Ebenfalls in der Tradition kritischer Pädagogik unter Einbeziehung postmoderner Pluralitätskonzepte formuliert Annedore Prengel (1993) politische Forderungen nach Gleichheit als Forderung nach gleichberechtigter Anerkennung von Differenzen, oder anders ausgedrückt, als egalitäre Differenz. Damit antwortet sie auf eine wichtige Leerstelle Kritischer Pädagogik: Sie überprüft, ob Gleichheitskonzepte sich letztlich als gleichmachende verwirklichen. Es stellt sich heraus, dass Gleichheitskonzepte bestehende Dominanzen fortführen, wenn nicht gefragt wird, um welche Gleichheit es sich handelt und für wen sie gelten soll. Gleichheit führt dann zu Assimilation, wie z.B. das Ideal der Brüderlichkeit die Schwesterlichkeit vergaß. Annedore Prengel entwickelt eine »Pädagogik der Vielfalt«, indem sie die Begriffe Gleichheit und Differenz erziehungswissenschaftlich und erziehungspraktisch fruchtbar macht. Exemplarisch geht sie auf drei Differenzen ein, die pädagogisch konzeptionell bedeutsam geworden sind: Ethnizität, Geschlecht und Handicaps. Sie entwirft jedoch ein Modell, das auf Differenz und Gleichheit als allgemeines Strukturprinzip von Erziehung aufbaut. Damit wird es möglich, weitere potentielle Differenzen aufzugreifen (z.B. sexuelle Orientierung). Dieses Pädagogikverständnis ist für eine feministische Pädagogik deshalb relevant, weil es u.a. eine »Pädagogik der Geschlechterdifferenz« formuliert, wie sie z.B. von Piussi (1990) und Kahlert (1996) gefordert wird.

Was bedeuten die Begriffe Gleichheit und Differenz, die bereits für ein feministisches Gesellschaftsverständnis beleuchtet wurden, nun für die Pädagogik? Auch in diesem Kontext steht Gleichheit für Gerechtigkeit, für das allgemeine Recht auf Gleichheit, Differenz steht für Verschiedenheit aller Menschen und Verhältnisse. Das Verhältnis zwischen Gleichheit und Differenz wird als egalitäres begriffen. Das bedeutet, beide Elemente gehören zusammen und sind gleich wichtig:

> »Denn aus Gleichheit ohne Differenz folgt Gleichschaltung und aus Differenz ohne Gleichheit folgt Hierarchie« (Prengel 1994, 3).

Prengel leistet sowohl eine ideengeschichtliche Aufarbeitung der politischen Dimension dieser Begriffe als auch eine Reflexion ihrer pädagogischen Gegebenheiten.

Am Beispiel des Konzeptes der Chancengleichheit der Bildungsreform der 60er und 70er Jahre führt sie aus, dass in der Geschichte demokratischer Bewegungen der Differenzgedanke kaum eine Tradition hat, da bei politischen Forderungen der Gleichheitsaspekt im Vordergrund steht. Die Bildungsreform war sowohl demokratisch als auch ökonomisch motiviert. Demokratisch war das gesellschaftspolitische Ziel der Beteiligung möglichst vieler Kinder an qualifizierter höherer Bildung unabhängig von sozialer Herkunft, Ethnie, Geschlecht und Religion; ökonomisch bestand ein höherer Bedarf an gut ausgebildeten Fachkräften. Chancengleichheit geht radikaldemokratisch davon aus, dass alle Kinder das gleiche Recht auf Bildung haben. Entgegen dem Argument eines konservativen Biologismus, der eine »natürliche« Minderbegabung von Unterschichtskindern akzeptiert, geht sie davon aus, dass alle Kinder die gleichen Anlagen haben, so dass Bildung und Erziehung schlechtere soziale Bedingungen von Unterschichtskindern kompensieren muss.

Statistisch wurde dies Ziel erreicht: Mehr Kinder aus der Arbeiterschicht machten das Abitur. Chancengleichheit wurde vermindert, konnte jedoch insofern nicht beseitigt werden, als Regeln und Umgangsformen der Mittelschichtskultur in Bildungseinrichtungen dominant blieben, so dass Kinder aus unteren sozialen Schichten ihre »(sub)kulturellen Erfahrungen und Haltungen verlernen müssen, wenn sie erfolgreich sein wollen.« (ebd., 27) Annedore Prengel bezieht sich auf Andreas Flitner (1985), der analysiert, dass die Bildungsreform gleichsetzende Gerechtigkeit anstatt unterscheidender Gerechtigkeit praktiziert. Damit werden unter der Oberfläche formaler Gleichheit gesellschaftlich existierende Dominanzen fortgeführt. Das Bestehende wird als der Maßstab dessen angesehen, was andere kulturelle Gruppen auch erreichen können. Mit diesem einseitigen Verständnis wird die Existenz anderer als der aktuell dominanten männlich geprägten Mittelschichtskultur zur Anpassung gezwungen und damit in ihren Lebensweisen diskriminiert. Darüber hinaus wird die jeweilige Dominanzkultur um die Chance des Lernens von anderen kulturellen Praktiken gebracht. In diesem Beispiel ist der Kern der Kritik an einseitigen Gleichheitskonzepten formuliert (vgl. Thies/Röhner 2000, 22f.).

Diese Art einer Pädagogik der Chancengleichheit ist letztlich eine Assimilationspädagogik mit spezifischen Gewinn- und Verlustseiten. Auf der

Seite der Gewinne stehen der Zugang zu Bildung und höherem Status, die Teilhabe an Privilegien für benachteiligte gesellschaftliche Gruppen. Auf der Seite der Verluste steht die Notwendigkeit, die eigene Kultur abzulegen oder sie zu leugnen.

Pädagogische Bewegungen sind häufig verknüpft mit sozialen Bewegungen: die feministische Pädagogik mit der Frauenbewegung, die Integrationspädagogik mit der Krüppelbewegung, die Ausländerpädagogik mit Zusammenschlüssen ethnischer Minderheiten. Sie kritisieren Gleichheit im Sinne von Assimilation, fordern eine gleichberechtigte Anerkennung ihrer Kultur.

»Sonder«-Einrichtungen wie Mädchenzentren oder Schulen und Treffpunkte für Menschen mit Handicaps oder Menschen gleicher ethnischer Herkunft etablieren sich in einem widersprüchlichen Prozess: Zunächst entstehen sie überhaupt erst aufgrund ihrer Ausgrenzung aus dem etablierten Kultur- und Bildungswesen; diese Ausgrenzung ist öffentlich legitimiert mit abwertenden Wesensbestimmungen, wie im Falle von Frauen und Behinderten oder ethnischen Minderheiten. Das Bedürfnis diskriminierter Gruppen nach Bildung wird zunächst privat und selbst organisiert. Daraus entstehen Sondereinrichtungen mit Sonderpädagogiken, die dann gesellschaftliche Anerkennung und Unterstützung reklamieren. Unterschiedliche Phänomene lassen sich an der Etablierung von Sondereinrichtungen feststellen:

- sie schaffen Zugang zu und Teilhabe an Bildung und Kultur;
- gleichzeitig manifestieren sie den Ausschluss ihres Klientels von »allgemeinen« Einrichtungen und bestätigen damit die existierenden abwertenden Zuschreibungen (Sonderanthropologien);
- und sie pflegen und tradieren kulturelle Differenzen.

Zugespitzt lässt sich formulieren, dass Sondereinrichtungen zugleich assimilieren, inferiorisieren und differenzieren. Diese widersprüchlichen Phänomene werden in der Frage nach Mädchenschulen als eine Konsequenz aus der aktuellen Koedukationskritik diskutiert.

> »Sie könnte sich daran entscheiden lassen, ob Mädchenschulen heute Isolationsgefahren mit sich bringen müssen (und damit Abwertung; U.G.). Dass sie assimilierend wirken, den Eintritt in die herrschende Kultur fördern könnten, ist bewiesen, dass sie zur Kultur der Frauen beitragen, darauf richtet sich ihre Hoffnung.« (Prengel 1993, 174)

Es müsste also danach gefragt werden, a) ob Mädchenschulen noch immer das Stigma konservativer Mädchenbildung haben, unabhängig von ihren Curricula, und b) ob sie in ihren Zielen und ihren Inhalten weibliche Selbstbestimmung eröffnen, d.h. sie müssten nach innen den Differenzen unter Mädchen gerecht werden (vgl. Kreienbaum 1999). Mädchenschulen müssten in einem Verhältnis egalitärer Differenz zu den koedukativen Schulen stehen. Ein Beispiel hierfür sind die »women colleges« in den USA, die als hervorragende Bildungseinrichtungen für Frauen gelten, ohne die Bedeutung kompensatorischer Frauenförderung mitzutransportieren (vgl. Metz-Göckel 1999; vgl. auch 3.3.1).

Sondereinrichtungen betonen die Partikularität von Erfahrungen. Damit kann die Gefahr der Idealisierung zum moralisch Besseren einhergehen. Heterogenitäten sind jedoch nicht hierarchisch zu bewerten, sondern sollen als jeweils eigene »Sphären der Gerechtigkeit« (Walzer 1992) gelten. Kriterium einer Anerkennung von außen ist letztlich eine menschenrechtliche Verfassung der Kulturen, wobei interne Regeln jeweils sehr unterschiedlich sein können.

Ein Pädagogikbegriff, der feministischer Mädchenpädagogik zugrunde liegt, kann sich in seiner Herrschaftskritik auf die Tradition Kritischer Pädagogik beziehen. Eine feministische Revision Kritischer Pädagogik konstatiert in ihrer Gesellschaftsanalyse dann das Ausblenden des Geschlechterverhältnisses und das Vorhandensein einseitigen Gleichheitsdenkens im Entwurf pädagogischer Ziele und Konzepte. An dieser Stelle knüpft sie an eine »Pädagogik der Vielfalt« an, die Verschiedenheit auf der Basis von Gleichheit anerkennt und damit ein Rahmenkonzept für Mädchenpädagogik als Element von Geschlechterdifferenz in der Erziehung sein kann.

3.3 Zentrale Begriffe feministischer Mädchenpädagogik

3.3.1 Geschlechtshomogenität

Mit Geschlechtshomogenität und Koedukation sind (zunächst) lediglich die *Organisationsformen* von Pädagogik in Bezug auf Geschlecht benannt.

Die Einführung der Koedukation hatte erstmals die Geschlechterfrage im Hinblick auf eine gemeinsame Erziehung von Mädchen und Jungen thematisiert, die in den Jahrhunderten selbstverständlicher Geschlechtertrennung keiner expliziten Begrifflichkeit bedurfte (vgl. 1.2).

Die Organisationsform von Erziehung in Bezug auf Geschlecht spiegelt das jeweilige Geschlechterverhältnis. Die gesellschaftlich ordnungsstiftende Funktion der Kategorie Geschlecht in ihren historischen Kontexten und ihr Hineinragen in die Pädagogik wird hier deutlich (vgl. Rendtorff/Moser 1999, 16ff.). Komplementär hierarchische Geschlechtskonstruktionen fanden in geschlechtshomogen organisierter Erziehung statt, das Modell der Gleichberechtigung von Frauen mit Männern drückt sich in der Koedukation aus (vgl. Schimpf 1999).

Heute wird Pädagogik in der Regel koedukativ strukturiert und als Normalität (vgl. zum Begriff »Normalpädagogik«: Wenning 2001) weitgehend mit Koedukation gleichgesetzt. Es fehlt ein wirklich geläufiger Begriff für getrenntgeschlechtliche Erziehung. Selbst im pädagogischen Diskurs sind ›geschlechtshomogene Pädagogik‹ oder auch ›Monoedukation‹ noch immer umständliche und fremde Begriffe. Die Geläufigkeit des Terminus »Koedukation« bildet hier auf der Ebene des Sprachgebrauchs das hohe Maß kultureller Selbstverständlichkeit dieses Konzeptes ab.

In diesem Kapitel wird der Zusammenhang von Pädagogik und Geschlecht im Hinblick auf die Frage der Organisation als getrennt- oder gemischtgeschlechtliche Erziehung dargestellt. Dabei steht ein geschlechterbewusstes pädagogisches Verständnis im Mittelpunkt, in dem Monoedukation und Koedukation einen gleichwertigen Status haben. Beide Formen stehen dann entsprechend pädagogischer Ziele zur Verfügung. Damit verbunden ist eine Verschiebung des Erziehungsziels »Gleichberechtigung«, deren Ausdruck die Koedukation ist, in Richtung »Selbstbestimmung« von Mädchen resp. von Jungen. Dies bedeutet nicht die Aufgabe von Gleichheitsansprüchen, sondern vervollständigt diese um die Anerkennung von Differenz im Sinne demokratischer Geschlechterdifferenz im Konzept einer »Pädagogik der Vielfalt« (Prengel 1993; vgl. 3.2). Feministische Pädagogik, die sich das Ziel gesetzt hat, normierende Zuschreibungen an Mädchen aufzudecken und Selbstbestimmungsprozesse von Mädchen zu unterstützen, arbeitet mit dem Mittel der Geschlechtshomogenität.

Im Folgenden wird auf pädagogische Potentiale der Monoedukation eingegangen sowie auf Positionen neuerer geschlechterdifferenter und koedukationskritischer Pädagogik. Dabei fällt auf, dass diese selbst bei Anerkennung positiver Effekte geschlechtshomogener Gruppen im koedukativen Paradigma verharren.

Schließlich werde ich Doris Lemmermöhles (1996) Entwurf einer Pädagogik vorstellen, die hier einen Schritt weitergeht und Geschlechtshomogenität und Koedukation als zwei gleichrangige pädagogische Möglichkeiten im konzeptionellen Repertoire vorsieht.

Koedukation und Geschlechtshomogenität sind Organisations*formen* von Pädagogik, *in* denen bestimmte Erziehungsziele verfolgt werden. Folgende Konstellationen lassen sich erziehungswissenschaftlich aufzeigen:

- Geschlechtshomogenität hatte sich für geschlechtsspezifisch traditionelle Erziehungsziele als die geeignete Form erwiesen (vgl. Naundorf u.a. 1986).
- Beim Wandel zum Erziehungsziel Gleichberechtigung von Mädchen und Jungen wurde mit der Koedukation lediglich die äußere Form geändert. Die pädagogische Praxis hat gezeigt, dass Dominanz männlicher Standards für Mädchen und Jungen reproduziert wird. Androzentrismus in Inhalten und Interaktionen bleibt bestehen (vgl. Spender 1985). Die Organisationsform Koedukation scheint also gerade für die Realisierung des Erziehungszieles Gleichberechtigung nicht geeignet zu sein.
- Feministische Pädagogik will nun »Selbstbestimmung für Mädchen« anstatt »Gleichberechtigung mit Jungen« und kombiniert dieses Ziel wiederum mit der Form Geschlechtshomogenität. Mädchen sollen ohne direkten männlichen Einfluss entscheiden können, wer und wie sie sein wollen. Feministische Pädagogik überträgt damit die feministische Strategie der Frauenbezogenheit als Voraussetzung für weibliche Selbstbestimmung auf die Pädagogik (vgl. Graff 1984).

Produktive Effekte der Monoedukation im Hinblick auf eine feministische Mädchenpädagogik können darin liegen, dass geschlechtsbezogene Dominanzstrukturen, die im koedukativen Miteinander das Verhältnis zwischen Mädchen und Jungen eher reproduzieren, im geschlechtshomogenen Kontext ausgesetzt sind. Sie kann den Charakter von »paradoxer Intervention« (Teubner 1997, zit. in Metz-Göckel 1999, 136) haben, wenn sie nicht mit normierenden Vorstellungen von Weiblichkeit und von Männlichkeit verbunden ist. Wir sind es gewohnt, die Trennung der Geschlechter im Begründungskontext hierarchischer Geschlechtskonstruktionen vorzufinden, wo sie für die Entfaltung des als unterschiedlich definierten Wesens von Frauen und Männern notwendig ist. Daher muss eine geschlechterdifferente Organisationsform an die Offenheit gegenüber den geschlechtsspezifischen Vorgaben gebunden sein, d.h. an différance (Derrida), die unhintergehbar ist, jedoch sehr unbestimmt bleibt, wenn sie im Sinne demokratischer Geschlechterverhältnisse Gültigkeit haben soll (vgl. Metz-Göckel 1999, 136). Kelle (1999) macht auf die vielschichtigen Ergebnisse im Hinblick auf geschlechtshomogene Gruppenkontexte im Rahmen ethnografischer peer-culture-Forschung aufmerksam.

Geschlecht wird als Kriterium für Gruppenbildungen stark gemacht und tritt dann als eine direkte Einflussgröße auf Gruppenprozesse in den Hintergrund. Das hat den Effekt, dass Differenzen innerhalb der Geschlechtergruppen sichtbar werden und auch die Aufgaben und Positionen von einem Geschlecht übernommen werden, die sonst qua geschlechtsspezifischer Zuständigkeiten verteilt werden. Diese Erfahrung teilt Sigrid Metz-Göckel, wenn sie über die women's colleges in den USA spricht:

> »Die *women's colleges* bieten den jungen Frauen viele Übungsfelder an für das Überschreiten von Geschlechtergrenzen, sei es durch die Übernahme von Führungsrollen, das Spielen von Männerrollen auf der Theaterbühne, die Akzeptanz weiblicher Homosexualität und andere ›*gender transgression.*‹ Ein monoedukativer Kontext bietet daher andere Möglichkeiten für Grenzüberschreitungen als ein koedukativer.« (Metz-Göckel 1999, 132)

Auch die deutschsprachige Praxis von, im außerschulischen oder schulischen Kontext in feministischer oder emanzipatorischer Absicht eingerichteten, geschlechtshomogenen Gruppen hat gezeigt, dass sie Mädchen Freiraum für persönliche Entwicklungen bieten, die bestehende geschlechtsspezifische Zuschreibungen überschreiten (vgl. Bitzan/Daigler 2001; Nyssen u.a. 1996; Möhlke/Reiter 1995). Das gilt auch für Jungen. Insofern hat die feministische Perspektive den Blick auf beide Geschlechter und Geschlechterverhältnisse gelenkt, so dass innerhalb einer geschlechterdemokratischen Pädagogik monoedukative und koedukative Formen gleichberechtigt für Mädchen und Jungen vorgesehen sein müssten.

Es wäre plausibel, Koedukation in ihrem Charakter als paradigmatisches Prinzip für Erziehung zu relativieren. Eine für diesen Schritt notwendige Distanznahme von der herrschenden Vorstellung von Pädagogik scheint aber schwierig zu sein.

In einem Gedankenexperiment möchte ich daher für die Systematik der Erziehungswissenschaft folgendes vorschlagen: Es wird neu eingeführt die Kategorie:

1. Organisationsform von Pädagogik in Bezug auf Geschlecht

Darunter sind gleichrangig aufgeführt:

1.1 Monoedukation

1.2 Koedukation.

Das wäre die Konsequenz für eine Pädagogik, die Verantwortung für die Überwindung von Geschlechterhierarchien übernimmt, wie explizit die »Pedagogy of Sexual Difference« (Piussi 1990), aber auch die »Pädagogik der Vielfalt« (Prengel 1993).

Die Konsequenzen aus der Koedukationskritik waren bisher Maßnahmen zu ihrer Verbesserung und keine Relativierung ihres paradigmatischen Charakters. Diagnostiziert wurde im schulischen wie im außerschulischen Bereich eine Benachteiligung von Mädchen, auf die dann in der Logik von Gleichstellung mit spezifischer »Mädchenförderung« reagiert wurde. Die Erfahrungen innerhalb von Mädchengruppen und -kursen sind grundsätzlich positiv. Insgesamt muss aber festgestellt werden, dass sie als Reform der Koedukation, als Instrumente einseitiger Mädchenförderung institutionell einen nachrangigen und häufig sogar diskriminierten Status haben. Übergeordnet und »normal« bleibt die Koedukation.

Das führt in der Praxis in eine Sackgasse.

Unter den Bedingungen der Koedukation wird Geschlechterdifferenz hierarchisch und im folgenden Beispiel entlang der bekannten Zuordnungen männlicher Dominanz und weiblicher sozialer Verantwortung fortgeschrieben.

Versuche geschlechtshomogenen Physikunterrichts, die den Mädchen erfolgreichen Zugang zu diesem Fach ermöglichten, konnten sozial von allen Beteiligten langfristig nicht akzeptiert werden:

> »Die meisten Schülerinnen fanden aber die Auswirkungen des geschlechtergetrennten Unterrichts deshalb negativ, weil die Jungen sich so sehr benachteiligt fühlten.
>
> Mädchen:
>
> ›Die Jungen reagieren wütend und erschüttert auf unsere Noten‹;
> ›Ja, die Jungen beschweren sich, dass wir Mädchen besser benotet werden, leichtere Tests bekommen‹;
> ›In den Mädchengruppen trauen sich auch Stillere, sich zum Thema zu äußern‹;
> ›Oft war es beim koedukativen Unterricht, dass viele Jungen aktiv waren, während die Mädchen passiv teilnahmen‹; ...
>
> Jungen:
>
> ›Das Verhältnis zu den Mädchen hat sich verschlechtert, weil die alles besser machen, wissen und können‹;
> ›Man ärgert sich, dass die Leistungen der Jungen nicht so bewertet werden wie die der Mädchen‹; ...
>
> In einer Diskussion mit den Mädchen [...] waren einige Schülerinnen der Meinung, man müsse die Kurse wieder zusammenlegen, um den stilleren Jungen eine Chance zu geben. Viele Mädchen glaubten nach den Gesprächen mit den Jungen wirklich, dass ihre Tests leichter waren, obwohl sie im Schwierigkeitsgrad übereinstimmten.« (Kron-Traudt 1998, zit. in Metz-Göckel 1999, 140)

Und weiter:

> »Wie sich an diesem Beispiel zeigen lässt, bedeutet die Bildung von öffentlich sichtbaren Mädchengruppen im schulischen Physik-Unterricht eine Provokation für die Selbsteinschätzung der Schüler. Deren Balance der Geschlechterbeziehungen wird in diesem männlich konnotierten Wissensrevier gestört und die Lehrenden geraten in das Dilemma, einerseits das Physikinteresse der Mädchen nachhaltiger zu fördern und andererseits das Wohlbefinden der Schüler nicht zu beeinträchtigen. Da sich die Schülerinnen selbst auch durch die Störung der Schüler beeinträchtigt fühlen, löst sich das Dilemma zugunsten der Jungen auf. Das lässt eine Folgenlosigkeit aller positiven Experiment-Ergebnisse zugunsten von Schülerinnen in Physikkursen erwarten.« (ebd., 141)

Vor demselben Hintergrund, aber mit weiterem Focus kritisiert Annedore Prengel (1993), dass Umsetzungen feministischer Pädagogik, die in der Regel als Mädchengruppen innerhalb koedukativer schulischer oder außerschulischer Pädagogik stattfinden, den Gleichheitsaspekt in ihren Inhalten betonen. Sie arbeiten mit Mädchen überwiegend zu Bereichen, die in die Sphäre von Jungen fallen: Berufsorientierung, Technik, Rockmusik, Fußball; hier wird kompensiert, was Mädchen kulturell weniger lernen, Defizite werden ausgeglichen. Das, was Jungen gut können, ist der Maßstab für Erfolg. Das, was Mädchen gut können, hat sich im System der Koedukation bisher nicht als erstrebenswerte Kompetenz für Jungen etabliert: z.B. Fürsorge, Ästhetik, Gestaltung, Körperpflege.

Koedukation ist Ausdruck eines Gleichberechtigungskonzeptes, das letztlich in einer geschlechtshierarchischen Struktur verbleibt: Mädchen und Frauen sollen auch all das können, was Jungen und Männer tun. Diese Grundlage setzt sich faktisch bis heute fort – selbst wenn diese Widersprüche mittlerweile aufgedeckt und kritisiert werden.

Sowohl die empirische Koedukationsforschung (vgl. u.a. Horstkemper/Faulstich-Wieland 1993) als auch erziehungswissenschaftlich-theoretische Studien, wie die von Piussi (1990) und Prengel (1993) sowie Rendtorff/Moser (1999), sind jedoch in der Frage eines Abschieds vom koedukativen Paradigma zugunsten einer geschlechterbewussten Pädagogik, die ko- und monoedukative Gruppen gleichrangig vorsieht, sehr zurückhaltend. Vergleichende Untersuchungen zu Effekten des monoedukativen Unterrichts brachten positive Ergebnisse im Hinblick auf naturwissenschaftliche Lernerfolge und Selbstbewusstsein bei Mädchen (vgl. Nyssen u.a. 1996). Dennoch werden Mädchengruppen lediglich als Ergänzung zum koedukativen Prinzip gesetzt und nicht als eine für ein bestimmtes pädagogisches Ziel geeignete »gleichberechtigte« Unterrichtsform.

Anna Maria Piussi entwickelt eine Pädagogik der Geschlechterdifferenz, die sich auf den italienischen differenzfeministischen Kontext bezieht. Sie betont die Bedeutung weiblicher Genealogie und bewussten pädagogischen Affidamentos seitens der Lehrerin in ihrer Verantwortung gegenüber ihren Schülerinnen. Aber so deutlich sie die Notwendigkeit eines weiblichen Beziehungsgefüges für die Lehrerinnen macht, so nachrangig nennt sie die Bedeutung von Mädchengruppen als Stärkung der Beziehungen der Mädchen untereinander (Piussi 1990, 88).

Rendtorff/Moser (1999) konstatieren als eine Aufgabe von Erziehungswissenschaft heute, auf Geschlechterdifferenzen aufmerksam zu machen. Diese würden, seit die Reformpädagogik die Idee der Gleichberechtigung als koedukative Erziehungspraxis eingeführt hat, ausgeblendet:

> »Im emphatischen Gleichheitsgedanken verschwindet Ungleichheit (im Denken und Handeln) jedoch nicht, sondern wird nur um so wirkungsvoller, je schwerer sie fassbar ist.« (ebd., 13)

Spezifische Formen von Mädchenpädagogik, -bildungsarbeit, Mädchenräumen im außerschulischen Kontext nennen Rendtorff/Moser als Effekte des Einflusses der Frauenbewegung auf Erziehungsinstitutionen. Sie stellen dazu akzeptierend fest, dass diese den Status von Ergänzung und Kompensation koedukativer Mängel haben und nicht als Teil einer geschlechterdifferenten Gesamtperspektive Pädagogik auch qualitativ verändern konnten. Rendtorff/Moser kritisieren in Bezug auf Gesellschaft die frauenpolitische Gleichstellung als zu kurz greifend – sie würde die zugrunde liegende unterschiedliche Wertigkeit der Geschlechter nicht berühren –, in Bezug auf Pädagogik jedoch begreifen sie Koedukation nicht als Ausdruck eben dieses Gleichberechtigungsdenkens, das eine geschlechterdifferente Pädagogik mit Mädchenförderung gleichsetzt und Monoedukation lediglich in ihren Dienst stellt. Koedukation bleibt auch bei ihnen das gültige Paradigma.

Lediglich Doris Lemmermöhle (1996) sieht den Zusammenhang zwischen Koedukation als Paradigma von Pädagogik und dem Problem der Etablierung einer Geschlechterhierarchie überwindenden pädagogischen Praxis. Sie fordert eine geschlechtsdifferenzierte Pädagogik für die Schule, in der getrennt- und gemischtgeschlechtliche Formen nebeneinander praktiziert werden.

> »Eine geschlechterbewusste Pädagogik würde – ohne das Geschlechterverhältnis zu dramatisieren oder das eine Geschlecht gegenüber dem anderen als defizitär zu diffamieren – z.B.

– die gemeinsame oder zeitweilig getrennte Erziehung von Mädchen und Jungen als unterschiedliche pädagogische Möglichkeiten nutzen, die jeweils, wie andere Unterrichtsformen auch, unter Berücksichtigung des Entwicklungsstandes der Jungen und Mädchen, der zu bearbeitenden Probleme und Inhalte sowie der angestrebten Ziele begründet ausgewählt und bewusst gestaltet werden;

– vom ersten Schuljahr an Schülerinnen und Schüler – ohne dies an Defiziten des einen oder anderen Geschlechts festzumachen – eigene Räume und/oder Zeiten zu Verfügung stellen, in denen sie ihre Konflikte mit der eigenen Geschlechtsidentität und mit dem anderen Geschlecht reflektieren können, ohne sich einengenden geschlechterspezifischen Zumutungen und Zuweisungen unterordnen zu müssen.« (ebd., 194)

Resümee:
Bisher gilt die Koedukation als die fortschrittliche Organisationsform von Pädagogik. Geschlechtertrennung dient ihrer Verbesserung. Damit ist sie funktional und Kompromiss innerhalb der Koedukation und nicht eigenständige, gleichberechtigte Form und pädagogische Möglichkeit, die flexibel entsprechend der pädagogischen Ziele und Analysen gewählt wird. So verstanden würde sie dem Konzept egalitärer Differenz bezogen auf Geschlecht Rechnung tragen: Die differenten Kulturen von Mädchen und Jungen würden als existent und gleich hoch geachtet, sie hätten daher selbstverständlich Anspruch auf Entfaltungsraum und Zeit. Heute werden Mädchengruppen in der Schule nur dann eingerichtet, wenn sie kompensatorisch angelegt sind. Akzeptiert werden Argumente, die sich auf spezifische »Mädchenförderung« (in Naturwissenschaften) und Schutz (Selbstverteidigung) beziehen. Faktische Jungengruppen in Angeboten offener Jugendarbeit sind Orte einer dominanten Jungenkultur, ohne sich legitimieren zu müssen. Der Gedanke, »der Lebensweise von Mädchen Wert zu verleihen« (Prengel 1993, 116ff.) liegt pädagogischen Konzeptionen noch fern. Der Rahmen der Koedukation ist Ursache dafür, dass spezifische Mädchenpädagogik den Gleichheitsaspekt betont und damit das, was Mädchen heute sind oder tun, abwertet.

3.3.2 Identifikation

Im Konzept feministischer Mädchenpädagogik ist die Auseinandersetzung mit der Rolle der Pädagogin eine zentrale. Sie wird unter den Stichworten ›Identifikation‹ oder Vorbild geführt (vgl. Graff 1988). Zum einen bedeutet Pädagogik stets, dass Menschen lehren, begleiten oder beraten, zum anderen sind unter einer differenztheoretischen Perspektive (vgl. 3.1) Frauen diejenigen, die das Projekt des Feminismus tragen. Dabei begründet der Grundsatz pädagogischer Parteilichkeit, dass nur Frauen feministische Arbeit mit Mädchen authentisch leisten können, da ihm die strukturell gemeinsame Betroffenheit von Unterdrückung und den daraus zu entwickelnden emanzipatorischen Erziehungszielen implizit ist (vgl. Freire 1973).

Aus einem Verständnis von Pädagogik als Beziehungsarbeit folgt, dass der Person der Pädagogin, als dem pädagogischen Gegenüber der Mädchen, großer Einfluss und große Verantwortung zukommt. Feministische Pädagogik thematisiert den Einfluss der Pädagogin und will ihn parteilich für das Interesse von Mädchen an eigenständiger Lebensplanung nutzen. Diese Entscheidung wird vor dem Hintergrund getroffen, dass der heimliche Lehrplan für Mädchen auch heute in weit stärkerem Maße Anpassung und soziale Verantwortlichkeit realisiert als für Jungen (vgl. Bitzan 2000a).

Die zentrale Rolle der Pädagogin ausloten heißt, die Vorbildfunktion der Pädagogin für die Mädchen zu realisieren und sie bewusst zu gestalten. In der Beziehung zwischen Pädagogin und Mädchen liegt die Chance für die Auseinandersetzung der Mädchen mit Lebenserfahrung und politischen Positionen der Pädagogin in Bezug auf ihr Mädchenleben. Zwischen Mädchen und Pädagogin passieren gegenseitige positive und negative Identifikationen, die ernst genommen und wertgeschätzt werden sollen. Diese Gedanken bewegen sich zunächst auf der Ebene feministisch-pädagogischer Programmatik. Sie konkretisieren das Konzept des »Affidamento« für pädagogische Beziehungen (Libreria delle donne di Milano 1988). Der Begriff bedeutet übersetzt »sich anvertrauen«: Frauen vertrauen sich einander an, sehen in anderen Frauen ein kompetentes, hilfreiches und liebevolles Gegenüber. Unsere Kultur zentriert sich um den Sohn-Vater-Bruder und diffamiert die Beziehungen zwischen Tochter-Mutter-Schwester. Frauenbezogenheit von Frauen wird daher gegen patriarchal interessierte Männerbezogenheit gesetzt. Konkurrenz ist das patriarchale Stereotyp für Frauenbeziehungen. Konkurrenz ist hier die Konstruktion, die weibliche Interaktion auf Männer bezieht, da Männer letztlich als Gegenstand jeder Konkurrenz unter Frauen gedacht werden. Selbst wenn Frauen sich aufeinander beziehen, werden sie im Hinblick auf Männer definiert. Die obligatorische Frage an den Mädchentreff: »Was machen Mädchen denn da so alleine?« hat hier ihren Ursprung (vgl. 7.1.3).

Der Diskurs um Affidamento untersucht kulturhistorisch, wie wichtig weibliche Vorbilder z.B. für Künstlerinnen waren. Sie haben ihnen die reale Existenz weiblicher Genies gezeigt, so dass sie sich selbst ebenfalls in dieser Form denken konnten. Die Lebensgeschichten von Emily Dickinson, den Schwestern Brontë, Virginia Woolf, Georgia O'Keefe belegen dies eindrücklich. Dieses positive Frauen-Vorbild wird entworfen für ein Beziehungsmodell zwischen Frauen auf der Grundlage von »Begehren«. Begehren gilt als Gegenkonzept zu patriarchal motivierter Konkurrenz: Frauen sind nicht neidisch auf all das, was die andere besser kann in Hinblick auf ihre Konkurrenz um Männer, sondern Frauen schätzen das, was eine andere mehr weiß, weil sie davon lernen können. Dieses Modell der Frauenbezogenheit will die Mechanismen von Abwertung, Nichtachtung und Misstrauen unter Frauen aufbrechen. Es will Frauen miteinander verbinden – nicht mit dem Argument ihrer Gleichheit, sondern wegen ihrer Verschiedenheit. Sie ist Motivation für Begegnung und Austausch.

Als zentral für eine positive Verbindung zwischen zwei Frauen wird die Auseinandersetzung mit der Mutter-Tochterbeziehung angesehen. Sie ist in patriarchalen Kulturen konflikthaft und ambivalent: Mütter und Töchter tragen miteinander das Erbe der Frauenverachtung aus. Einerseits hat jede den abwertenden Blick auf Frauen selbst gelernt und kann ihn an anderen Frauen reproduzieren; dafür muss das Wissen und das Gefühl, selbst Frau zu sein, abgespalten werden, um die Kränkung ihrer eigenen Person zu vermeiden; das ist psychisch belastend. Gleichzeitig ist es möglich, sich mit der männlichen Seite zu identifizieren; das ist attraktiv. Andererseits erlebt jede selbst Diskriminierungen durch Frauen; das ist kränkend. Diese Schizophrenie – diskriminiert zu sein, Diskriminierungen abzuspalten und gleichzeitig zu reproduzieren – tragen Töchter und Mütter immer wieder schmerzhaft miteinander aus. Affidamento versucht, die Enttäuschung von Frauen durch Frauen zu verstehen, und erkennt an, dass das Gefühl jeder Frau zur realen Mutter in der Regel schwierig ist. Dennoch wird die Wichtigkeit eines positiven Frauen-Vorbilds, einer symbolischen Mutter betont. Die Utopie einer positiven symbolischen Tochter-/Mutter-Verbindung bricht die Zentrierung von Töchtern auf Väter. Es wird ein Modell von Beziehungen unter Frauen entworfen, in dem jeweils eine Ältere und eine Jüngere, eine Lehrende und eine Lernende, also Frauen mit differenten Fähigkeiten oder Wissen sich bewusst und gewollt aufeinander einlassen. Im Kontext feministischer Pädagogik wird Affidamento in Bezug auf Identifikation in pädagogischen Beziehungen zwischen Erzieherin und Mädchen diskutiert.

»Wenn wir von einer Frau etwas lernen und uns bewusst ist, dass wir von ihr etwas gelernt haben, dann wachsen wir. Denn wir lernen, Frauen Kompetenz zuzuschreiben, wenn wir von ihnen lernen. Dies gilt nicht nur von unten nach oben: wir sind nicht nur Frauen, die von anderen lernen, sondern wir sind auch Frauen, die sich zur Verfügung stellen müssen, damit Mädchen und junge Frauen von uns lernen können.« (Wetzel 2000, 22)

Identifikationsprozesse sind Teil jedes pädagogischen Kontaktes. Bedeutung und Implikationen des Begriffes sind jedoch nicht unproblematisch:

»Identifikation: In der Psychoanalyse wird damit der Vorgang bezeichnet, bei dem sich ein Individuum (unbewusst) in die Situation und Verhaltensweisen eines Mitmenschen hineinversetzt. Das Individuum, das gewöhnlich an diesen Mitmenschen emotional gebunden ist, ... handelt dann so wie die Bezugsperson.« (Brunner/Zeltner 1980, 100)

Diese Definition spricht die notwendig zu klärenden Punkte des Begriffes an: Identifikation wird als ›unbewusster‹ Vorgang bezeichnet, der über emotionale Verbundenheit an einen anderen Menschen die Übernahme von Handeln bewirkt. Diese Formulierung bringt stark den Aspekt von ›Abhängigkeit‹ des sich identifizierenden Menschen zum Ausdruck. Der Begriff war ein wichtiges Element bürgerlich-autoritärer Erziehung. Als ›Verbundenheit‹ mit ›dem Erzieher‹ wurde Identifikation erkannt und genutzt:

»Basis des Identifikationsprozesses ... ist die Autorität der Eltern und anderen Erzieher, die aus der Repräsentation der überindividuellen Werte und Ideen ihre Kraft bezieht, und die emotionale Verbundenheit mit den Erziehern.« (Auernheimer in Wulf, Hg., 1974,188)

Die Gefahr der Entmündigung wird hier deutlich. Als menschlicher Prozess ist Identifikation stets existent, nicht nur in pädagogischen Zusammenhängen, so dass ein verantwortungsvoller, nicht tabuisierter Umgang notwendig ist. Mit Identifikationsprozessen offen umgehen bedeutet, sich mit Macht in Beziehungen zu beschäftigen, da sie emotionale Abhängigkeit produzieren können. Es entspricht der Beziehungskultur des Patriarchats, diese Prozesse auf der symbolischen Ebene zu tabuisieren und auf der Handlungsebene als Herrschaftsinstrument zu benutzen. In diesem Kontext kann Identifikation nur in Hierarchie gedacht werden. Die Möglichkeit, in echter emotionaler Identifikation geachtet zu werden und dadurch lernen und sich auch (wieder) abgrenzen zu können, durch Identifikation zu wachsen und sich nicht klein dabei zu fühlen, ist nicht denkbar.

Die italienische Philosophinnengemeinschaft Diotima kommt in ihrer Auseinandersetzung mit dem für Identifikationsprozesse relevanten Begriff der Autorität zu einem ähnlichen Schluss:

»Das Bedürfnis nach Autorität wurde tatsächlich gewöhnlich von der ideologischen Macht (Kirchen, Schulen, Parteien usw.) und von der materiellen Macht genutzt (Eigentum an den Mitteln der Produktion, Kommunikation und Verteilung), um sich zu festigen und den Freiheitswillen zu töten. Unsere Untersuchung ging aber von der Entdeckung aus, dass wir zwischen Autorität und Macht unterscheiden können und dass wir das symbolische Bedürfnis nach Autorität mit der Liebe zur Freiheit in Einklang bringen können. Wir entdeckten sogar, dass die Liebe zur eigenen Freiheit vollständig mit dem Sinn für Autorität übereinstimmt, aber nur unter der Bedingung, dass ihre Übereinstimmung stärker ist als die Logik der Macht.« (Diotima 1999, 8)

Autorität wird hier untrennbar geknüpft an die ›Liebe zur eigenen Freiheit‹. Damit wird für die Seite der ›Sich-Identifizierenden‹ ebenfalls ein antihierarchisches Verhältnis zwischen der Anerkennung von Autorität und Selbstbestimmung konstruiert.

Für die Seite der ›sich für die Seite der Identifikation professionell zur Verfügung Stellenden‹ ist das Modell egalitärer Differenz in Beziehungen wichtig: die Anerkennung des jeweils anderen ›Selbst‹ und den mit ihm verbundenen Lebenslagen und Bedürfnissen. Nur auf dieser Grundlage darf eine feministische Auseinandersetzung um die Beziehung zwischen Pädagogin und Mädchen in der Mädchenarbeit stattfinden; die Pädagogin kann sich nie auf die Autorität oder Richtigkeit bestimmter Ziele berufen, sondern sie stellt sich für Auseinandersetzung zur Verfügung. Dies ist der Hintergrund für pädagogisches Affidamento.

Als Subjekt-Subjekt-Modell hat Annedore Prengel eine solche pädagogische Beziehung als Dialogspirale zwischen Erwachsenen und Kindern beschrieben. Dabei bringen beide Seiten ihre unter Umständen sehr unterschiedlichen Äußerungen in den Dialog ein. Innovativ an diesem Ansatz ist, dass er auch die frühe Mutter-Kind-Beziehung meint. Hier wird keine Symbiose zwischen Mutter und Kind konstruiert, sondern eine Interaktion zwischen Subjekten, die jeweils für ihr Wohlbefinden sorgen, unter Voraussetzung der: »Anerkennung des Menschseins und der Befriedigungs- und Glücksansprüche beider Seiten (...).« (Prengel 1993, 57)

Diese Konstruktion ist in zweifacher Hinsicht interessant; erstens: Das Recht der Mutter auf eigenes Wohlbefinden wird als notwendig dafür angesehen, dass zweitens das Kind als Subjekt mit ebenfalls eigenen Bedürfnissen und kompetenten Lebensäußerungen von ihr anerkannt werden kann.

»Die Mutter-Kind-Beziehung wird üblicherweise ganz im Sinne des Einheitsparadigmas aufgefasst, sei es, dass sie einem außerhalb der Beziehung festgelegten Erziehungsziel zu dienen hat, sei es, dass die Symbiose, die Einheit zwischen beiden betont wird, sei es, dass das Wohl nur des Kindes von Belang ist und das Wohlergehen der Mutter, sofern daran überhaupt gedacht wird, nur diesem Ziel dienen darf. Eine Frau, die sich ihr ureigenstes Existenzrecht zugestehen kann, ist natürlich auch in der Lage, sich abzugrenzen dem Kind gegenüber sowie dem Kind Grenzen zu setzen.« (ebd., 59)

Dieser Aspekt ist für eine feministische Analyse der Rolle von Pädagoginnen hilfreich. Frauen wird in pädagogischer Praxis häufig Mütterlichkeit qua Geschlecht zugeschrieben, mit der Implikation, »für alle« und »immer« da zu sein. Dabei ist anzumerken, dass der Begriff Mütterlichkeit heute seltener verwendet wird, seine moderne Fassung ist »Offenheit«. Abgrenzung gilt für Frauen nicht als hervorragende pädagogische Kompetenz. Annedore Prengel stellt demgegenüber den Zusammenhang so dar: Selbstachtung der Pädagogin ist die Basis dafür, dass sie zwischen eigenen Interessen und Interessen von Mädchen unterscheiden kann; das wiederum ist Voraussetzung für das Anerkennen der differenten Einzigartigkeit jedes Mädchens und ihrer Wohlergehensansprüche. Offenheit als pädagogische Kompetenz trägt eine Paradoxie in sich: Die Anerkennung egalitärer Differenzen, d.h. Offenheit der Pädagogin für die Mädchen wird nur möglich auf der Grundlage der Anerkennung eigener Vorbehalte und Befindlichkeiten, also eigener Unoffenheiten seitens der Pädagogin. In Achtung vor ihrem eigenen Selbst und dessen Grenzen kann die Pädagogin Selbstbestimmung von Mädchen zulassen. Das pädagogische Subjekt-Subjekt-Modell anstatt des Subjekt-Objekt-Modells lässt Raum für die Selbsttätigkeit von Mädchen. Annedore Prengel beschreibt die Gestalt dieser Beziehungen als weiten Strand mit zwei Menschen, zwischen denen ein Spielraum bleibt – die Pädagogin lässt Raum für das selbsttätige Mädchen –, ein Symbol für Beziehungen, in denen das Selbst und die Andere ihr Eigenleben behalten (ebd., 123).

Die Notwendigkeit der hier mit angesprochenen Selbstreflexion der Pädagogin wird im Rahmen der Studie von Brown/Gilligan (1994) aus Sicht der Mädchen nachdrücklich geschildert. Das Forschen nach der Qualität der Beziehung zwischen Lehrerinnen und Mädchen führte zu der folgenden bitteren Erkenntnis:

> »Zuerst hatten wir das Gefühl des Schocks und dann das Gefühl einer tiefen, wissenden Trauer, als wir den Mädchenstimmen zuhörten und sie uns sagten, dass es die erwachsenen *Frauen* in ihrem Leben seien, die sie sich zum Vorbild nahmen, wenn sie sich selbst zum Schweigen brachten oder sich wie »gute kleine Mädchen« verhielten (...) Dann tauchten die erwachsenen Frauen, die wir alle aus unserer Kindheit kannten, wieder auf. Wir konnten uns deutlich und voller Wut an die Frauen erinnern, die uns kontrolliert und zum Schweigen gebracht hatten.« (243f.)

Selbstreflexion umfasst hier die Identifikation der Pädagogin mit den Mädchen und führt zur Erinnerung an die eigene Mädchenzeit. Das Erkennen des gemeinsamen Betroffenseins von sexistischen Zumutungen kann dann zur differenzierenden Analyse führen, um zwischen sich und den Mädchen unterscheiden zu können und erlittene Beschränkungen nicht unbewusst an den Mädchen wiederholen zu müssen.

Auf die konflikthafte Seite praktizierten Affidamentos geht Ruth Großmaß (1993) ein: Sie kritisiert viele Implikationen des Konzepts als Überforderung für pädagogische Beziehungen. Als Vision der Patenschaft einer erwachsenen, etablierten Frau gegenüber einer jüngeren, lernenden arbeitet es mit der Vorstellung eines »Mehr« an Zeit und Konflikttoleranz, über das die Pädagogin verfügt und auf dessen Grundlage sie ihr Wissen weitergeben kann. Damit wird ihrer Ansicht nach die Berufssituation engagierter Frauen verkannt. Zeit ist ein extrem knappes Gut. Konfliktbereitschaft ist notwendig, da Affidamento die eigene Mutter-Tochter-Beziehung berührt und unter Umständen Loyalitätskonflikte zwischen institutionellen Interessen und dem Einzelfall produziert. Darüber hinaus ist die Souveränität des »Entlassens in die Gleichheit/Überlegenheit, wenn der Vorsprung aufgebraucht ist« (ebd., 327) verlangt. Der beruflicher Alltag ist mit Kämpfen verbunden, die empfindlich machen und hungrig nach Erfolg. Dies zehrt an der eigenen Konfliktfähigkeit, so dass die Ansprüche praktizierten Affidamentos sich als sehr hoch erweisen, wenn sie konkret gemacht werden. Die Beziehungsqualität, die mit Affidamento verbunden wird, ist geprägt von Intensität und Vertrauen. Diese sind nur möglich auf der Basis von Freiwilligkeit und persönlicher Wahl von beiden Seiten. Eine solche Exklusivität ist innerhalb ihres Arbeitszusammenhangs für Pädagoginnen kaum zu realisieren, da es dort berechtigte und gleichberechtigte Ansprüche vieler an sie gibt. Es wird deutlich, dass die durchaus attraktive Vorstellung des sich Anvertrauens zwischen einer »feministischen Mäzenin« und einem »interessierten Mädchens« in ihrer Umsetzung zu Überforderung auf der einen und Enttäuschung auf der anderen Seite führen kann.

Um die Idee grundsätzlich dennoch produktiv für feministische Bildungsprozesse zu machen, verkleinert Ruth Großmaß das Projekt des Affidamento hin zu der positiven Bereitschaft der Pädagogin, entsprechend der eigenen Rahmenbedingungen zu fördern. Grundlage dafür ist dann das genaue Wahrnehmen und Respektieren der eigenen institutionellen und persönlichen Grenzen. Ihre Beachtung ist Voraussetzung für Affidamento – bescheiden verstanden als angestrebte Ehrlichkeit und Anerkennung des Selbst und der Anderen in pädagogischen Beziehungen. Ein Pädagoginnen entlastendes Ergebnis könnte sein, dass sie mehr Gelassenheit gegenüber engen Handlungsspielräumen entwickeln.

Exemplarisch für eine institutionskritische Analyse der eigenen Handlungsspielräume geht Ruth Großmaß auf die pädagogischen Einrichtungen immanente Ebene institutioneller Macht ein. Gerade Frauen, die sich der Frauenbewegung verbunden fühlen, möchten Machtstrukturen aufheben und versuchen, egalitäre Umgangsformen in ihrem Bereich zu etablieren. Das kann dazu führen, dass die reale Macht der Pädagogin verdeckt wird: in der Schule die Macht der Leistungsbeurteilung; in außerschulischer Pädagogik die Macht, Zugang zu Freizeit-, Bildungs- oder Beratungsressourcen zu gewähren. Machtstrukturen verfestigen sich, wenn sie unklar werden. Die in ihnen »Abhängigen« müssen sich schützen und die »Befugten« können: »(...) in zugespitzten Konfliktsituationen unvorhersehbaren, beleidigt-willkürlichen Gebrauch davon machen.« (ebd., 328)

Notwendig wäre ein offener Umgang seitens der Pädagogin mit ihrer Macht. Das verlangt Mitteilungen darüber, wie sie ihren Einfluss im institutionellen Rahmen ausüben will, so dass gemeinsame Projekte verhandelbar werden. Das bedeutet weiterhin, dass Konflikte als Auseinandersetzungen um Interessendifferenzen zwischen Pädagoginnen und Mädchen als notwendig erwartet und ausgetragen werden und nicht als Störungen gelten (vgl. Bitzan 1998).

Ruth Großmaß hat deutlich gemacht, wie trotz der expliziten Hinwendung zur Verschiedenheit unter Frauen im Konzept des Affidamento, im alltäglichen Umgang eher der Wunsch nach Verständnis und Gemeinsamkeit dominant ist. Dies führt zunächst zu Konfliktvermeidung in Frauenbeziehungen, dann zu unterschwelligen Konflikten und schließlich zu Enttäuschungen und Trennungen von Frauen und Mädchen. So kritisiert sie zu Recht, dass Affidamento den Weg zu positivem Begehren unter Frauen als notwendig konflikthaft deutlich machen muss, damit er nicht als normativer missverstanden wird und das Gegenteil von dem produziert, was er will.

Resümee:
Der Begriff ›Identifikation‹ im Konzept feministischer Mädchenpädagogik wurde unter folgenden Aspekten problematisiert:

- Identifikation pädagogisch zu gestalten, bedeutet eine Umsetzung des Prinzips pädagogischer Parteilichkeit nach Freire (1973).
- Für eine feministische Mädchenpädagogik wird Identifikation im Konzept des Affidamento konkretisiert (vgl. Libreria delle Donne 1988).

- Identifikationsprozesse werden im Subjekt-Subjekt-Modell pädagogischer Beziehungen als gleichberechtigter Dialog zwischen Ungleichen beschrieben (vgl. Prengel 1993).
- Identifikation, verstanden als pädagogisch-feministisches Affidamento braucht als Korrektiv Konfliktorientierung, um nicht Überforderung in pädagogischer Praxis zu produzieren (vgl. Großmaß 1993).

3.3.3 Parteilichkeit

Parteilichkeit bezeichnet als pädagogischer Begriff die gewollte und offene Parteinahme für die Interessen der von Pädagogik betroffenen Menschen; der Begriff ›Interesse‹ hat zunächst allgemein die Bedeutung von ›Interesse‹ an Selbstbestimmung und ›Befreiung von Machtverhältnissen‹. Parteilichkeit ist politisch zu präzisieren, da sie noch nichts darüber aussagt, auf welchem Hintergrund ›Interessen‹ definiert werden. Dies wäre das Ergebnis einer Gesellschaftsanalyse, die jedem kritischen Pädagogikbegriff vorausgehen muss (vgl. Gamm 1979).

In dieser Allgemeinheit benennt der Begriff sowohl die politische Verantwortlichkeit von Pädagogik für die Erreichung gerechter gesellschaftlicher Verhältnisse als auch die Verpflichtung, die (hier) Mädchen in ihren durch die Lebenssituation geprägten Interessen ernst zu nehmen; im Sinne Paolo Freires »Pädagogik der Unterdrückten« (1973) impliziert Parteilichkeit das gemeinsame Betroffensein der Pädagog/inn/en und Adressat/inn/en von Unterdrückung; Parteilichkeit verbietet das Aufsetzen objektiver Interessen an der Lebenslage der Betroffenen vorbei. Damit unterscheidet sich ein parteilicher Ansatz von einem bürgerlichen Pädagogikverständnis, das sich selbst die Begründung: »Das ... ist nur zu deinem Besten« zur Durchsetzung erzieherischer Maßnahmen erlaubt.

Maria Bitzan charakterisiert die politische Relevanz von Parteilichkeit wie folgt:

> »Parteilichkeit ist das Gegenstück zu UnParteilichkeit, also Neutralität. Dies aber kann es in einer macht- und interessengeleiteten Gesellschaft schlechterdings nicht geben. Was unter diesem Etikett antritt, erweist sich noch immer bei genauerem Hinsehen als (unbewusste) Übereinstimmung mit den dominanten Deutungsmustern und Interessen. Deshalb wird die darin enthaltene Parteilichkeit nicht erkannt. Parteilichkeit wird erst dann suspekt, wenn sie sich auf nichtdominante Interessen bezieht.« (Bitzan 2000a, 10)

Im Kontext feministischer Mädchenpädagogik ist Parteilichkeit nach wie vor zentral auf theoretischer (vgl. Bitzan 1993; Kavemann 1997; Hartwig/

Weber 1999) und jugendpolitischer Ebene (vgl. MFJFG NRW 1999; Bitzan 2000a) Ebene. Parteilichkeit steht zwischen Politik und Professionalität (vgl. Bitzan 1993; Kavemann 1997) und für beide Diskurse hat sie spezifische Bedeutungen. Jugendpolitisch, d.h. für die Etablierung von mädchenpädagogischen Konzepten und Angeboten in staatlichen Förderinstrumenten, ist Parteilichkeit ein strategischer Begriff, um ein breites Bündnis »für Mädchen« zu schließen. Für diesen Zweck wird darauf verzichtet, Mädchenarbeit konzeptionell genauer zu qualifizieren. Hier ist Parteilichkeit eine große Klammer, in der sowohl emanzipatorische als auch feministische Positionen aufgehoben sein können.

Parteilichkeit funktioniert hier also als politischer »Kampfbegriff« positiv, um Ressourcen für Mädchen beispielsweise in der Jugendhilfe zu reklamieren.

Auf theoretischer, d.h. Professionalität begründender Ebene hat die politisch funktionale analytische Unschärfe des Begriffes die Wirkung, dass es seit den ersten Ausführungen zu feministischer Mädchenarbeit in den 70er Jahren (vgl. Berliner Pädagoginnengruppe 1979) bis heute eine kontinuierliche Debatte über die vielen Dimensionen von Parteilichkeit gibt: pädagogische Wurzeln, konzeptionelle Relevanz, professionelle Validität, inhaltliche Implikationen, feministische Ansprüche, die Bedeutung für die Praxis und politischer Gebrauchswert.

Parteilichkeit erweist sich als Kristallisationspunkt der jeweils aktuellen Verständigung über den pädagogisch-politischen Standort feministischer Mädchenpädagogik.

Parteilichkeit steht also zunächst lediglich für ein Verständnis von Pädagogik als Teil von Gesellschafts-Politik und verlangt stets nach inhaltlicher Qualifizierung. Im Kontext feministischer Pädagogik ist diese politisch-inhaltliche Qualifizierung als Parteilichkeit für Frauenselbstbestimmung und Geschlechterdemokratie bereits angelegt, so dass hier die Verwendung des Begriffes eigentlich überflüssig wäre (vgl. Kavemann 1997, 224).

Die oben beschriebene politische Funktionalität des Begriffes Parteilichkeit aufgrund seiner großen Konsensfähigkeit und seine anregende Wirkung für die fachpolitische Diskussion scheinen jedoch dafür zu sprechen, Parteilichkeit als zentrales Konzept und Label feministischer Mädchenarbeit anzuerkennen. Monika Weber und Luise Hartwig (2000, 45) sprechen sich darüber hinaus für den Begriff aus, weil er Verbundenheiten mit anderen Theorietraditionen und Handlungsfeldern wie Kritischer Pädagogik und Sozialarbeit sowie feministischer Frauenforschung deutlich macht.

Nach dieser Einführung in den allgemeinen Bedeutungszusammenhang des Begriffes Parteilichkeit nun zu seiner Konkretisierung für feministische Mädchenpädagogik.

Parteilichkeit für eine feministische Pädagogik heißt: Parteilichkeit für Frauen und Mädchen für ihr Interesse an Selbstbestimmung. Für das Konzept feministischer Mädchenpädagogik bedeutet das: Herstellen von ›Mädchenräumen‹, in denen Platz, Zeit und Anerkennung für Ideen und Aktivitäten, Bedürfnisse und Bedürftigkeiten von Mädchen ist, Räume, die nicht unter der direkten Beurteilung und dem Zugriff von Jungen stehen. Parteilichkeit für mädchenbestimmte Prozesse, für die Entwicklung einer eigenen Frauenidentität als erwachsene Persönlichkeiten.

Es geht also nicht um einen Kanon spezifischer Inhalte oder »Mädchenthemen«, der sich hier abschließend bestimmen ließe.

Im Sinne einer parteilichen Pädagogik, die Ressourcen für die Befreiung von Herrschaft zur Verfügung stellen will, gibt es allerdings nach Freire (1977) jeweils »Schlüsselthemen« der Bewusstwerdung. Für das Curriculum einer feministischen Mädchenpädagogik wären dies: geschlechtsspezifische Arbeitsteilung/Lebensplanung/Berufsorientierung; Geschichte der Frauen/weibliche Genealogie/Vorbilder; Erfahrungen weiblicher Körperlichkeit, Sexualität, lesbische Liebe; kultureller Ausdruck; Unterdrückungserfahrungen: sexualisierte Gewalt, § 218, Bevorzugung von Jungen (vgl. Prengel 1993, 118).

Der politische Aspekt feministischer Parteilichkeit wird von Maria Bitzan als aufdeckende Arbeit bezeichnet. Hintergrund dieses Begriffes ist der »Verdeckungszusammenhang«:

> »Das Konstrukt des Verdeckungszusammenhanges ist ein analytisches Instrumentarium für die Untersuchung weiblicher Lebensrealitäten, ihrer strukturellen Bedingungen und der Strategien, mit denen sie durch die Subjekte (verändernd) reproduziert werden. Es stellt sie in den Kontext der Geschlechterhierarchie, deren Wirkmechanismen es unter der Perspektive des »Verdeckens weiblicher Lebensrealität« aufsucht.« (Tübinger Institut für frauenpolitische Sozialforschung e.V., Hg., 1998, 41f.)

Dieses Konzept knüpft insofern an einen sozialen Konstruktivismus an, als es Mädchen als von gesellschaftlichen Verhältnissen Betroffene und als in diesen Verhältnissen selbsttätig Agierende begreift. Es erlaubt Aufklärung, kritische Analyse mit dem Ziel der Aufdeckung, die hinführt zu befreiendem Wissen, parteilich für benachteiligte Gruppen.

Dabei geht es um Wissen und Verstehen von gesellschaftlichen Konflikten, die in jedem Herrschaftsverhältnis zugunsten der dominanten Gruppen und Interessen verdeckt werden. Als wichtige Strategien von Verdeckung werden benannt: Dethematisierung, Ausgrenzung und Tabuisierung.

> »Sie kappen Verbindungen, machen Zusammenhänge unsichtbar, polarisieren, machen es unmöglich, Widersprüchliches nebeneinander bestehen zu lassen. Sie bewirken einen (kollektiven wie subjektiven) Realitätsverlust.« (ebd., 45)

Der Verdeckungszusammenhang funktioniert also über das Unmöglichmachen diskursiver Wahrnehmung von Realität.

Wenn Parteilichkeit im Rahmen feministischer Mädchenpädagogik bedeutet, Verhinderungen von Selbstbestimmung aufzudecken, wie lässt sich dann die Lebensrealität von Mädchen heute verallgemeinernd charakterisieren, gibt es einen mädchenspezifischen Verdeckungszusammenhang und wie ließe er sich beschreiben?

Unter dem Stichwort »Veränderte Mädchenwelten und Parteilichkeit« stellt Maria Bitzan (2000a, 13) die Ausdifferenzierung und Erweiterung der Lebensverhältnisse für Mädchen und auch der Lebensentwürfe von Mädchen fest. Freiheit für Mädchen (in Anlehnung an Muraro 1998; vgl. auch 3.1 »Feminismus«) hat sich vergrößert. Einerseits kann dies auch als Erfolg feministischer Politik gewertet werden, andererseits zeigt sich bei genauerer Betrachtung der Qualität der Freiheit, dass sie sich lediglich in Richtung Gleichstellung mit Männern vergrößert hat.

> »Gleichberechtigung reduziert sich im öffentlichen Diskurs darauf, zusätzlich gleiche Rechte wie Jungen zu erreichen (insbesondere im Hinblick auf Bildung), sie zielt nicht auf eine grundsätzliche Veränderung, die die »Modernisierung« männlicher Leitbilder einschließen würde. So wird Modernsein für Mädchen nicht nur zur Freiheit, sondern auch zur Zusatzaufgabe; Modernsein verbietet gleichzeitig, dieses sichtbar zu machen.« (Bitzan 2000a, 13)

Aus diesem Zitat lässt sich der Verdeckungszusammenhang, von dem Mädchen aktuell betroffen sind, herausarbeiten. Die Moderne zeichnet sich durch Pluralisierung der Möglichkeiten für persönliche Lebensentwürfe und Lebensgestaltung und durch Individualisierung der diesbezüglichen Entscheidungen und Realisierungen aus. Die mädchenspezifische Übersetzung lautet: »Mädchen können alles« und »Mädchen sind stark«. Positiv und befreiend daran sind die Öffnung der Optionen in der Lebensplanung und die Unterstellung von Stärke. Negativ, weil verdeckend, daran ist das Schweigen über unzureichende gesellschaftliche Bedingungen für einen weiblichen Lebensentwurf, der »alles«: Beruf/Karriere und Kinder/Partnerschaft möglich macht; verdeckend ist auch, dass das Bild der »Stärke« Überforderungs- und Unsicherheitserfahrungen von Mädchen dethematisiert. Die Rede vom »Postfeminismus« (mädchenspezifisch: »Bloß keine Emanze sein!«) führt dazu, dass Erfahrungen von Zurücksetzung gegenüber Jungen und Konflikte im Prozess des Vereinbarens ausbildungsbezogener mit beziehungsorientierten Wünschen und Zielen tabuisiert werden. Sie verdeckt, dass geschlechtsspezifische Benachteiligungen nach wie vor existieren. Maria Bitzan und Claudia Daigler (2001) beziehen dies auch auf Gewalterfahrungen von Mädchen, »deren Verbreitung und Bedeutung für den Alltag *erneut* verschwiegen wird« (ebd., 207). Der so analysierte Verdeckungszusammenhang beschreibt die Lebensrealität von Mädchen heute als sehr widersprüchlich und notwendig konflikthaft. Da die Konflikthaftigkeit der Verwirklichung emanzipatorischer Lebenskonzepte verdeckt ist – sie passt nicht ins Bild vom modernen Mädchen, ein öffentlicher Diskurs darüber ist out – bleibt den Mädchen bei einem Scheitern nur die Lösungsstrategie der individuellen Verdrängung oder Umdeutung, für die Floskeln wie »das ist nicht so schlimm« oder »das habe ich so gewollt« zur Verfügung stehen. Empirisch belegt wurde dies in den Ergebnissen der 13. Shell-Studie »Jugend 2000«: Die Berufsorientierung von Mädchen nimmt mit zunehmendem Alter deutlich ab.

> »Während sich bei den männlichen Jugendlichen an dem »Mix« von BERUFS- und FAMILIENORIENTIERUNG nach Altersverlauf kaum etwas ändert, zeigen sich die 22-24jährigen Mädchen in Ost wie West wundersam gewandelt zu stärker familienorientierten Wesen mit eingeebneten Berufsträumen.« (Deutsche Shell, Hg., 2000, Bd. 1, 115)

Eine weitere, stille und psychisch höchst belastende Reaktion ist der Zweifel an der eigenen Wahrnehmung aus dem Gefühl heraus, als einzige zu scheitern, es als einzige ›nicht geregelt zu kriegen‹, irgendwie ›nicht richtig zu sein‹. Feministische Parteilichkeit als ein Eintreten für eigene Orte für Mädchen, in denen sie sich untereinander und mit parteilich auf ihrer Seite stehenden Pädagoginnen diesen Verunsicherungen annähern können, erscheinen vor diesem Hintergrund als gesellschaftlich notwendiges Korrektiv gegen die Zumutungen, die die Moderne für die heranwachsenden jungen Frauen bereithält.

Die feministische Analyse der aktuellen Lebensverhältnisse von Mädchen und Frauen führt zur Feststellung nach wie vor geltender geschlechterhierarchischer Arbeitsteilung zwischen Frauen und Männern, bei erhöhtem Druck auf Mädchen, Wünsche nach Beruf mit einem Leben mit Kindern und Partnern vereinbaren zu wollen und zu sollen, und wenig Orientierung von Jungen hin zu Verantwortung für »care-Aufgaben« (Bitzan/Daigler 2001, 207).

All dies ist gesellschaftlich verdeckt im Zusammenhang von Pluralisierungs- und Individualisierungstendenzen und deren ideologischer Präsentation.

Die daraus resultierende Zumutung für Mädchen ist ebenfalls nicht neu: Unsere Kultur ist nach wie vor geprägt von der Haltung, dass Mädchen stets den Erwartungen anderer an sie entsprechen sollen. Diese Erwartungen werden symbolisch in jeweils dominanten Mädchenbildern präsentiert. Der Wechsel vom braven zum starken Mädchen ist wirklich klischeehaft insofern, als die Qualitäten der Zuschreibungen nicht interessieren. So hat im Grunde gar kein Wechsel des Mädchenbildes stattgefunden. Ironisch zugespitzt ließe sich formulieren: Früher sollten Mädchen brav und brav sein, heute sollen Mädchen stark und brav sein (vgl. auch 4. »Meeting at the Crossroads«).

Feministische Parteilichkeit, die offen ist für die Selbstbestimmung und Selbstentwürfe von Mädchen, müsste ihrem Anspruch nach ohne Leitbilder auskommen. Die Aufgabe bestünde dann darin, immer schon existierende als solche offen zu machen. In der Didaktik feministischer Mädchenpädagogik spielt die Arbeit mit Mädchenbildern tatsächlich eine große Rolle (vgl. u.a. Markert 1998, Zötsch 1999). Am Beispiel ›Androgynität‹ als Ziel weiblicher Identitätsentfaltung (vgl. Bast 1988) lassen sich Begrenzungen und negative Effekte von Mädchenbildern, verwendet als normative Leitbilder im pädagogischen Kontext nachvollziehen.

Androgynität geht davon aus, dass jeder Mensch männliche und weibliche Anteile hat, die ihm nach dem tiefenpsychologischen Konzept von C.G. Jung als Anima und Animus innewohnen. Dabei gilt die traditionell geschlechtsspezifische Zuordnung von Fähigkeiten und Haltungen als weiblich = passiv, emotional, rezeptiv, und männlich = aktiv, rational, kreativ. Prengel (1993) analysiert politischen Fortschritt und pädagogische Folgen dieses Konzeptes so: Androgynität überschreitet den Konservatismus des Modells der »natürlichen« Ungleichheit der Geschlechter insofern, als es als möglich und wünschenswert angesehen wird, dass jeweils gegengeschlechtliche Anteile entdeckt und gelebt werden. So steht Androgynität für das Gleichheitskonzept in der Frauenbewegung und kann politische Forderungen nach Gleichberechtigung von Frauen und Männern z.B. in Bezug auf Arbeitsteilung begründen. Die Grenze des Androgynitätskonzeptes liegt darin, dass es Geschlechtscharaktere weiterhin als traditionelle Ergänzungen beschreibt. Zwar werden beide Seiten jeweils innerhalb einer Frau oder eines Mannes verortet, dennoch wirkt ihre Bezeichnung als männlich oder weiblich affirmativ. Dies ist nicht eine Frage zu vernachlässigender Rhetorik, da alltäglicher Sprachgebrauch im Sinne sozialer Konstruktion das Selbstverständnis jedes Menschen zu dem, was er oder sie tut, mitbestimmt. Annedore Prengel macht für den Kontext von Erziehung deutlich, dass es ein Unterschied ist, ob ein Mädchen erlebt, dass ihr aggressives Schreien ihr als jungenhaft widergespiegelt wird, oder ob klar ist, dass ihr Schreien weiblich ist, weil sie es als Mädchen tut.

> »Für die Pädagogik ist diese Unterscheidung, die zunächst nur wie eine rein begriffliche Unterscheidung wirken mag, von großer Bedeutung. Für Kinder ist ihre Geschlechtszugehörigkeit ein zentraler Orientierungspunkt der Identitätsbildung. Sie können ihre unterschiedlichen Lebensäußerungen nur als wirklich zu sich selbst gehörig erfahren, wenn sie auch als solches erkannt und widergespiegelt werden. Das Weinen eines Jungen ist männliches Weinen, männliche Tätigkeit, nicht irgendwie weiblicher Anteil und im Grunde eigentlich weibliche Tätigkeit. Die aggressive Handlung eines Mädchens ist ebenso eine weibliche Tätigkeit und nicht männlicher Anteil, der plötzlich aus dem Mädchen spricht.« (ebd., 126)

Nicht Tätigkeiten machen ein Geschlecht aus, sondern das körperliche und geistige Selbstbewusstsein eines Menschen, das er utopischerweise jenseits geschlechtlicher Festlegungen gestalten darf. Zum Thema Leitbilder postuliert Annedore Prengel die »Unbestimmbarkeit des Weiblichen«: Das bedeutet, dass eine feministische Mädchenpädagogik sich darauf einlassen soll, ihr Erziehungsziel Selbstbestimmung in der Weise ernst zu nehmen, dass sie ohne Leitbilder auskommt (vgl. für Jungenarbeit auch Sturzenhecker 1996). Neue Weiblichkeitsbilder würden sich doch normativ auf traditionelle beziehen, entweder in ihrer Ablehnung oder ihrer Aufwertung. Selbst das Androgynitätsmodell arbeitet ja mit geschlechtsspezifischen Zuordnungen menschlicher Möglichkeiten, so dass ein Begriff von Selbstbestimmung, der offen ist, der sich als Prozess versteht und nicht ergebnisorientiert ist, beschränkt würde. Für pädagogische Interaktion wird die Annahme der »Unbestimmbarkeit des Weiblichen« in der Weise relevant, als sie die Qualifizierung dessen, was Mädchen tun, als jungen- oder mädchenhaft vermeidet.

Daraus folgt konzeptionell, Mädchenarbeit im Rahmen außerschulischer Pädagogik als Freiraum zu verstehen, der von den Pädagoginnen immer wieder neu geschaffen wird, um Aktion, Begegnung, Lernen und Entspannung von Mädchen zu ermöglichen. Als Beispiel eines solchen Ortes aus dem Bereich der Erwachsenenbildung nennt Annedore Prengel die Frankfurter Frauenschule, ein feministisches Bildungs- und Kulturzentrum. Sie verfolgt kein eigenes inhaltliches Programm, sondern versteht sich als Organisatorin von Foren für Kontakt, Diskurs, Präsentation von Frauen unterschiedlicher politischer und kultureller Couleur.

> »Die feministische Strategie der Offenheit für Heterogenität ist ein leidenschaftliches Plädoyer zur Bereitstellung von Freiräumen für Neues. Die Suche nach Selbstbestimmung der Frauen tendiert zum Ausprobieren und Experimentieren, zur Neugierde auf das Unbekannte, Nichtvorherbestimmte, Ungesagte, Uneindeutige.« (Prengel 1993, 128)

Diesem Konzept wird Beliebigkeit und Positionslosigkeit vorgeworfen. Annedore Prengel hält diese Kritik für unzutreffend, da es der Frankfurter Schule gerade darum gehe, Prozesse von Positionsfindung zu initiieren, und das ist eine direkte und konsequente Form, Selbstbestimmung von Frauen zu unterstützen.

Mit Einrichtungen eigens von und für Frauen wird der Idee egalitärer Differenz eine Form gegeben, in der Weiblichkeit einen eigenen Ort hat, gesellschaftlich kulturell repräsentiert ist (dies ist das Element formaler Egalität oder Gleichheit) und innerhalb dieses Ortes sich die Seinsweisen und Lebenserfahrungen von Frauen entfalten, verändern und manifestieren (dies ist das Element der Differenz, die existieren kann, ohne sich assimilieren zu müssen). Mädchentreffs als Einrichtungen für Mädchen im Bereich der offenen Jugendarbeit setzen dieses organisatorische und konzeptionelle Modell egalitärer Differenz in ähnlicher Weise um. Als Freiraum für Mädchen können sie mit ihrem Prinzip der Freiwilligkeit Selbstausdruck fördern, Krisen begleiten und Experimente unterstützen, ohne wie die Schule auch Lehrpläne und Selektionsaufgaben berücksichtigen zu müssen.

Resümee:

Die Diskussion um Parteilichkeit im Konzept feministischer Mädchenpädagogik umfasst hier folgende Aspekte:

- die Ableitung des Begriffes aus der Kritischen Pädagogik als Absage an vermeintlich unparteiliche Konzepte
- seine Charakterisierung als Konzept »zwischen Politik und Professionalität«
- seine Darstellung als aufdeckende Arbeit im Hinblick auf die Analyse von Verdeckungszusammenhängen in der Lebensrealität von Mädchen
- seine pädagogischen Konsequenzen als radikale Offenheit, woraus zum

einen die Absage an normative Mädchenbilder resultiert (was wiederum ein hohes Maß an Selbstreflexivität der Pädagogin verlangt), zum anderen die Schaffung von Mädchenräumen als Freiraum für Selbsttätigkeit, Schutz und Hilfe.

4. Meeting At The Crossroads – Adoleszenz als Thema feministischer Mädchenforschung

Diana hat ihre Trillerpfeife, um sich durchzusetzen,
Jessie beschreibt die Tyrannei, immer nett und freundlich zu sein,
Laureen setzt auf Spiel und Mut,
Noura kämpft um Wissen und Nicht-Wissen,
Judy meint, ihren Verstand zu verlieren,
Anna – die Widerstandskämpferin,
Victoria baut einen Schutzschild,
Neeti – das perfekte Mädchen,
Liza – das Covergirl.

Das sind 9 der 100 Mädchen, denen die amerikanischen Sozialpsychologinnen Lyn Mikel Brown und Carol Gilligan (1994) in ihrer Untersuchung »Die verlorene Stimme« auf ihren unterschiedlichen Pfaden durch die Zeit der Adoleszenz gefolgt sind.

Im Rahmen einer Längsschnittstudie über fünf Jahre haben die Forscherinnen die Mädchen immer wieder danach gefragt, wie sie sich durch die Welt menschlicher Beziehungen bewegen.

Die Frauen haben den Mädchen zugehört, weil sie von *ihnen* lernen wollten.

Das war nicht von Anfang an so.

Eigentlich sind die Wissenschaftlerinnen 1986 an die private Tagesschule für Mädchen in Cleveland/Ohio gegangen, weil sie die Mädchen als Kontrollgruppe für eine Forschung zur psychologischen Entwicklung von Frauen brauchten. Die Mädchen sollten von ihren Gefühlen zu Beziehungen und Konflikten sprechen.

Dann passierte folgendes: Während der Erhebungsphase an der Schule entstand ein »Untergrund«. Dort tauschten sich die Mädchen darüber aus, was sie in den Interviews gefragt wurden und was sie geantwortet hatten.

Die Forscherinnen merkten, dass es offizielle Versionen für sie und inoffizielle Diskussionen im Untergrund gab.

Dieses Phänomen lässt die Forscherinnen ihre Arbeit radikal überdenken. Sie reflektieren, dass sie mit ihrem Vorgehen und ihrer Art der Datenerhebung für die Mädchen offensichtlich genau die Situation hergestellt hatten, deren Auswirkung sie doch untersuchen wollten: Wie kommt es dazu, dass erwachsene Frauen ihre eigene Stimme aufgeben? Eine Antwort ist, dass sie als Mädchen nicht erleben, dass der Entwicklung ihrer Stimme Raum und Aufmerksamkeit gegeben wird, sondern sie lernen: Es ist wichtiger, die Erwartungen anderer zu erfüllen, als die eigene Stimme zu erheben.

Übertragen auf die Forschungssituation bedeutete dies: Die Forscherinnen wollten, dass die Mädchen ihnen sehr persönliche Gedanken mitteilten, zunächst aber ohne die Mädchen zu fragen, was sie brauchten, um sich auf diese Ebene einlassen zu können; die sollten innerhalb des psychologischen Interview-Settings funktionieren. An solche Anforderungen gewöhnt, taten die Mädchen das auch, und griffen auf eine bewährte Strategie zurück: Sie verhandeln die unklaren und verunsichernden Anteile einer Situation untereinander (im »Untergrund«). So entlasten sie sich selbst, ohne nach außen zu stören. Glücklicherweise nahmen die Forscherinnen diese Reaktion der Mädchen ernst und verstanden die implizite Kritik.

Diese selbstkritischen Überlegungen lösten große Betroffenheit sowohl bei den Forscherinnen als auch bei den Lehrerinnen der Schule aus. Ihnen wurde bewusst, wie selbstverständlich sie mit Anpassung und Kooperation der Mädchen arbeiten und nicht mit deren Eigensinn.

An dieser Stelle treffen sich die feministische und die methodologische Ebene der Untersuchung: Es wird deutlich, wie feministische Forscherinnen Gefahr laufen, das zu reproduzieren, was sie eigentlich verändern wollen, und es ist ein Beispiel für qualitative Forschung, die ihren Anspruch ernst nimmt, die Perspektive ihrer Subjekte zu erfahren, und daher ihr Vorgehen auf die Bedürfnisse der Befragten einstellt.

Das Forschungskonzept wurde verändert: Die eher einseitige funktionale Befragung der Mädchen wurde zum »Meeting at the Crossroads« von Mädchen und Frauen, einer eigenständigen Untersuchung; in offenen beziehungsorientierten Gesprächen versuchten die Frauen, den Stimmen der Mädchen zu folgen, wie sie sich von der Kindheit in die Adoleszenz bewegen; die Forscherinnen entwickelten dafür eine eigene stimm-zentrierte Methode des Zuhörens. Zur Phänomenologie von *Stimme* sagen sie: Stimme ist mit ihrer Physik, d.h. ihrem Klang, ihrer Lautstärke und Vibration die »naturalistische« Grundlage ihrer Forschung; Stimme ist verkörpert in-einem-Körper, sie verbindet Seele und Körper; weil Stimme Teil von Sprache ist, verbindet sie Psyche und Kultur; Stimme ist immer relational, ihre Resonanz ist abhängig von der Art einer Beziehung, ihrer »Beziehungsakustik« (relational acoustics) (ebd., 29). Die Untersuchung steht im Kontext der amerikanischen, feministisch orientierten, sozialpsychologischen Forschung zu weiblicher Moral (vgl. Gilligan 1985) sowie zu Bildungsprozessen von Frauen (vgl. Belenky, u.a. 1989). Auch dort hatte sich *Stimme* als bedeutungsvolle Metapher für die Beschreibung von Fremd- und Selbstbestimmungserfahrungen erwiesen.

»Crossroads« hat hier eine doppelte Bedeutung: Zum einen ist es die Kreuzung, an der Mädchen junge Frauen werden und großen Druck erleben, ihr Selbst-Bewusstsein »guten« Beziehungen unterzuordnen, zum anderen ist es ein Symbol für Veränderung der Beziehung zwischen Frauen und Mädchen. Frauen nehmen Mädchen ernst, unterstützen ihre Stimmen, sie hören auf, sich an der Normierung von Mädchen zu beteiligen, verweigern die Mittäterschaft an der sozialen Konstruktion des *netten Mädchens.*

Dafür ist es nötig, dass Frauen ihre Reaktionen auf Mädchen reflektieren und sich an die eigene Mädchenzeit erinnern. Viele Mädchen dieser Studie sagen, dass sie gerade durch erwachsene Frauen starken Konformitätsdruck erleben. Mädchen brauchen Frauen, die ertragen können, dass sie stark und eigenwillig sind, und nicht die selbst erlittene Erziehung an ihnen wiederholen müssen.

> »Wenn Frauen und Mädchen sich an der Wegkreuzung der Adoleszenz begegnen, öffnet sich die Nahtstelle zwischen den Generationen, die Teil einer patriarchalen Kultur ist. Wenn Frauen und Mädchen sich zusammen dagegen wehren, die Beziehung um der »Beziehung« willen aufzugeben, dann liegt in dieser Begegnung das Potential für eine soziale und eine kulturelle Veränderung.« (Brown/Gilligan 1994, 256)

Die Utopie einer positiven Verbindung von erwachsener Frau und Mädchen/Mutter und Tochter ist der Kern vieler feministischer Philosophien (vgl. Wollstonecraft 1787, de Beauvoir 1977, Libreria delle donne di Milano 1988, Irigaray 1991).

Der amerikanische Original-Titel der Untersuchung lautet »Meeting at the Crossroads« und setzt damit einen ganz anderen Akzent als »Die verlorene Stimme« der deutschen Übersetzung.

Die vorliegende Studie dokumentiert die Begegnung von Mädchen und Frauen am biografischen Ort der Adoleszenz der Mädchen und dort das genaue und ernsthafte Hinhören der Frauen auf Klang und Inhalt der Mädchenstimmen. Es geht nicht um die »verlorene Stimme«, sondern vielmehr um die äußeren und inneren Kämpfe der Mädchen, ihre Stimme zu behalten.

Carol Gilligans Arbeiten knüpfen, wie bereits erwähnt, an einen sozialpsychologischen Forschungszusammenhang an, der entwicklungspsychologische Modelle verwendet. Die neue Untersuchung überschreitet diese Tradition insofern, als sie auch auf die soziale Konstruiertheit von Welt verweist (Brown/Gilligan 1994, 180).

Der Prozess der sozialen Konstruktion von *Mädchen/Frau* wird als ein Kontinuum verstanden. Es gibt nichts, was »davor« liegt, etwa »das Mädchen an sich«. Es gibt in dem Sinne auch keine Wendepunkte, an denen sich das Schicksal von Mädchen entscheidet, es gibt nur die alltägliche Herstellung von Geschlecht, und die gilt es zu entdecken (s. dazu: Hagemann-White 1993). Auch insofern ist der Titel »Die verlorene Stimme« schlecht gewählt, er suggeriert eine negative Entwicklung: »vor der Adoleszenz sind Mädchen noch laut, danach haben sie ihre Stimme verloren«; damit sind die untersuchten Phänomene aber sehr vereinfacht. Die Frage ist zwar: Was passiert mit den Stimmen von Mädchen in der Adoleszenz? Die Antwort lautet aber nicht, dass sie verloren werden, sondern: Um sie wird gekämpft, sie werden leiser und lauter, sie werden verloren und wiedergewonnen, sie empören sich, ringen um Wahrheit, bleiben der besten Freundin oder dem Tagebuch vorbehalten, sie schwanken und »covern«.

Die Qualität der Studie liegt gerade darin, dass sie sehr sensibel die differenzierten Re-Konstruktionen von *Mädchen* entdeckt. Sie betrachtet diese Lebensphase der Mädchen mit einer Haltung, die als ethnografisch bezeichnet werden kann. Ethnografisch daran ist, dass das vermeintlich Bekannte (Mädchen in der Adoleszenz) wie eine fremde und eigenständige Kultur erforscht wird. Zugang zu dieser Kultur sind die Stimmen der Mädchen. Sie sprechen davon, wie und wo die Konstruktion von Mädchenbildern passiert (sie erzählen Situationen und Interaktionen), und die Stimmen (ihr Lautstärke, ihr Klang und Tempo) sprechen wie und wann sie ein traditionelles Mädchenbild rekonstruieren/annehmen und dekonstruieren/verweigern.

Ein Beispiel für diese stimmenzentrierte Methode des Zuhörens und Verstehens ist die Deutung des Satzes »Ich weiß nicht«.

Ab 12 Jahren steigt die Zahl der »ich weiß nicht«-Äußerungen der Mädchen um ein Vielfaches an. Die Mädchen wissen nicht mehr, ob sie ihre Wahrnehmungen von Situationen äußern oder ob sie Versionen abgeben sollen, von denen sie glauben, dass sie der Situation und dem Gegenüber angemessen sind. Inhaltlich geht es z.B. darum, dass Mädchen kooperative und harmonische Beziehungen haben sollen, real aber Streit und Differenz erleben.

»Ich weiß nicht« transportiert diesen Konflikt in die Gesprächssituation: Auch hier wissen die Mädchen nicht, ob sie der Interviewerin glauben können, dass sie an ihrem Erleben interessiert ist. »Ich weiß nicht« ist eine Einleitung, eine Relativierung für einen Gedanken, der ihnen sehr wichtig ist. Es ist ein Ausweg aus dem Dilemma, von wissen (inhaltlich) und nicht wissen (ob sie dies Wissen aussprechen dürfen). Der soziale Druck geht dahin, inneren Widerspruch zu negieren, »davon nichts zu wissen«, der eigene psychische Druck verlangt Entlastung. »Ich weiß nicht« ist eine Strategie, beiden Seiten ein bisschen gerecht zu werden, die eigene Meinung auszudrücken und sie, wenn nötig, wieder zurückzunehmen. Sie ist ein auf den ersten Blick paradoxer Versuch, die eigene Stimme zu retten. »Ich weiß nicht« zeigt an, dass ein Mädchen (noch) nicht die Entscheidung getroffen hat, zu »covern«, d.h. dem Bild des *netten Mädchens* perfekt zu entsprechen.

Die Reflexion des Forschungsprozesses durchzieht das ganze Buch und ist ebenso lehrreich und interessant wie die Aussagen der Mädchen selbst. Hier wird die Ebene der Interaktion zwischen Mädchen und Forscherin im Gespräch als wichtiges Datum interpretiert. Die Begegnungen sind längst nicht immer harmonisch, aber gerade dadurch besonders spannend: Als die Interviewerin z.B. mit moralischer Stimme zu Noura spricht, inszeniert sie sofort »das brave Mädchen«; oder Viktoria spielt in ihrem dritten Interview »Mrs. Schock«, ist zynisch und ironisch und testet die Belastbarkeit ihrer Gesprächspartnerin.

Die Zeit der Adoleszenz wird in der inhaltlichen Darstellung der Untersuchung in drei aufeinander folgende Phasen unterteilt, in denen über eine allgemeine Charakteristik hinaus jeweils drei persönliche Wege von Mädchen durch diese Zeit beschrieben werden. Es beginnt mit der Zeit vor der Adoleszenz von 7-10 Jahren: »Mit Trillerpfeifen in der Beziehungswelt: Drei Mädchen führen uns durch die Kindheit«. Dann kommt die Zeit zwischen 10 und 13: »Sie nähern sich einer Wand: Drei Mädchen führen uns in die Adoleszenz«. Und als drittes: »Flüsse fließen ins Meer: Drei Mädchen führen uns durch die Adoleszenz«, dort sprechen Mädchen zwischen 13 und 16 Jahren.

Der zentrale Konflikt, den die Mädchen beschreiben, ist nicht neu: Mädchen sollen nett sein und ihre Meinungen und Interessen denen anderer Menschen anpassen, sonst werden sie nicht geliebt; von ihnen wird »das Aufgeben der Beziehungswelt um der »Beziehungen« willen« (Brown/Gilligan 1994, 14) verlangt. Neu und interessant sind die vielen Situationen, Geschichten und Sichtweisen der Mädchen, die zitiert werden, und das sensible Vorgehen der Wissenschaftlerinnen, durch die jährliche Weiterführung der Gespräche den Veränderungen der Stimmen zu folgen.

Hier einige Beispiele:

Eindrucksvoll ist Dianas Strategie, sich beim Abendessen Gehör zu verschaffen, wenn sie von ihren Geschwistern unterbrochen wird – sie nimmt eine Trillerpfeife und pfeift dazwischen. Sie hat Erfolg, alle wenden sich ihr zu, und Diana ist zufrieden: »So ist es viel schöner«, sagt sie. Diana ist acht Jahre alt. Sie hat etwas zu sagen, sie hat den klaren Willen gehört zu werden, und sie findet einen Weg, sich durchzusetzen. Sie nimmt ihren Ärger über das Unterbrochen-werden ernst, bringt ihn nach außen, so dass alle ihn mitbekommen.

> »Diese sieben- und achtjährigen Mädchen reagieren auf Beziehungsverstöße – wie auf das Unterbrechen, das Ignorieren und das Verletzen von Gefühlen – mit der Trillerpfeife und setzen dadurch ihre Erfahrungen in Szene. (...) Diese Mädchen brechen die ruhige Oberfläche des Alltagslebens auf, denn sie bestehen darauf, das zu sagen, was zwischen den Menschen passiert.« (ebd., 55)

Victoria stellt mit 14 Jahren fest, dass sie in die *Vorstellung* verliebt ist, verliebt zu sein. Dieses Phänomen kann insofern als literarisches Zitat bezeichnet werden, als Carson McCullers es zum Thema in »Frankie« macht – dem klassischen Roman über ein Mädchen in der Adoleszenz (McCullers 1965). Die Hauptfigur Frankie verliebt sich dort in eine Hochzeit.

Victoria konstruiert sich diese Phantasie, weil sie Angst hat, kein *richtiges* Mädchen zu sein, denn ihre realen Beziehungen mit Jungen erlebt sie als eher unangenehm. In den Freundschaften der Mädchen schnappt die Beziehungsfalle zu: Das Dogma, harmonische, konfliktfreie Beziehungen zu haben, bringt Mädchen dazu, eigene Interessen anzupassen, zurückzustellen und zu unterdrücken. Sie lernen das große Paradox weiblicher Psyche: »– to give up relationship for the sake of relationship« (Brown/Gilligan 1994, 238) – um Beziehung zu retten, geben sie sowohl die Beziehung zu sich selbst auf, indem sie eigene Wünsche negieren oder relativieren, als auch die Authentizität in Beziehung zu anderen, da sie selbst nicht mehr vorkommen. »Nett sein müssen« nimmt Mädchen ihr Wissen (z.B., dass Menschen unterschiedlich sind und diese Unterschiedlichkeit verhandeln müssen) und ihre Mittel (z.B. ihre Trillerpfeife), echte und für sie gute Kontakte zu gestalten; es produziert die Hilflosigkeit, aus der dann nur noch »die große Liebe« retten kann. Victoria kann dies Phänomen, von dem sie betroffen ist, mit analytischer Distanz zu sich erklären: »Ich möchte eben geliebt werden, das ist so wichtig für mich, dass ich in die Vorstellung verliebt bin, dass ich mich verliebe.« (ebd., 173)

Viele Mädchen beschreiben, dass sie den »Kontakt zu sich selbst verlieren«:

- Judy macht die Erfahrung, dass »du einfach irgendwie deinen Verstand vergisst (...) mit dem, was man in der Schule lernt, und allem, was dir ins Gehirn gestopft wird« (ebd., 156 f.). Verstand bedeutet für sie ein Wissen, in dem Gefühl und Geist verbunden sind.
- Neeti überlegt zu einem Konflikt mit einer Freundin, »ob es wichtiger ist zu sagen, was du denkst, oder ob du das sagst, was du denken sollst« (ebd., 223). Sie entscheidet sich für das letztere, das NETTE, und nimmt ihre Gedanken in den Untergrund.
- Liza »covert« das Gefühl von Unfreiheit, das sie bei ihrem Freund hat, mit: »es ist nicht gut, jemanden zu verletzen« (ebd., 235) und verliert damit den Kontakt zu der Stimme in ihr, die sagt, dass eine Beziehung, in der sie sich nicht gut fühlt, auch nicht gut für sie ist.
- Noura: »Manchmal habe ich Angst davor, nur in einer Richtung zu denken. Davor habe ich eigentlich Angst. Dass ich auf einmal jemanden nicht mehr ausstehen kann, und ich weiß, dass das ja gar nicht stimmt, dass ich jemanden nicht ausstehen kann oder einfach nicht mag ..., deshalb habe ich irgendwie Angst davor, was ich denken könnte, glaube ich.« (ebd., 140) Noura will sich eher ein Denkverbot auferlegen, als ein Gefühl von Antipathie zulassen.

> »In der Phase der Adoleszenz werden Mädchen mit einer zentralen Beziehungskrise konfrontiert: Wenn sie sagen, was sie aus Erfahrung mit sich selbst und mit Beziehungen wissen, schafft das politische Probleme – dann stimmen sie nicht mit den Autoritäten überein und stören Beziehungen. Sagen sie nichts, hinterlässt das psychologische Probleme: unechte Beziehungen und Verwirrung darüber, was sie fühlen und denken.« (ebd., 236)

Die Forscherinnen betonen zu Recht, dass die Stimmen, die sie zitieren, nicht repräsentativ, sondern Momentaufnahmen und exemplarisch sind.

Dennoch: Die Untersuchung entgeht der Versuchung neuer Typologisierungen nicht, indem sie sehr eingängige Bilder wie »Whistle-Blower« und

»Covergirl« kreiert, die neu einschränkend verwandt werden können. Das ist ein häufiges Missverständnis bei der Rezeption qualitativer Forschung: Bei aller Betonung der Nicht-Verallgemeinerbarkeit und des Beispielhaften der Ergebnisse werden sie leicht wie neue Wahrheiten behandelt und nicht als relevanter Ausschnitt unter unendlich vielen möglichen anderen.

Dabei gilt im Sinne eines sozialen Konstruktivismus: Es ist *un*möglich, *nicht* zu konstruieren. Auf diesem Hintergrund ist die Untersuchung ein gelungenes Beispiel für einen selbstreflexiven Forschungsprozess und eine sensibel differenzierende Darstellung der Lebenserfahrungen von Mädchen.

Die Arbeit formuliert wichtige Erfahrungen für die feministische Diskussion in der Pädagogik, weil sie sich so ausführlich sowohl mit den Beziehungen zwischen Mädchen und Frauen als auch mit der Beziehungskultur unter Mädchen beschäftigt, und nicht, wie sonst üblich, Mädchen und Jungen vergleicht.

Es bleibt zu wünschen, dass überall (in Politik und Wissenschaft, zu Hause, in Schule und Jugendarbeit) bewusst und neugierig nach den unendlich vielen Stimmen von Mädchen gefragt wird.

Die Gefahr liegt heute (bei allem Bemühen um eine neue Parteilichkeit für Mädchen) darin, dass ein altes Klischee, das des »netten Mädchens«, gegen ein neues, das des »frechen Mädchens« ausgetauscht wird.

Die Qualität des Umgangs mit Mädchen ändert sich damit nicht.

5. Professionalisierung von Mädchenarbeit

5.1 Begriffsklärungen

Die Debatte um Professionalisierung in der pädagogischen und sozialen Arbeit ist breit und wird unter Stichworten wie »Erziehen als Profession« (Dewe/Ferchhoff/Radtke, Hg., 1992), »Professionelles soziales Handeln« (Dewe u.a. 1995), »Abschied vom Experten« (Olk 1986), »Pädagogische Professionalität« (Combe/Helsper, Hg., 1996) und aktuell »Erziehungswissenschaft: Professionalität und Kompetenz« (Otto/Rauschenbach/Vogel, Hg., 2002) geführt.

In diesen Titeln sind verschiedene Dimensionen des Professionalisierungsdiskurses angesprochen: die Frage nach Verberuflichung pädagogischer und sozialer Arbeit, die Ebene der Handlungskompetenz in der Praxis, sowie die Ebene der Wissenschaft. Allgemeine Merkmale von Professionalisierung lassen sich diesen Stichworten zuordnen. Verberuflichung geht einher mit:

- berufsständischer Organisierung
- Etablierung eines Monopols für soziale Dienstleistung, einer neuen Berufsdomäne
- Herausbildung von Fach- und Sachautorität gegenüber Administration (Verrechtlichung)
- neuen institutionellen Erscheinungsformen (vgl. Dewe/Otto 1987, 775).

Handlungskompetenz und Wissenschaft sind sowohl eigene Felder mit eigenen Logiken als auch aufeinander bezogen im Theorie-Praxis-Diskurs. Professionalisierungsmerkmale dieser Dimensionen sind:

- Entwicklung einer eigenen Berufsethik
- wissenschaftliche Berufsausbildung und Etablierung einer neuen wissenschaftlichen Disziplin
- »Produktion« von Expertinnen und Experten
- spezifische Kompetenz der stellvertretenden Bearbeitung sozialer Probleme.

Jeder dieser Aspekte hat eigene, differenzierte Diskussionslinien. Zwei werden an dieser Stelle ausgeführt, weil sie zentrale Themen der Professionalisierungsdebatte darstellen. Sie behandeln zum einen die Spezifik von Professionalisierung sozialer Berufe im Vergleich zu anderen Professionen, wie Wirtschaft, Medizin oder Recht. Zum anderen beschäftigen sie sich mit der Laien-Experten-Differenz (Combe/Helsper 2002, 30) in sozialer Arbeit.

Im Vergleich mit »klassischen« Professionen und Professionalisierungsprozessen scheint die soziale Arbeit nur den Status einer »Semi-Profession« zu erlangen. Fritz Schütze spricht in diesem Kontext von »Sozialarbeit als ›bescheidene Profession‹« (Schütze 1992). In diesem Zusammenhang wird diskutiert, dass die Anerkennung als Fachautorität nicht nur im allgemeinen Sprachgebrauch gleichbedeutend ist mit der Bescheinigung professionellen Handelns. Soziale Arbeit zeichnet sich jedoch gerade dadurch aus, dass ihre Handlungsvollzüge sozialem, versorgendem Alltagshandeln sehr nah sind. Das führt dazu, dass den Professionellen im Feld zum einen von außen »reingeredet« wird, zum anderen institutionelle Felder oder Situationen nur schwer nach außen als abgrenzbare professionelle Settings dargestellt und als solche wahrgenommen werden (können). Der niedrige Status von offener Jugendarbeit im professionellen Ranking hat genau damit zu tun.

Ursula Rabe-Kleberg (1996) analysiert diesen Sachverhalt unter der Perspektive »Professionalität und Geschlechterverhältnis«. Sie macht die unproduktive Abwertung von Tätigkeiten, die Frauen zugeschrieben und in dieser Gesellschaft überwiegend von Frauen ausgeführt werden, deutlich. In der bestehenden Kultur der Zweigeschlechtlichkeit gilt die Analogie: soziale Berufe = weiblich = keine »richtige« Profession = Semi-Profession (vgl. dazu auch Dewe u.a. 1986, 188ff.).

Dieses analytische Wissen um den kulturellen Rahmen, in dem soziale Arbeit stattfindet, ist insofern wichtig, als die genannte gesellschaftliche Nicht-Anerkennung eine permanente Kränkung für die Professionellen im sozialen Feld darstellt und ein positives berufliches Selbstverständnis angreift (vgl. dazu zuletzt Thiersch 2002).

An die Debatte der Semi-Profession lässt sich direkt diejenige um das Stichwort »Expertisierung« anschließen (vgl. Olk 1986). In klassischen Professionalisierungstheorien, die sich in erster Linie an ärztlichen Tätigkeiten orientieren (vgl. Combe/Helsper 2002, 30), ist der Expertenstatus zentrales Merkmal einer Profession. Im Kontext sozialer Arbeit wird ein unkritisches Verständnis von Expertentum kritisiert. So entwickeln Dewe/

Otto (1987) ihren Professionalisierungsbegriff in Auseinandersetzung mit diesem Punkt: Negativ zeige sich Professionalisierung als »Expertokratie« und führe zu »Kompetenzberaubung« von Adressatinnen und Adressaten. Behauptete soziale Geltung und Nützlichkeit, sowie professionelle Wissenssystematik begründen hier besondere fachliche Problemlösungskapazität und »funktionale Autorität« (ebd., 807).

Die positive Chance von Professionalisierung sehen Dewe/Otto, wenn sie grundsätzlich die Mannigfaltigkeit sozialer Ereignisse anerkennt. Sie plädieren für ein diskursiv begründetes Wissen, das wissenschaftlich-fachliche Analyse nicht aufgibt, diese aber sozial-kulturell, lebenspraktisch und situativ rückbindet, so dass es zu Deutungswissen wird. Nur das könne die Basis für »Betroffenenwissen« sein. Professionalisierung, positiv verstanden, sei nach Sachse »(...) ein Instrument zur Aufklärung über und Reflexion von sozialen Problemen und Entwicklungen« (1982, zit. ebd., 807). Sie entfalten die Debatte auf dem Hintergrund der Kritik an klassischen und strukturfunktionalistischen Professionalisierungstheorien, die ihrer Ansicht nach keine angemessene Reflexion von Professionalisierung im sozialen/pädagogischen Bereich leisten können, da sie der Charakteristik des Feldes, die sich als Ambivalenz von Hilfe und Kontrolle darstellt, nicht gerecht werden. Aufgabe ist also, spezifische Professionalisierungsprozesse zu beschreiben und zu bewerten. Dies gilt für den Ausschnitt der Jugendarbeit im besonderen, wie mit Münchmeier (1992) zu zeigen sein wird.

5.2 Institutionalisierungsmuster in der Jugendarbeit

In Annäherung an den Professionalisierungsprozess der Mädchenarbeit, wird im Folgenden mit Münchmeier der Focus auf die »Institutionalisierung pädagogischer Praxis am Beispiel der Jugendarbeit« (1992) gerichten, da die Institution Mädchentreff am ehesten diesem Teil von Jugendhilfe zuzurechnen ist. Die vorsichtige Formulierung soll andeuten, dass dies keine passgenaue Zuordnung ist (der Mädchentreff wurde in seiner ersten Phase der Jugendberufshilfe zugeordnet). Wie ferner zu zeigen sein wird, sind Überschreitungen auf der strukturellen Ebene der Professionalisierung von Jugendhilfe geradezu ein Charakteristikum für Mädchenarbeit (einschlägiges Beispiel ist hier das Mädchenhauskonzept, das mit seinen Bausteinen Beratung, Unterbringung, Freizeit, Ausbildung innerhalb einer Institution quer zu den abgegrenzten Bereichen von Erzieherischen Hilfen und Jugendarbeit liegt; vgl. Bitzan/Daigler 2001, 43). Aus der Perspektive der Mädchenarbeit liegen nicht zuletzt darin häufig ihre Qualitäten; aus Sicht bestehender Jugendhilfe und ihrer Administration produziert die Mädchenarbeit damit vielfältige Probleme und Störungen (vgl. Hartwig 2000). Dieser Sachverhalt findet Niederschlag in der Debatte um »Integration versus Eigenständigkeit/Innovation«, die im Rahmen des Institutionalisierungsdiskurses der Mädchenarbeit geführt wird (vgl. Bitzan/Daigler 2000, Wallner 1999).

Institutionalisierung ist bei Münchmeier der Oberbegriff für die Auseinandersetzung der Jugendarbeit mit dem »Prozess der Verstetigung, Generalisierung und Typisierung von Handlungen und Interaktionen, also von Praxis« (Münchmeier 1992, 372). Professionalisierung steht in diesem Kontext, enger als bisher gefasst, für das Vorhandensein von hauptamtlichen Professionellen, da den Hintergrund seiner Überlegungen in erster Linie die Arbeit der Jugendverbände darstellt, die zu großen Teilen durch Ehrenamtliche getragen wird. Münchmeiers Anliegen ist es, einen spezifischen und positiven Institutionalisierungsbegriff zu entwickeln.

> »Die Institutionalisierung von Jugendarbeit darf man (...) nicht an den Kriterien eines vorgegebenen, traditionellen Begriffs von Institutionalisierung messen. Auf diese Weise kann nur immer wieder der »defizitäre« Institutionalisierungsgrad dieses Handlungsfeldes aufgewiesen werden.« (ebd., 376)

Damit knüpft er an die Debatte um die vermeintliche Semi-Professionalität sozialer Berufe an und differenziert sie für den Teilbereich der Jugendarbeit.

Die aus der Perspektive Münchmeiers für das pädagogische Praxisfeld der Schule optimal zutreffenden Institutionalisierungskriterien sind: Permanenz, Spezifität und Legitimation. Die Permanenz des schulischen Angebots ist durch staatlich-rechtliche Fundierung für Kinder und Jugendliche garantiert. Die Spezifität von Schule als »die« Institution für Bildung und Erziehung ist eindeutig und sowohl nach außen gegen potentiell andere Anbieter staatlich abgesichert, und weist personell und inhaltlich (mit Lehrplänen) festgelegte Binnenstrukturen auf. Ihre Legitimation ist in ihrer gesellschaftlichen Funktionalität (Reproduktion von Qualifikation) und Verknüpfung mit bestehenden gesellschaftlichen Werten wie z.B. Bildung oder Chancengleichheit gegründet (vgl. ebd., 373). Alle diese Merkmale scheint die Jugendarbeit nicht zu erfüllen.

Permanenz bzw. Kontinuität in den Bezugspersonen ist aufgrund der hohen Zahl an ehrenamtlichen Mitarbeiterinnen und Mitarbeitern und deren zeitlich begrenzten, selbstbestimmten Engagements nicht gegeben. Spezifität in Funktion und Leistung von Jugendarbeit als Ort und Zeit zwischen schulischer Bildung und privater Erziehung bleibt diffus.

Die Subsidiarität, auf deren Grundlage freie Träger bevorzugt Jugendarbeit gestalten, bringt eine Vielfalt von Wertsystemen und internen wie externen Organisationsformen mit sich, so dass ihre Legitimation vielleicht manchmal fragwürdig erscheint. Mit diesen Parametern würde die Jugendarbeit den einer ›ordentlichen‹ Profession angemessenen Institutionalisierungsgrad nicht erreichen.

Da aber nicht nur im sozialen oder pädagogischen Sektor, sondern auch im Bereich des Marktes sowie der Produktion negative bzw. dysfunktionale Effekte von veralteten Institutionalisierungsformen wie Verrechtlichung und Bürokratisierung kritisiert werden (ebd., 375, mit Bezugnahme auf Luhmann 1981), argumentiert Münchmeier dafür, den vergleichsweise eher geringen Grad von einheitlicher und hierarchischer Strukturiertheit unter dem Gesichtspunkt historischer Gewordenheit und spezifischer Funktionalität neu zu betrachten.

Professionsgeschichtlich ist in der BRD die geringe staatliche Organisiertheit von Jugendarbeit, verbunden mit dem Prinzip der Subsidiarität aus gutem Grund die Lehre aus der Zeit des Nationalsozialismus. Auch die strenge und hierarchische Institution der FDJ in der ehemaligen DDR führte in großem Maße zu Gleichgültigkeit bei Mädchen und Jungen und zum Unterlaufen des Systems.

Das moderne, angemessene Modell zur Organisation eines nicht direkt weisungsgebundenen Verhältnisses zwischen Staat und gesellschaftlich funktionalen, nicht-staatlichen Systemen heißt Kontextsteuerung. Sie regelt in »neokorporatistischer« Weise einen Diskurs zwischen jeweils autonomen Teilen, wie er sich nach Münchmeier zwischen den Jugendverbänden und den Jugendministerien etabliert hat (ebd., 375f.).

Jugendarbeit als dritte Sozialisationsinstanz zwischen Schule und Familie hat die Funktion, Mädchen und Jungen im Prozess des Erwachsenwerdens zu begleiten. Dieses Angebot muss notwendig offen gestaltet sein und entzieht sich inhaltlicher und methodisch-didaktischer Festlegung, die es nach außen als professionalisiertes Feld identifizierbarer machen würde.

> »Jugendarbeit gehört – wie andere Handlungsfelder der Sozialpädagogik – einer historisch späteren Stufe der Ausdifferenzierung des pädagogischen Feldes an. Sie ist stärker als die Schule auf das relativ diffuse Problem der wachsenden »Riskanz der Jugendphase« bezogen und benötigt deshalb Institutionalisierungsformen, die es ihr erlauben, mit ihrer Praxis näher an die lebensweltlichen Ursachen und Erscheinungsformen dieser

> Riskanz heranzukommen, ohne auf »Lösungen« und »Verfahren« festgelegt zu sein, die tendenziell die innerhalb der jugendlichen Lebenswelten gegebenen Möglichkeiten überziehen.« (ebd., 376)

Positiv arbeitet Münchmeier nun drei Muster heraus, die den Institutionalisierungsprozess der Jugendarbeit spezifisch gestalten. Er spricht von der jeweils »besonderen« Art der Pädagogisierung, der Professionalisierung und der Verrechtlichung (ebd., 377ff.). Die besondere Art der Pädagogisierung ergibt sich aus der eben beschriebenen Abgrenzung der Aufgabe von Jugendarbeit zur Funktion von Schule. In der Jugendarbeit können nicht inhaltliche Curricula abgearbeitet werden, sondern charakteristisch für ihre Institutionalisierung ist die Entwicklung (zielgruppenspezifischer) Konzepte, die für die Unterstützung der Bewältigung der jugendlichen Statuspassage hilfreiche Bedingungen für die Gestaltung von Freiräumen zum Probehandeln, zum Rückzug, zur Beratung, für Identifikationen etc. beschreiben.

In Bezug auf die besondere Art der Professionalisierung geht Münchmeier auf die vor allem für Jugendverbände bedeutsame Personalstruktur bei haupt- und ehrenamtlichen Mitarbeiterinnen und Mitarbeitern ein. Nach einer Untersuchung von 1991 ist das Zahlenverhältnis zwischen beiden ca. 1:100 (vgl. Rauschenbach 1991). Neben der Aufgabe fachlicher Reflexion und Weiterentwicklung von Jugendarbeit erscheint vor diesem Hintergrund die Hauptaufgabe der Professionellen darin, zum einen die personelle Kontinuität in einer großen Gruppe ehrenamtlich Beteiligter zu sichern, zum anderen, deren Anleitung und Begleitung zu übernehmen.

Auf die besondere Form der Verrechtlichung soll an dieser Stelle etwas ausführlicher eingegangen werden, da die hier beschriebenen Merkmale, die sie begleiten, für die Mädchenarbeit ebenfalls zuzutreffen scheinen.

Eine Verrechtlichung von Jugendarbeit ist deshalb gegeben, da sie als öffentliche Erziehung die gesetzlich abgesicherte Erziehungshoheit von Eltern berührt und daher eine rechtliche Legitimation verlangt. Für die Jugendarbeit gilt das 1991 zuletzt überarbeitete Kinder- und Jugendhilfegesetz (KJHG). Die staatlichen Interessen an den Leistungen der Kinder- und Jugendhilfe sind durchaus widersprüchlich. Zunächst ist das Interesse, das Angebot sowohl, wie gesagt, quantitativ aber auch qualitativ zu regulieren, also bestimmte Ziele und Inhalte einerseits vorzugeben, andererseits unter Maßgabe der Subsidiarität eine außerstaatliche und außerschulische, plurale, heterogene und lebendige Trägerschaft der Jugendarbeit zu fördern. Im Weiteren geht es dem Staat darum, den Umfang und damit die Kosten dieser Leistungen zu begrenzen unter der Prämisse »nur so viel Jugendarbeit wie nötig«. Der auf diesem Hintergrund notwendig kommunikativ und organisatorisch zu gestaltende Prozess der Einbindung von Trägern und Verbänden bei der Neuformulierung oder Reform von Grundsätzen, Richtlinien und Zielen öffentlich geförderter Jugendarbeit hat sich nach Olk (1991) als (neo)korporatistischer Diskurs etabliert. In einem derart gestalteten Verhältnis kann staatlicherseits das Interesse an Regulierung und Kontrolle, von Trägerseite das Interesse an jugendpolitischer Einflussnahme realisiert werden.

> »Charakteristisch für (neo)korporatistische Arrangements ist, dass gesellschaftliche Organisationen und Verbände neben ihrer Aufgabe der Repräsentation von partikularistischen Interessen ihrer jeweiligen Mitgliederbasis zusätzlich Regulierungsfunktionen übernehmen und daher einen quasi öffentlichen Status erhalten. Indem sie den Staat bei seinen ... Steuerungs- und Ordnungsaufgaben entlasten, geht ein Teil der Kompetenzen parlamentarisch-repräsentativer Institutionen (Parlamente, Ausschüsse) und der Exekutive (etwa der Ministerialbürokratie) in die Zuständigkeit dieser gesellschaftlichen Organisationen und Verbände über ...« (Olk 1991, 132f., zit. in Münchmeier 1992, 381)

Das wichtigste staatliche Instrument zur Steuerung dieses Bereiches ist der Bundesjugendplan, dessen finanzielles Volumen sich seit seiner ersten Auflage 1950 von 17,5 Mio. DM bis 1989 auf 466 Mio. DM vergrößert hat. Anhörungen zu inhaltlichen Schwerpunkten, formaler Struktur oder Richtlinienveränderungen realisieren einen Teil (neo)korporatistischer Strukturen moderner Kontextsteuerung.

Das staatliche Interesse an Kontrolle und Steuerung der Umsetzung von Jugendarbeit wird in diesen Anhörungs- und Abstimmungsverfahren nach dem Prinzip »Ordnung durch Selbstbindung« der Beteiligten garantiert. Münchmeier deutet an, dass diese Prozeduren auch strittig sind, da es sich nicht um Aushandlungsprozesse gleich entscheidungsbefugter Partner handelt. Das Akzeptieren dieses faktischen Machtverhältnisses eröffnet Verbänden und anderen »Nicht-Regierungsorganisationen/NGOs« die Möglichkeit des Einflusses auf die Gestalt von Jugendarbeit, so dass letztlich von organisiertem Interessenausgleich und im Sinne moderner Kontextsteuerung von der Realisierung eines gelungenen Diskurses gesprochen werden kann, der die selbstreferenziellen Ziele der Partner auf der Basis eines gemeinsamen Interesses an einer humanitär gestalteten Jugendarbeit reflexiv steuert.

5.3 Professionalisierung von Mädchenarbeit als Institutionalisierung pädagogischer Praxis

Von der Einführung der Begrifflichkeit und des Verständnisses von Professionalisierung im Kontext sozialer Arbeit und speziell in der Jugendarbeit richtet sich der Blick nun auf die Chronologie der Etablierung von Mädchenarbeit.

Die fachlich-inhaltliche Ebene der Professionalisierung von Mädchenarbeit kann an dieser Stelle in den Hintergrund treten, da sie grundlegend theoretisch in Kapitel 3, »Feministische Pädagogik«, und als Beitrag zur Praxisforschung in diesem Feld in den Kapiteln 6, 7 und 8 behandelt wurde/wird.

Zunächst ist festzustellen, dass eine systematische Aufarbeitung der *Professionalisierungs*-Geschichte der Mädchenarbeit bislang fehlt. Die wenigen einschlägigen Monografien enthalten in ihren einführenden Kapiteln stets kurze Ausführungen zur Entstehungsgeschichte von Mädchenarbeit als eigenständiger pädagogischer Ansatz (vgl. u.a. Klees/Marburger/Schumacher 1989, Hörmann/Reinbold, Hg., 1996, Bitzan/Daigler 2001).

Darüber hinaus gibt es Beiträge zur Professionalisierungsdebatte auf den Ebenen von Handlungskompetenz (vgl. hier vor allem Brückner 1996 zum Professionsverständnis in Frauen- und Mädchenprojekten, v.Spiegel 1997,) sowie von Mädchenarbeit als Mädchenpolitik im Sinne des Ausbaus mädchenspezifischer Angeboten.

An dieser Stelle also soll die Perspektive eng geführt werden auf die Institutionalisierungsgeschichte als »empirisch nachweisbare, institutionelle Erscheinungsformen« (vgl. Dewe/Otto 1987, 775) von Mädchenarbeit in Westdeutschland (zur Entwicklung von Mädchenarbeit in den neuen Bundesländern vgl. Kruschwitz/Scharlinski 1999). Sie wird übereinstimmend mit den folgenden Eckpunkten dargestellt. Ende der siebziger, Anfang der achtziger Jahre wurde die gesellschaftskritische, feministische Perspektive der Frauenbewegung auch auf die Jugendarbeit gerichtet. Pädagoginnen, Sozialarbeiterinnen, Erzieherinnen begannen, vor allem in der offenen Jugendarbeit in Jugendfreizeitheimen, Jugendzentren u.ä. die Mädchen in den Blick zu nehmen und damit den häufig antikapitalistisch motivierten Bezug auf männliche Arbeiterjugendliche zu differenzieren. Sie stellten fest:

- Die Einrichtungen werden in weit geringerem Maße von weiblichen als von männlichen Jugendlichen besucht;
- Angebot und Ausstattung bedienen die Vorlieben von Jungen;

– das, was Mädchen in den Einrichtungen tun, wird als defizitär gegenüber den Aktivitäten der Jungen angesehen.

Prominent veröffentlicht wurden diese Wahrnehmungen von Frauen aus der Berliner Pädagoginnengruppe u.a. von Gabriele Naundorf und Monika Savier, die fragten: »Was macht Mädchen so stark?« (1978), dass sie, trotzdem sie eine Minderheit darstellen und trotzdem sie kaum ansprechende Betätigungsfelder vorfinden, dennoch ins Freizeitheim kommen? Ihre Antwort auf diese Frage war: Sie beziehen sich bei der Disco im Gruppentanz aufeinander, d.h. sie sind so »stark«, unter schwierigen Bedingungen ihr soziales Netz zu knüpfen. Bis dahin lautete die Deutung: Die Mädchen trauen sich nicht, allein zu tanzen. Damit wurde das Tun von Mädchen unter feministischer Perspektive als eigenständige, kompetente und sinnvolle Aktivität betrachtet und nicht im Namen von missverstandener Parteilichkeit zum Ausgangspunkt von Maßnahmen zur Mädchenförderung gemacht.

Diese vielleicht konkretistisch scheinende Nahaufnahme aus der Praxisreflexion von Mädchenarbeit ist deshalb gemacht, weil in der jüngeren Vergangenheit die Geschichte der Mädchenarbeit in diesem Punkt verzerrt wiedergegeben wird (u.a. Rose 2000, BZgA, Hg., 2000). Die Anfänge der feministischen Mädchenarbeit hätten demzufolge Mädchen einseitig als Opfer der Verhältnisse, unter einer Defizitperspektive wahrgenommen. Dies trifft nicht zu; die ersten Verständigungen über Prinzipien, pädagogische Haltungen und Mädchenbilder formulieren Parteilichkeit als Anerkennung des Subjektstatus von Mädchen (vgl. Savier/Wildt 1978, Berliner Pädagoginnen-Gruppe 1979).

Erste Schritte der Veränderungen der Praxis jungenorientierter Jugendarbeit waren die Gründung von Mädchengruppen, die Einrichtung von Mädchenräumen und die Durchführung von Mädchenprojekten. Dies geschah, weil »intentional Handelnde« (vgl. Hansbauer 1999) im pädagogischen Feld ein Defizit ihrer Arbeit identifizierten, skandalisierten und entsprechende Veränderungen initiierten.

Basis dieser Prozesse war die Schaffung eines »eigenen Ortes« (Bitzan/Reinl 1998, 282) für Verständigung und Reflexion. Es entstanden frauenbezogene Zusammenhänge in Form von zunächst örtlichen und später überregionalen Pädagoginnengruppen, Arbeitskreisen, Netzwerken. Bedeutung und Entwicklung dieser berufsbezogenen Organisationsprozesse werden in Punkt 5.4 genauer beschrieben. An dieser Stelle ist jedoch bemerkenswert, dass im Sinne der vorgestellten modernen Professionalisierungstheorien die

Gründung fachspezifischer Arbeitszusammenhänge ein wesentliches Merkmal von Professionalisierung darstellt. Gerade als professionelle Pädagogik wurde Mädchenarbeit jedoch lange nicht anerkannt.

Die Besonderheit im Kontext von Mädchenarbeit liegt darin, dass sie die Geschlechterfrage stellt und damit bestehende Verteilungen von Ressourcen zuungunsten von Mädchen auf allen Ebenen kritisiert und verändern will. Darauf sind institutionelle wie administrative Reaktionen häufig Beharrung und Widerstand, die sich als Leugnen der Sinnhaftigkeit bzw. Notwendigkeit mädchenspezifischer Angebote äußerte.

Die Legitimität von Mädchenarbeit, ein weiterer Professionalisierungsaspekt, war lange Zeit strittig. Und obwohl spätestens mit dem 1984 erschienenen 6. Jugendbericht der Bundesregierung zur »Verbesserung der Chancengleichheit von Mädchen in der Bundesrepublik Deutschland« Mädchenarbeit als öffentliche Aufgabe und als Auftrag an die Jugendhilfe formuliert wurde, ist die Haltung, Mädchenarbeit sei die Privatsache der Pädagogin, noch immer nicht überwunden (vgl. FUMA e.V. 1998).

Um die Chronologie der Institutionalisierung von Mädchenarbeit wieder aufzunehmen, sei nun der Aufbau von autonomen Projekten seit Beginn der 80er Jahre genannt, der parallel zur »subversiven« Praxis von Mädchenarbeit in bestehenden Jugendbildungs- und Freizeiteinrichtungen stattfand. Es entstanden Mädchentreffs, Mädchencafés, Mädchenzentren im Rahmen von Jugendarbeit, Projekte gegen sexualisierte Gewalt gegen Mädchen wie Mädchenhäuser mit dem integrierten Konzept von Wohnen, Beratung, Therapie und Freizeit, Wohnprojekte, Anlaufstellen für jugendliche Prostituierte, Drogenprojekte, Sportprojekte, öffentliche Spielflächen für Mädchen, sowie auch viele Einrichtungen, die im Feld von Berufsorientierung, Ausbildung, Lebensplanung tätig sind. »Autonomie« in einem doppelten Sinne (Klees-Möller 1995, 143) war Ziel und Anliegen feministischer, aus der Frauenbewegung entstandener Mädchenarbeit: Autonomie gegenüber den Strukturen und Ideologien des bestehenden Sozialsystems, sowie persönliche Autonomie im Sinne von Freiheit und Selbstbestimmung im Lebensentwurf von Mädchen und Frauen.

Im Prozess ihrer Institutionalisierung wird eine Parallele zwischen Mädchenarbeit und Jugendarbeit in ihrer Verwurzelung in gesellschaftlichen Bewegungen deutlich. Die Wurzeln von Jugendarbeit liegen nach Münchmeier (1992) zum einen in der bürgerlichen deutschen Jugendbewegung, die zunächst ein »freies Jugendreich« (ebd., 371) anstrebte und durchaus antistaatlich eingestellt war, zum anderen in der durch Industrialisierung notwendig gewordenen Jugendfürsorge. Im Institutionalisierungsprozess wurde seitens der Jugendbewegung die radikale Distanz zum Staat aufgegeben, um (freier) Träger öffentlich finanzierter Jugendarbeit zu werden. Mädchenarbeit als »kleine Schwester der Frauenbewegung« (Hörmann/ Reinbold, Hg., 1996) praktizierte von Anfang an Selbsthilfe als ein Autonomieprinzip der Frauenbewegung, lediglich in Bezug auf ihre Netzwerkbildung. Pädagoginnenarbeitskreise wurden und werden bei nicht vorhandener Anerkennung seitens des Trägers auch außerhalb der Arbeitszeit besucht und organisiert. Die Angebote, Projekte und Einrichtungen für Mädchen waren anders als die Frauenprojekte keine Selbsthilfeprojekte, sondern sie waren stets auf öffentliche Unterstützung angewiesen. Insofern bedeutete Autonomie nie Unabhängigkeit von staatlichen Institutionen wie Arbeitsverwaltung, Kommunal-, Länder- oder Bundesadministration, sondern stand für eine Entstehungsgeschichte außerhalb traditioneller verbandlicher, kirchlicher oder öffentlicher Strukturen in feministisch-frauenbewegten Gruppen. Von dort wurden Wege beschritten, um öffentliche Gelder für die Verwirklichung selbst gesteckter Aufgaben reklamieren zu können. Dazu gehörten formal-rechtliche Verfahren wie z.B. Vereinsgründung, Beantragung der Gemeinnützigkeit, Anerkennung als »Träger der freien Jugendhilfe« nach § 75 KJHG sowie Zugehörigkeit zu einem Wohlfahrtsverband. Der »Paritätische Wohlfahrtsverband« wurde das Dach für alle »autonomen« Mädchenprojekte, da er die wohlfahrtsstaatliche Einbindung aller Institutionen leistet, die nicht den großen weltanschaulichen gesellschaftlichen Interessenverbänden angehören.

Professionalisierungstheoretisch wurden im Durchlaufen dieser Verfahren Schritte unternommen, eine Berufsdomäne zu etablieren, Fach- und Sachautorität gegenüber Administration zu reklamieren, d.h. die Legitimation für die Anwendung »spezifischer Kompetenz der stellvertretenden Bearbeitung sozialer Probleme« zu erhalten (Dewe/Otto 1987, 775).

Die Darstellung des Institutionalisierungsprozesses der Mädchenarbeit wurde hier auf die autonom-feministischen Projekte fokussiert, da der Mädchentreff Bielefeld diesem Entstehungskontext zuzuordnen ist. Die besondere Bedeutung dieser »Bewegung« für die Entwicklung von Mädchenarbeit als Querschnittsaufgabe traditioneller freier und öffentlicher Träger wird vielfach hervorgehoben (u.a. Klees-Möller 1995):

> »Mädchenarbeit findet heute unter verschiedenen Bezeichnungen, Organisationsformen und Trägerschaften statt. Grob lassen sich Ansätze, die in ausschließlich Mädchen vorbehaltenen Einrichtungen autonomer, kommunaler oder verbandlicher Träger umgesetzt werden, z.B. die Mädchentreffs und Mädchenhäuser (eigenständige Mädcheneinrich-

tungen) abgrenzen von Ansätzen in koedukativen Einrichtungen, z.B. Jugendbildungsstätten oder -freizeitheimen, in denen die Angebote regelmäßig oder unregelmäßig unter Ausblendung des koedukativen Zusammenhanges stattfinden (Mädchenarbeit in koedukativem Rahmen).« (ebd., 147)

Abschließend soll die Darstellung der grundsätzlich als Erfolg zu wertenden Institutionalisierung der Mädchenarbeit um eine professionalisierungsanalytische und erfolgskritische Perspektive der Ambivalenz von Innovation und Integration ergänzt werden.

Aus Sicht der Systemtheorie ist Professionalisierung ein Strukturelement gesellschaftlicher Rationalisierung, die die Konstituierung einer besonderen, ideologischen sozialen Kontrolle nötig macht. Vor diesem Hintergrund werden neue Professionen »zugelassen«. Die Institutionalisierung von Mädchenarbeit stellt sich aus dieser Perspektive als staatliche Reaktion auf die Skandalisierung von geschlechtsspezifischer Diskriminierung dar, als Reaktion auf den politischen Druck der Frauenbewegung innerhalb und außerhalb der Parteien, Maßnahmen zur Beseitigung von Benachteiligung von Mädchen zu ergreifen. Für die Bearbeitung dieses gesellschaftlichen Missstandes werden Expertinnen nötig, die mit Münchmeier, und dies gilt für die Mädchenarbeit ebenso wie für die Jugendarbeit,

»(...) die Widersprüchlichkeiten der Jugendphase bearbeiten, ohne sie auf die gesellschaftliche, politische oder institutionelle Ebene zu heben und als gesellschaftliche Widersprüche zu thematisieren. Das heißt: Jugendarbeit soll (ähnlich wie andere sozialpädagogische Praxisfelder) die Strukturprobleme und Risiken der Jugendphase mit den Mitteln von Erziehung und Sozialisation als lebensweltliche Probleme der Jugendlichen (aber nicht als institutionelle Steuerungsprobleme von Staat und Gesellschaft) bearbeiten.« (Münchmeier 1992, 376)

Mädchenarbeit in ihrem Charakter als personenbezogene soziale Dienstleistung agiert also im Spannungsfeld ihres emanzipatorischen Potentials als »Anregung zur Selbststeuerung« (Olk 1986, 251) und als gesellschaftlich funktionale »Normalisierungsarbeit« (ebd., 13).

Die Widersprüchlichkeit zwischen ihrem feministischen Anliegen und ihrer gesellschaftlichen Funktionalität ist im Bereich der Mädchenarbeit so groß, dass sie, anders als in der Jugendarbeit allgemein, bis heute mit dem Phänomen gleichzeitiger Anerkennung auf der Ebene von Gesetzen und Richtlinien und Abwertung ihrer Leistungen auf der pädagogischen Handlungsebene von Jugendhilfeplanungen und Konzeptionsentwicklung konfrontiert ist (vgl. Bitzan/Daigler 2001, 63ff.).

Der hier skizzierte Antagonismus ist konstitutiv für pädagogische und soziale Arbeit und nicht auflösbar. Es kann also nur darum gehen, sich reflexiv darin zu bewegen. Das könnte allgemein formuliert heißen, zum einen den »feministischen Kompass« zu benutzen, um sich des »patriarchalen Gepäcks« (Großmaß/Schmerl, Hg., 1989) bewusst zu werden, zum anderen im Sinne eines kritischen Pädagogikbegriffs die Arbeit in den Dienst von emanzipatorischer, geschlechtergerechter Gesellschaftsveränderung zu stellen.

Resümierend kann festgehalten werden, dass ausgehend von den autonom-feministischen Mädchenarbeits-Initiativen sich Mädchenarbeit heute sowohl mit eigenen Einrichtungen institutionalisiert hat, als auch in (fast) jeder Jugendeinrichtung unterschiedlicher Trägerschaft als Angebot zu finden ist. Auf fachlicher Ebene haben sich Zielgruppen und Angebotsformen ausdifferenziert. In Bezug auf die Verrechtlichung von Mädchenarbeit, die ihre Legitimität festschreibt und Permanenz des Angebots absichert, stellen:

- § 9.3 KJHG (Verpflichtung zur Berücksichtigung spezifischer Lebenslagen von Mädchen und Jungen, sowie zum Abbau von Benachteiligung von Mädchen)
- Richtlinien auf Landesebene, stellvertretend Landesjugendplan NRW (MA ist dort als Querschnittsaufgabe sowie mit eigener Förderposition festgeschrieben)
- kommunale Leitlinien zur Förderung von Mädchenarbeit

sowie auf der Ebene von Praxis mädchen- bzw. geschlechterspezifische Konzeptionen von Einrichtungen wichtige Grundlagen dar (erstmalig 1985 Frankfurter Leitlinien, vgl. auch Weber 1999, FUMA e.V., Hg., 2001).

Aktuell wird die EU-Richtlinie des Gender Mainstreaming als neue top-down-Strategie der Verankerung geschlechtsspezifischer und damit mädchenspezifischer Qualitätssicherung in der sozialen Arbeit diskutiert (vgl. stellvertretend Flösser 2001).

5.4 Professionalisierung von Mädchenarbeit unter der Perspektive ihrer fachpolitischen Organisierung

Die Geschichte der Mädchenarbeit ist die Geschichte ihrer Vernetzung. Die »Berliner Pädagoginnengruppe« veröffentlicht im Jahre 1979 erste Thesen feministischer Mädchenarbeit in der 2. Ausgabe der »beiträge zur feministischen theorie und praxis«. »Auf die Dauer Mädchenpower« ist der Titel der Broschüre des Kieler Pädagoginnentreffs, in der dann 1982 das »Kieler Modell« vorgestellt wird – ein Prototyp kommunaler Vernetzung, der binnen sechs Jahren zwei Mädchentreffs in städtischer Trägerschaft erreicht und bis heute eine differenzierte kommunale Infrastruktur mädchenspezifischer Einrichtungen und Angebote in allen Bereichen der Jugendhilfe etabliert hat.

In den 80er Jahren haben in anderen Städten der Bundesrepublik ähnliche Prozesse stattgefunden. Hier zwei exemplarische Beispiele: In München gründet sich die Kontakt- und Informationsstelle der »Initiative Münchner Mädchenarbeit« IMMA, die für die Initiierung von Vernetzungsstrukturen einen wichtigen Beitrag leistet, in Hamburg gibt es die »Dollen Deerns«, Verein zur Förderung feministischer Mädchenarbeit, deren Ziel in erster Linie die Vernetzung der Hamburger Mädchenarbeit ist und die mittlerweile etablierte Trägerin einer Kontakt- und Infostelle (dieser wurden 2002 im Zuge konservativer Politik die Mittel entzogen), einer Beratungsstelle gegen sexualisierte Gewalt, Trägerin von Berufsorientierungsprojekten und Mädchentreffs ist.

Verantwortlich für die Umsetzung von Mädchenarbeit als »Querschnittaufgabe« in allen Feldern der Jugendhilfe sind oft Mädchenarbeitskreise, die kommunal, regional, stadt-, stadtteil-, kreis- oder landkreisbezogen an vielen Stellen in allen Bundesländern existieren.

Darüber hinaus gibt es inzwischen in fast allen Bundesländern landesweite Zusammenschlüsse in Form von trägerübergreifenden Landesarbeitsgemeinschaften.

Die dritte Ebene der Vernetzung wurde im November 1999 in Dresden mit der Gründung der »Bundesarbeitsgemeinschaft Mädchenpolitik e.V.« vollzogen.

In diesem ersten Bogen wird Charakteristisches und Prozesshaftes in der Vernetzung der Mädchenarbeit deutlich:

- der Ortsbezug der Gruppen/Arbeitskreise,
- die trägerübergreifende Zusammensetzung,
- das Prinzip der Frauenbezogenheit im Sinne von Geschlechtshomogenität der Teilnehmerinnen,
- eine Politisierung, die ausgeht von der kollegialen Reflexion eigener Arbeitszusammenhänge im Rahmen von ›Pädagoginnen-Gruppen‹, die von da aus fachliche und strukturelle Veränderungen von Praxis initiiert und häufig mündet in eine Etablierung als anerkannte Arbeitsgemeinschaft im Rahmen von Jugendhilfe.

Es geht dabei zum einen um das Hineinwirken in bestehende Strukturen von Jugendhilfeplanung und -politik als Innovationsimpuls und um den Aufbau eigener Strukturen für Vernetzung, Interessenvertretung und inhaltliche Weiterentwicklung.

Die aufgezeigte Entwicklung und Verbreiterung kann als Mädchenarbeits-Bewegung benannt werden, die ihre Wurzeln in der Frauenbewegung hat (vgl. Weber 1999).

Die neue parteiliche Mädchenarbeit ist entstanden aus der Kritik feministischer Pädagoginnen, Erzieherinnen und Sozialarbeiterinnen, die ihr politisches Verständnis in ihre Arbeit hineingetragen haben und dort die Frage nach den Mädchen in sozial-/pädagogischen Zusammenhängen stellten, ebenso, wie sie und ihre männlichen Kollegen Fragen nach sozialer Ungleichheit aufgrund von Ökonomie, Ethnizität oder anderer Differenzen gestellt haben. Das bedeutet, Pädagogik/soziale Arbeit als mitverantwortlich für die Herstellung sozialer Gerechtigkeit zu sehen und sie in diesem Sinne bewusst zu gestalten. Da unsere Kultur geschlechtshierarchisch strukturiert ist, versucht feministische Mädchenarbeit als Teil geschlechtsbewusster Pädagogik, dem Ziel ›Geschlechterdemokratie‹ näher zu kommen.

> »Sobald wir unsere Frauen- bzw. Mädchenarbeit unter emanzipatorischen Zielsetzungen konzipieren, kommen wir gar nicht umhin, in unserer Fachlichkeit Ziele zu verfolgen, die sich auf die Verbesserung der Lebenssituation von Frauen und Mädchen beziehen, auf die Vergrößerung von Artikulationsmöglichkeiten und auf die Herstellung von mehr Optionen für die Lebensgestaltung. Wenn wir dies nicht als Defizite einzelner Subjekte begreifen, zielt es auf die Schaffung und Verbreiterung von Räumen (...).« (Bitzan/Reinl 1998, 278)

Mädchenarbeit ist immer auch Mädchenpolitik. Die eine Dimension von Mädchenpolitik berührt bestehende Strukturen der Verteilung, d.h. sie initiiert politische Auseinandersetzungen um die Verteidigung bzw. Reklamierung von Ressourcen. Sie setzt sich dafür ein, dass mehr Zeit, Personal, Raum und Geld in der Jugendhilfe – perspektivisch die Hälfte – nachweislich Mädchen zugute kommt. Diese Prozesse bezeichnen die mädchenspezifische Qualifizierung von Jugendhilfe im Sinne von Strukturarbeit. Die andere Dimension berührt fachlich-inhaltliche Fragen. Es geht hier also um Mädchenarbeit als Qualitätsstandard von Jugendhilfe im Sinne des § 9.3 KJHG und um die Qualität von Mädchenarbeit als solcher.

Dies sind die beiden Hauptanliegen jeglicher Zusammenschlüsse in der Mädchenarbeit: die strukturelle Verankerung von Mädchenarbeit und ihre inhaltliche Weiterentwicklung. Das ist nur zu erreichen durch Vernetzung, Austausch, gegenseitige Unterstützung, Information, kritische Solidarität –

eine Politik der Beziehungen zwischen den Fachfrauen der Mädchenarbeit (vgl. Libreria delle Donne di Milano 1988).

> »Die Vernetzung hat die Schaffung eines ›eigenen‹ Ortes von Fachfrauen bzw. von Frauen mit dem gleichen Anliegen im Blick. (...) Hier beziehen sich Frauen aufeinander, auch in zeitlicher Kontinuität, geben sich gegenseitig Anerkennung, bestärken sich gegenseitig in ihrer Wahrnehmung gegenüber dominanten Interpretationen. Die Wirkungen sind in der Stärke der Einzelnen erfahrbar, zudem haben die Frauen mehr Sicherheit bezüglich ihrer Anliegen in gemischten Zusammenhängen und empfinden ihren Rahmen produktiver für die Entwicklung von Strategien im kommunalpolitischen Raum.« (Bitzan/Reinl 1998, 282)

Kommunale Mädchenarbeitskreise

Seit Beginn der 90er Jahre hat sich der Status von Mädchenarbeit innerhalb der Jugendhilfe stark verändert. Aus einem mehr oder weniger mit Inhalt gefüllten Schlagwort ist ein Qualitätsbegriff pädagogischer Arbeit geworden. Entscheidenden Anteil daran hatte das KJHG, das die Benachteiligungen der Mädchen erkannte, benannte und dann Mädchenarbeit im nächsten Schritt vom individuellen Schwerpunkt engagierter Pädagoginnen zur gesetzlichen Verpflichtung machte. Aufbauen konnte diese Entwicklung der Mädchenarbeit auf der Vernetzung durch Mädchenarbeitskreise, die von Fachfrauen vorangetrieben wurde. Mädchenarbeitskreise gelten mittlerweile als zentrales Instrument und Ausgangspunkt für die Weiterentwicklung der Mädchenarbeit (zur Parallelität der Prozesse in der ersten und zweiten Frauenbewegung vgl. »Von den ›Gruppen‹ zur ›sozialen Frauenschule‹«, Olk 1986, 47)

Es ist festzustellen, dass der Politikbegriff von Mädchenarbeitskreisen sich in den letzten fünf Jahren in Richtung Einmischung, Gremienarbeit, Arbeit an Förderrichtlinien zur strukturellen Absicherung von Mädchenarbeit verändert hat. Bis dahin hatten sie eher den Charakter von »Pädagoginnen-Gruppen«, d.h. die einzelne Frau stand mit ihrer konkreten Arbeitssituation im Mittelpunkt – es ging um konkrete Unterstützung, um kollegiale Beratung für die Praxis mit Mädchen und für den Umgang mit Kollegen. Diese Arbeit nach »innen« ist Politik im Sinne des feministischen Verständnisses »das Private ist politisch«. Heute geht es eher um öffentlichkeitswirksame Produkte wie Selbstdarstellungsflyer, Mädchenaktionstage, Veranstaltungen. Darin liegt die Gefahr der einseitigen Betonung eines traditionellen Politikverständnisses als nach außen gerichtete Aktion: Dies erhöht den Druck auf die einzelne Pädagogin bei sowieso großer Alltagsbelastung und führt dann leicht zu Überforderung. Mädchenarbeitskreise als »eigene Orte« brauchen immer auch gegenseitiges Coaching und Empowerment als Basis und Grundlage sowohl für »gute Praxis« mit Mädchen als auch für mädchenpolitische Öffentlichkeit und Einmischung.

Für Vernetzungen in der Mädchenarbeit gibt es auf der örtlichen Ebene eine große Vielfalt von Bezeichnungen und Formen: Pädagoginnen-Gruppen, MÄK, Mädchenarbeitskreise, Pädagoginnen in der Mädchenarbeit etc. Mit der Anerkennung als ›AG Mädchenarbeit‹ nach § 78 KJHG konstituieren sie sich als politisches Organ im Rahmen kommunaler Jugendhilfeplanung.

FUMA e.V. Fachstelle Mädchenarbeit NRW hat eine »Bestandsaufnahme und Bedarfsanalyse von Mädchenarbeitskreisen und Mädchennetzwerken in NRW« durchgeführt (FUMA e.V. 1998). Die zentralen Ergebnisse der Studie sind:

- In Mädchenarbeitskreisen finden sich Frauen unterschiedlichster Träger. Allerdings ist immer zu klären, in welcher Rolle oder mit welchen Befugnissen bspw. die Frauen in den Arbeitskreisen agieren. Können sie lediglich als Fachfrau teilnehmen oder sind sie vom Arbeitgeber/Träger beauftragt usw.?
- Auffällig ist, dass nur selten Frauen in Leitungsfunktionen in den Arbeitskreisen mitarbeiten. Einzige Ausnahme: die Frauenbeauftragten, die in der Verwaltungshierarchie eine relativ hohe Position innehaben. Zu fragen ist, ob die Zusammensetzung innerhalb der Arbeitskreise in dieser Form gewünscht ist und der Informationsfluss zu den höheren Ebenen (und zurück) gesichert ist.
- Bislang bedeutet Mädchenarbeit für die Fachfrauen zusätzliche Arbeit. Meist ist der Anteil der in der Arbeitsplatzbeschreibung ausgewiesenen Arbeitszeit für Mädchenarbeit sehr gering. Die strukturelle Absicherung muss also deutlich verbessert werden.
- Mädchenarbeitskreise agieren auf der Ebene ihrer Klientel (Angebote für Mädchen entwickeln und durchführen), auf der Ebene der Mitarbeiterinnen (Verbesserung der Arbeitsbedingungen, Vernetzung, Informationsaustausch) und der der Kommunalpolitik (strukturelle Verankerung, politische Durchsetzbarkeit, Finanzierung). Zu analysieren ist daher immer, auf welcher Ebene die Arbeitskreise agieren, ob dies so gewollt ist usw.
- Mädchenarbeitskreise verfügen nicht über die notwendigen personellen und finanziellen Ressourcen. Da die für Mädchenarbeit ausgewiesene Arbeitszeit der Teilnehmerinnen ohnehin sehr gering ist, besteht hier

dringender Handlungsbedarf, da es kaum Möglichkeiten der Aufteilung der Arbeit auf vorhandene Ressourcen gibt. Dringender Bedarf besteht bei finanzierten Kapazitäten für Moderation, für geschäftsführende Aufgaben und für Supervision und Fortbildung.

- Mädchenarbeitskreise sehen sich eindeutig als politische Interessenvertretung von Mädchen. Soll dieses Ziel umgesetzt werden, bedarf es der Bereitstellung personeller, finanzieller und struktureller Ressourcen.

Schließlich ist der Austausch der Arbeitskreise untereinander von großer Wichtigkeit, denn nur im Vergleich mit anderen Erfahrungen können strukturelle und finanzielle Hintergründe von Problemen erkannt werden. Hier ergibt sich die Notwendigkeit einer Vernetzung auf Landesebene.

Landesarbeitsgemeinschaften

Die Vernetzung der Mädchenarbeit auf Landesebene knüpft in der Regel an bestehende jugendpolitische Vertretungsstrukturen an, will sich dort Sitz und Stimme erkämpfen und wählt daher häufig die etablierte Bezeichnung Landesarbeitsgemeinschaft (LAG) (vgl. Hörmann/Reinbold, Hg., 1996).

Gleichheit und Differenz sollen realisiert werden, d.h. (gleiche) Anerkennung einer (differenten) eigenen Vertretung von Frauen- und Mädcheninteressen im Terrain der öffentlichen Politik für Mädchenarbeit als Querschnittsaufgabe von Jugendhilfe und auch als jugendpolitische Lobby in der Kommune und im Land.

Entwicklung und Aufgaben von LAGs möchte ich an der LAG Mädchenarbeit in NRW e.V. exemplarisch darstellen.

Im Zuge der Umstrukturierung des Landesjugendplanes NRW ist die LAG Mädchenarbeit 1998 in die Landesförderung aufgenommen worden.

Es gab eine Gründungs- und Konstituierungsphase von ca. drei Jahren. Ausgehend von Mädcheneinrichtungen der Jugend- und Bildungsarbeit, erweiterte sich die Initiative schnell auf Mädchenarbeitsbereiche in allen Feldern der Jugendhilfe, sowie perspektivisch auch in Schule und Vorschule, analog zu den Erfahrungen kommunaler Arbeitskreise, die ebenfalls träger- und arbeitsfeldübergreifend, aus geschlechtshomogenen und koedukativen Einrichtungen zusammengesetzt sind.

Diese Vielfalt macht die Produktivkraft frauenbezogener Bündnisse aus. Gleichzeitig gibt es verschiedene Interessen, die sich in der Konkurrenz um öffentliche Mittel durchaus in den einzelnen Personen wieder finden, wenn sie sich als Trägervertreterinnen auch der Mädchenfrage verpflichtet fühlt. Frauenpolitisches Wissen um die Notwendigkeit »eigener Orte« der Interessenvertretung muss dann zurücktreten hinter die Verpflichtung, Trägerinteressen zu vertreten.

Die Reform des Landesjugendplanes in NRW dauerte ca. zehn Jahre. Ziel der Landesregierung war es, neue Themen, vor allem die Kooperation zwischen Jugendarbeit und Schule, Ganztagsbetreuung, aber auch Prävention sexueller Gewalt, Medien- und geschlechtsbezogene Arbeit über Umverteilung durch Projektorientierung im zentralen Förderinstrument etablieren. Die Mädchenarbeit reklamierte, dass sie als relevanter und innovativer Bereich der Jugendhilfe eine eigenständige Praxis- und Strukturförderung brauche. Als eine der wenigen, aber laute Stimme, die die Reform begrüßte, war sie landespolitisch erwünscht, jugendpolitisch von Trägerseite im Grunde unerwünscht, da sie eine Konkurrenz um Mittelverteilung darstellte. Letztlich sind drei Millionen von rund 200 Mio. DM in eine eigene Förderposition geschlechtsbezogene Angebote: Mädchenarbeit und Jungenarbeit geflossen.

Die zentralen Aufgaben von Landesarbeitsgemeinschaften Mädchenarbeit/Mädchenpolitik beziehen sich auf folgende Punkte: 1. Vernetzung, 2. jugendpolitische Lobby für Mädchen, 3. Qualitätssicherung.

Landesarbeitsgemeinschaften bieten eine trägerübergreifende Vernetzung für alle Felder der Jugendhilfe, sowohl für koedukative als auch für mädchenspezifische Arbeitsfelder. Sie sind Kontaktadresse für alle Belange der Mädchenarbeit im Lande und ein Netzwerk für Arbeitskreise, Einrichtungen und Fachfrauen. Sie organisieren den Austausch über Konzepte, Methoden, Ideen für die Praxis, Referentinnen, Förderprogramme, Gremienarbeit. Lebendige und verlässliche Informationskanäle zwischen Vertreterinnen unterschiedlicher Träger sind wesentliche Unterstützung dafür, dass Mädchenarbeit als Querschnittsaufgabe ausgebaut werden kann.

Als jugendpolitische Lobby für Mädchen bündeln und vertreten Landesarbeitsgemeinschaften Forderungen für pädagogische Konzeptionen, für Jugendhilfeplanungen und die Verankerung von Mädchenarbeit in Landesjugendplänen. Ziel ist die mädchenspezifische Qualifizierung von Jugendhilfe, z.B. durch kommunale und landesweite Förderrichtlinien. Die LAGs sind ein Stück Strukturpolitik für Mädchenarbeit in den Ländern.

Im Rahmen von Qualitätssicherung organisieren sie Foren für Reflexion pädagogischen Alltags und für die Weiterentwicklung der Inhalte von Mädchenarbeit. So sollen fachliche Standards für eine Jugendhilfe entwickelt werden, die Mädchen Raum für Gestaltung und Experimente bietet.

Bundesarbeitsgemeinschaft
Als ›Lobby für Mädchen im bundespolitischen Feld‹ wurde die wichtigste Aufgabe einer »Bundesarbeitsgemeinschaft für Mädchenarbeit« bei einem ersten Vorbereitungstreffen zur Gründung eines bundesweiten Zusammenschlusses in der Mädchenarbeit umrissen.

Nach einem Konstituierungsprozess von einem Jahr haben am 9.11.1999 Vertreterinnen verschiedener Landesarbeitsgemeinschaften Mädchenarbeit/ Mädchenpolitik und andere jeweils landesweit agierende Trägerinnen von Mädchenarbeit in Dresden die erste bundesweite trägerübergreifende Vernetzung als Lobby für Mädchen gegründet.

Ziele der Bundesarbeitsgemeinschaft (BAG) sind:
- gemeinsame mädchenpolitische Interessen auf Bundesebene zu vertreten,
- ein Forum für die fachliche Weiterentwicklung der feministischen Arbeit mit Mädchen und jungen Frauen zu schaffen
- die Kooperation und Vernetzung der Mitglieder zu unterstützen.

Die Mitgliederstruktur besteht aus:
- Landesarbeitsgemeinschaften und landesweiten Zusammenschlüssen der Mädchenarbeit
- Delegierten von Verbänden/Organisationen, die auf Bundesebene Ziele und Zwecke des Vereins unterstützen
- Delegierten von Institutionen und von Expertinnen der Mädchenarbeit, deren Aufnahme durch die jeweilige Landesarbeitsgemeinschaft bzw. den landesweiten Zusammenschluss der Mädchenarbeit/-politik empfohlen wird.

Hier könnte der Text als »Erfolgsstory – Mädchenarbeit als ›Bottom-up‹-Vernetzung« (Kurzhals/Langmaack 1998, 5) enden, wenn es nicht das Thema knapper Ressourcen/Finanzen auch in Bezug auf die Organisation von Vernetzung gäbe.

> »Hier liegt ein Dilemma der Mädchenarbeit. Die Argumentation: ›Wenn ihr (Geldgeber) ein Interesse an den Weiterbestand von Mädchenarbeit habt, müßt ihr für finanzielle Absicherung sorgen‹ wirkt nur begrenzt. Die Geschichte der Mädchenarbeit zeigt nämlich, dass die Mädchenarbeit nicht wegen des Interesses, sondern trotz des Desinteresses von Geldgebern entstanden ist. Geldgeber verlassen sich darauf – und die Erfahrung gibt ihnen Recht –, dass das Engagement der Fachfrauen weiterhin für die Qualität der Arbeit sorgen wird.
>
> Perspektivisch halten wir Interessenvertretung und die Realisierung weiterer Ziele und Aufgaben der Netzwerke ohne bezahlte Ressourcen für nicht machbar, weder auf Landes- noch auf Bundesebene (...).« (ebd., 12)

Auf genau diesen Punkt hat Claudia Wallner in Dresden bei ihrem Einführungsvortrag »Mädchenarbeit in Deutschland – vernetzt – kompetent – politisch« hingewiesen.

Die meisten LAGs als freie Träger arbeiten auf der Grundlage staatlicher Alimentierung über ABM, mit Jahresetats von unter 10.000 DM. Es stimmt hier die Formel: »Keine Zeit + kein Geld = minimale Grundversorgung«.

Claudia Wallner kritisiert auf diesem Hintergrund, Ziele einer BAG unbedacht als Vernetzungsarbeit und Service von der Bundes- auf die Länderebene zu benennen:

> »Ich strebe nicht nach einer weiteren Vernetzungsebene, für die es kaum Ressourcen gibt, insbesondere dafür nicht, die gebündelten Informationen wieder ins Land zu tragen. (...) Meines Erachtens gibt es drei unumgängliche Aufgaben für eine BAG Mädchenpolitik: 1. Wir brauchen eine Organisation, um in die Bundespolitik einzugreifen. Zielgruppen zur Kooperation sind für mich in erster Linie Fraktionen, Fachausschüsse des Bundestags bzw. der Fraktionen sowie Bundesministerien, wann immer sie mädchenrelevante Themen aufgreifen oder bearbeiten. (...) Die zweite Aufgabe sehe ich in der kritischen Würdigung der inhaltlichen/fachlichen/fachpolitischen Entwicklung der Mädchenarbeit und der Mädchenarbeit in der Jugendhilfe. (...) Die dritte Aufgabe einer BAG Mädchenpolitik sehe ich – als fachliche und politische Aufgabe – im Aufbau gezielter Diskussionsstrukturen zwischen neuen und alten Bundesländern.« (Wallner 1999, 9)

Vernetzung gilt als Qualitätsstandard für Jugendhilfe. Für die Mädchenarbeit ist dies kein uneingelöster normativer Anspruch, sondern etablierte Praxis, integraler Bestandteil der Arbeit.

In Bezug auf die Anerkennung dieser bewährten Arbeitszusammenhänge existiert auf Trägerseite große Ungleichzeitigkeit: Es gibt noch immer »Vorgesetzte«, die eine Teilnahme an Mädchenarbeitskreisen als Privatsache der Fachfrauen werten und es gibt (wenige) positive Beispiele personell und finanziell ausgestatteter Vernetzungsstrukturen. Jugendhilfe auf allen Ebenen ist gut beraten, wenn sie die Produktivität und Erfahrung von Frauennetzwerken in der Mädchenarbeit nutzt und Ressourcen für hauptamtliche Strukturen zur Verfügung stellt.

5.5 Institutionalisierungsgeschichte des Mädchentreffs Bielefeld

Der Mädchentreff Bielefeld ist entstanden durch die Initiative einer Pädagoginnengruppe, die sich 1981 bildete (vgl. Mädchentreff Bielefeld 1988). Die Pädagoginnengruppe Bielefeld war ein selbstorganisierter Arbeitszusammenhang von erwerbstätigen Pädagoginnen und von Studentinnen, die sich mit feministischer Mädchenpädagogik und dem Thema »Frauen in der sozialen Arbeit« auseinandersetzten. In der Gruppe wurden einerseits theoretisch Themen wie Reproduktion, Egoismus, Gefühlsarbeit behandelt, andererseits fand ein Erfahrungsaustausch über die berufliche Situation, über Probleme und Änderungsmöglichkeiten im jeweiligen Arbeitsbereich statt. Inhaltlich standen die Reflexion praktischer Mädchenarbeit sowie Fragen zu Lebensentwürfen und Lebenslagen von Mädchen im Mittelpunkt. Die Gruppe hatte für die beteiligten Frauen große inhaltlich-fachliche und emotionale Bedeutung.

Auf Anfrage des »Frauennetzwerk in der Sozialen Arbeit NRW« organisierte die Pädagoginnengruppe 1984 eine Tagung zu feministischer Mädchenarbeit in Bielefeld. Eine der Wurzeln dieses Netzwerkes liegt in der Jahrestagung der »Gilde Soziale Arbeit« 1980 zum Thema »Frauen und soziale Arbeit – weibliche Praxis in männlicher Theorie und Politik?« (vgl. Cramon-Daiber u.a. 1981), aus der heraus sich die informell noch immer existierende »Gilde-Frauengruppe« gebildet hatte. Diese Gruppe war initiativ, einen ersten NRW-weiten Arbeitszusammenhang zu gründen, der aber nach wenigen Jahren wieder zerfiel, da er auf keine hauptamtliche Infrastruktur zurückgreifen konnte. Dennoch kann das »Frauennetzwerk in der Sozialen Arbeit NRW« als breiterer, nicht auf Mädchenarbeit beschränkter Vorläufer der Landesarbeitsgemeinschaft Mädchenarbeit in NRW e.V. angesehen werden.

Im Mai 1984 fand die Fachtagung »5 Jahre feministische Mädchenarbeit – erfahrene Grenzen, neue Ziele. Bestandsaufnahme einer parteilichen Pädagogik« in Bielefeld im Frauenkulturzentrum in Zusammenarbeit mit der Interdisziplinären Forschungsgruppe Frauenforschung (IFF) der Universität Bielefeld und Frauen vom Frauennetzwerk NRW statt (vgl. Mädchentreff Bielefeld/Stein-Hilbers, Hg., 1988). Finanziell gefördert wurde diese Tagung von Ministerium für Arbeit, Gesundheit und Soziales NRW. Die Organisation dieser Tagung brachte erste Erfahrungen mit der Beantragung von und den Umgang mit staatlichen Geldern. Das Zusammentreffen mit

Frauen aus verschiedenen Mädchenprojekten inspirierte und motivierte die Bielefelder Pädagoginnen-Gruppe, eine Einrichtung nur für Mädchen aufzubauen. Mehr und mehr entwickelte sich die Pädagoginnengruppe jetzt zu einer Projektgruppe, weil einige Frauen nach dem Studium eine berufliche Perspektive, andere eine berufliche Veränderung suchten.

Im Herbst 1984 begannen die konkreten Überlegungen für ein Mädchenprojekt. Es gab häufige Gruppentreffen, Informationsbeschaffung und erste Institutionalisierungsschritte wie die Vereinsgründung. Dies zu leisten war nur deshalb möglich, weil die meisten Mitglieder der Gruppe zu diesem Zeitpunkt erwerbslos waren und ihre Arbeitskraft in die unbezahlte Vorbereitungsphase steckten.

Basis der Konzeptionsentwicklung für ein Mädchenprojekt in Bielefeld war eine kommunale Bedarfsanalyse in Bielefeld. Ergebnis dieser Untersuchung war die Konzeptionierung eines Mädchentreffs für die Zielgruppe erwerbsloser und von Erwerbslosigkeit bedrohter Mädchen. Praxis und Theorie belegten bereits 1984, dass Mädchen im Besonderen von Erwerbslosigkeit betroffen sind (vgl. stellvertretend Mayer/Krüger/Rabe-Kleberg/Schütte, Hg., 1984). Die genauere Beschäftigung mit der Lebenssituation dieser Mädchen und jungen Frauen in Bielefeld ergab, dass es für diesen Kreis keine eigenen für sie zugänglichen öffentlichen Räume gab. Cafés, Jugendzentren, Frauenkultur- und Arbeitslosenzentren zählten erwerbslose Mädchen nicht zu ihren Besucherinnen.

Es war das Ziel, Mädchen zu erreichen, die im elterlichen Haushalt oder im Haushalt des Freundes/Ehemannes »verschwunden« waren. Konzeptionell wurde dies als kombiniertes Angebot von Beratung und Freizeit umgesetzt.

Die Hauptargumentation des Antrages an die Stadt Bielefeld war: Mädchen sind die Hauptbetroffenen vom Problem Jugendarbeitslosigkeit; es gibt viele pädagogische und berufsbezogene Maßnahmen gegen Jugendarbeitslosigkeit – es besteht jedoch ein Missverhältnis zwischen der überwiegenden Betroffenheit von Mädchen und dem, wie die existierenden Unterstützungspotentiale ihnen zu gute kommen: In den existenzsichernden, qualifizierten Berufen sind Mädchen unterrepräsentiert, und die Maßnahmen *für* Mädchen sind mit ihrer hauswirtschaftlichen Orientierung faktisch Vorbereitung auf Familienpflichten und nicht Berufsvorbereitung.

Der Prozess der Reklamierung und Etablierung von »Fach- und Sachautorität« (Dewe/Otto 1987, 775), der im Zuge der Institutionalisierung des Mädchentreffs Bielefeld erfolgte, soll im Folgenden nachvollzogen werden.

Der Projektverlauf wurde incl. Forschungs- und Auswertungsphase geplant. Die Ergebnisse dieses Verlaufs sollten Angebot und Profil des Mädchentreffs genau bestimmen. Ein Vorgehen, das die Stadt sich jedoch nicht leistete – die Erforschung der Bedürfnislage von Mädchen im Raum Bielefeld wurde nicht finanziert, sondern nur die Einrichtung selbst. Diese Rückmeldung wurde sehr schnell gegeben, nachdem der Antrag an alle Parteien, den Jugendwohlfahrtsausschuss, das Jugendamt, das Arbeitsamt geschickt worden war, jeweils mit der Bitte um persönliche Rücksprache. Außerdem wurde kritisiert, dass das Papier zu umfangreich sei, zu wissenschaftlich und die Forderungen nach vier Stellen, davon eine BAT II, viel zu hoch gegriffen. Die folgenden direkten Gespräche mit den Politikerinnen und Politikern waren der wichtigste Punkt für die Durchsetzung des Projektes.

Direkte Ablehnung wurde dem Vorhaben nicht entgegengebracht. Benachteiligung von Mädchen, die Tatsache, dass Mädchen die Hauptbetroffenen von Jugendarbeitslosigkeit sind, dass Jugendzentren jungendominiert sind – alles das war unbestritten. Nur, dass als Konsequenz eine eigene Einrichtung für Mädchen gefordert wurde, war zunächst nicht erwünscht.

Dieser ›große‹ Antrag verursachte großen Wirbel: Der Projektgruppe wurde politische Unklugheit bescheinigt – mit einem so teuren Antrag würden alle verärgert. Im Nachhinein trifft jedoch eher die Einschätzung zu, dass der Antrag, gerade so ausführlich und so teuer wie er war, die nötige Öffentlichkeit gebracht hat, um das Projekt durchzusetzen.

Durch Presseartikel, eine Podiumsdiskussion, wiederholte Gespräche auf allen Ebenen, vor allem mit den Jugendarbeitsfunktionären, die sich kritisiert und finanziell bedroht sahen, konnte so viel politischer Druck erzeugt werden, dass der Jugendwohlfahrtsausschuss den in Absprache mit dem Jugendamt reduzierten Antrag verabschiedete.

Ein wichtiger Punkt in diesem Prozess war die Unterstützung durch die Bielefelder Frauenpolitik: die Ermutigung von den autonomen Frauen, den Sozialarbeiterinnen in den Jugendzentren, den Parteifrauen (Grün/Bunte, ASF), der Gleichstellungsstelle; es war politisch günstig, dass diese erst 1984 eingerichtet worden war, so konnte es sich die Stadt nicht leisten, das erste Projekt, dass die Gleichstellungsstelle unterstützte, abzulehnen.

Parallel zu dieser politischen Durchsetzung des Mädchentreffs mussten die formalrechtlichen Verfahren durchlaufen werden, die an die Vergabe von staatlichen Geldern für soziale Arbeit geknüpft sind: die Anerkennung der Gemeinnützigkeit des Vereins als Rechtsträger, der Beitritt zu einem Wohlfahrtsverband, sowie die Anerkennung nach § 75 KJHG, die kommunal ausgesprochen wird und damit den Träger mit seiner Dienstleistung als legitimes und gewünschtes Angebot der örtlichen Jugendhilfe aufnimmt.

Die gesamte Realisierung des Projektes hat ein knappes Jahr gedauert. Am 9. September 1985 wurde der Mädchentreff Bielefeld eröffnet.

5.6 Professionalisierungsprozesse in der Praxis Konzepte und Angebote des Mädchentreffs Bielefeld

Professionalisierung im Kontext pädagogischer und sozialer Arbeit gilt nach Dewe/Otto (1987) neben vielen anderen auch als »Bezeichnung für besondere institutionelle Erscheinungen und Arrangements gebündelter Tätigkeiten« (ebd., 775) und zeichnet sich nach Münchmeier (1992) institutionssoziologisch durch die Tatsache der Permanenz eines sozialstaatlichen Angebotes aus:

> »Institutionalisierte Handlungsvollzüge haben eine gewisse Dauerhaftigkeit und relative Stabilität; sie werden im Traditionszusammenhang verlässlich (re-)produziert, so dass ihre Funktionen bzw. Regelungen z.B. für biografische Orientierungen oder für die subjektive Lebensführung als »gewährleistet« vorausgesetzt werden können.« (ebd., 373)

Diese Zitate führen deshalb in den folgenden Text ein, weil sie den Blick auf die pädagogische Praxis des Mädchentreffs richten, als »besondere institutionelle Erscheinung«, in der »Arrangements gebündelter Tätigkeiten« in Konzepten und Angeboten nachzuvollziehen sind, die seit 1985 eine »gewisse Dauerhaftigkeit« erreicht haben. Der »Traditionszusammenhang« ist in diesem Kontext gleichzusetzen mit dem Mitarbeiterinnen-Team des Mädchentreffs dessen fachliche und fachpolitische Arbeitszusammenhänge, wie der Bielefelder Mädchenbeirat, die Landesarbeitsgemeinschaft Mädchenarbeit in NRW e.V., sowie die aktive Teilnahme am Diskurs um die Weiterentwicklung feministischer Mädchenpädagogik (vgl. Mädchentreff Bielefeld e.V./Stein-Hilbers, Hg., 1988, Asmus/Sander 1998).

Er bildet Hintergrund und Herausforderungen für die jährlich stattfindenden Reflexionswochen, die selbstevaluativen Charakter haben und so Konzept und Angebot verändernd reproduzieren. Der Mädchentreff gewährleistet damit den Mädchen in Bielefeld seit 18 Jahren mit den Worten Münchmeiers unterstützend »Funktionen und Regelungen für biografische Orientierungen«. An dieser Stelle sollen nun Konzept und Angebot des Mädchentreffs (und Prozesse ihrer Veränderung) vorgestellt werden. Sie bilden Rahmen und Hintergrund für die in dieser Arbeit im Zentrum stehende Praxisforschung der pädagogischen Beziehung zwischen Pädagoginnen und Mädchen im Mädchentreff. Material dieser Forschung sind Geschichten, die von erinnerten gelungenen und misslungenen pädagogischen Situationen erzählen. Jede dieser Geschichten ist im Rahmen der offenen Angebote und nicht im Bildungsbereich des Mädchentreffs situiert. Diese Koinzidenz spiegelt, dass offene Arbeit die größte Herausforderung für pädagogisches Handeln darstellt: Ihre Spezifität liegt in ihrer Situations- und Bedürfnisorientierung. Sie kann nicht auf verbindliche Strukturen wie fester Teilnehmerinnenkreis, Zeit, Thema wie schulische und außerschulische Bildung zurückgreifen. Die Qualität des Angebotes liegt in der Freiwilligkeit der Teilnahme für die Mädchen und in der Verlässlichkeit der Bezugspersonen. Insofern steht pädagogisches Handwerk als Gestaltung von Situation und Beziehung hier im Mittelpunkt. Dies erklärt, warum die Pädagoginnen spontan Beziehungsgeschichten aus der offenen Arbeit reflektieren.

Die qualitative Analyse dieses Materials stellt Nahaufnahmen im Bereich von Handlungskompetenz in pädagogischer Beziehungsarbeit dar und beleuchtet damit ein wesentliches Element pädagogischer Praxis im Mädchentreff. Sie repräsentiert nicht das gesamte Spektrum des pädagogischen Angebots des Mädchentreffs, so dass dieses im Vorfeld vorgestellt werden soll.

Konzept und Angebot des Mädchentreffs Bielefeld

Der Mädchentreff eröffnete im September 1985 als »Treffpunkt – Beratung – Café – Information« für erwerbslose und von Erwerbslosigkeit bedrohte Mädchen und junge Frauen.

Der Name ist Programm: Mädchentreff – Mädchen treffen sich in Räumen für exklusiv Mädchen. Die Tatsache der eigenen Räume, des eigenen Ortes für Mädchen stellt an sich bereits eine wichtige Innovation im Rahmen von Jugendarbeit dar.

> »Selbstbestimmung heißt, die eigene Lebensform jenseits herrschender normativer Vorgaben wählen zu können. Ein wichtiger Beitrag dazu sind eigene kulturelle Räume, in denen etwas anderes als die herrschenden Normen sichtbar und erlebbar, herrschende Lebensformen relativiert und Möglichkeiten einer anderen Wahl erfahrbar werden können. (...) Mädchentreffs (...) sind solche Räume.« (Jaeckel 1998, 122f.)

Daher zunächst ein Blick auf die Räumlichkeiten des Mädchentreffs, um Möglichkeiten und Atmosphäre des Ortes plastisch werden zu lassen.

Der Mädchentreff befindet sich in einer ca. 200 m^2 großen Altbauwohnung am Rand der Bielefelder Innenstadt. Ehemals war hier eine Bäckerei, so dass es einen Ladenraum mit großer Fensterscheibe gibt, der als Café genutzt wird. Darüber hinaus gibt es einen Ess- und Bastelraum, einen großen Körper- und »Rückzugs«-Raum, ein kleineres Zimmer, das z.B. für die Schularbeitenhilfe genutzt wird und in dem sich der Verkleidungsfundus befindet, so dass es auch schon mal zu einer großen Umkleidekabine wird. Des Weiteren gab es ein Fotolabor, das im Zuge neuer Technologie einem Internetcafé gewichen ist, und eine Werkstatt für Holz-, Elektro- und Metallarbeiten. Im Keller befindet sich ein großer Raum mit gekacheltem Boden, Spiegelwänden und Theke z.B. für Stepptanz, Selbstverteidigung, Jonglieren und Akrobatik, Tischtennis oder für Feste.

Die Räume lassen Vielfalt im Mädchentreff zu: Es gibt genug Räume, in die sich unterschiedliche Gruppen von Mädchen zurückziehen können; ausländische und deutsche Mädchen hören jeweils *ihre* Musik, sie können zusammen tanzen und reden, müssen es aber nicht. Einzelberatung ist im Büro möglich, Küche und Bäder stehen allen zur Verfügung.

Der Mädchentreff ist ein Ort, der Mädchen Entfaltungsraum für ihre Wünsche und Vorlieben geben möchte: ihr Bedürfnis, schön zu sein, ihre Freundinnen zu treffen, zu baden, Schularbeiten zu machen, was Leckeres zu essen, für sich neue Sachen auszuprobieren oder auszuruhen. Und danach sieht der Mädchentreff aus – wie eine große Wohnung.

Mit diesem alltagsorientierten Angebot war es eher möglich, erwerbslose Mädchen zu erreichen, als mit höherschwelligen Bildungsangeboten; die Erfahrung war, dass das Thema Arbeit und Schule von den Mädchen selber angesprochen wurde, wenn *sie* es wollten. Es war in den Alltag verwoben und daraus ergaben sich Erfahrungsaustausch, Verabredungen für Ämter, Schulen, Arbeitgeber ... Ein Ziel war es, Angebote zu machen, die den Mädchen helfen, Geld zu sparen, und damit unabhängiger zu werden – und das alles in Erfahrungsräumen für mädchen- *und* jungentypische Fähigkeiten: sich Möbel zu bauen, Kleidung selber zu nähen, zu kochen und sich zu pflegen.

Erwerbslose Mädchen nutzten den offenen, akzeptierenden Raum des Mädchentreffs. Es war für sie ein Stück Teilnahme am öffentlichen Leben, die sie sich zutrauten in einer Situation, die ihr Selbstvertrauen sehr klein gemacht hat.

Pädagogische Ansprüche von ›initiativ werden‹ und ›Mädchenpower‹ gingen an der Lebenslage dieser Mädchen vollkommen vorbei. Hier ging es, wie immer in einer Pädagogik, die ihren Anspruch ernst nimmt, Selbstbestimmungsprozesse von Mädchen zu unterstützen, darum, sich auf ihre Situation einzustellen, die kleinen Schritte des Alltags zu sehen, und Zeit zu haben für ihren Prozess der Selbstfindung und Aktivität.

Das langsame Entdecken der eigenen Geschichte, die aktuell nicht durchschaubar ist, aber viele Erlebnisse und Wünsche zugeschüttet hat, war hier der Ansatzpunkt für parteiliche Arbeit mit Mädchen im Kontext Erwerbslosigkeit. Sie bot einen notwendigen, aber gesellschaftlich verweigerten Freiraum für die Klärung der eigenen Lebenssituation – die Voraussetzung, das eigene Leben wieder aktiv gestalten zu können. Ein zentrales feministisches Anliegen, Selbstachtung und Wissen für Mädchen und Frauen zu erreichen, wurde auf diese Weise in mädchenpädagogische Praxis umgesetzt (vgl. dazu auch 7.2.3 Bärbel: »Berufe, die Bärbel nicht mag.«)

Der Mädchentreff richtete sich in den ersten zwei Jahren des Bestehens ausdrücklich an erwerbslose Mädchen und daneben an Mädchen im Übergang Schule/Beruf. Das Programm verortete sich in den Feldern »Freizeit« als offener Treffpunkt mit offenen Gruppen- und Aktivitätsangeboten, und »Beratung« als Einzelfallhilfe.

Im Jahresbericht von 1987 wird dieser Ansatz problematisiert und die Differenzierung um den Bereich »Bildung« eingeführt.

> »Der Mädchentreff ist bisher ein offener Laden mit spezifischen Angeboten, in dem überwiegend situativ, bedürfnisorientiert gearbeitet wird: mit dem, was die Mädchen und wir mitbringen (Wut, Schulstress, Freude, Liebeskummer, Kündigung ...) versuchen wir, über Gespräche, Bücher, Körperarbeit, Beratungen, Tarot, Spiel, Erkundung, Fotografie, etc., gemeinsame Situationen herzustellen.
>
> Die offene Arbeit hat da ihre Grenze, wo sie die widersprüchlichen Erwartungen von Mädchen an Gemeinsamkeit und Verbindlichkeit einerseits und an Unverbindlichkeit andererseits, einseitig in Richtung Unverbindlichkeit auflöst. So ist unsere Erfahrung – die Mädchen *verhalten* sich unverbindlich, *äußern* jedoch oft den Wunsch nach gemeinsamen Gruppenaktionen.
>
> Wir haben unsere Energie stark in das Herstellen immer der gleichen Situation gesteckt: vertrauensvolle Atmosphäre, Gemütlichkeit, Beziehungsarbeit, berufsbezogene Unterstützung, Alltagssozialarbeit – mit dem Anspruch, dass sich regelmäßige und feste Gruppen entwickeln. Die Mädchen, die kommen, wollen das jedoch offenbar nicht – die erwerbslosen Mädchen sind wenig gruppenfähig, die anderen Mädchen wollen sich nicht festlegen.
>
> Wir Pädagoginnen sind so immer um die offene Arbeit gekreist, in erster Linie orientiert an den Bedürfnissen der erwerbslosen Mädchen nach intensiver Zuwendung, und sind damit in die Falle von Mütterlichkeit getappt, die uns einengt. Die Diskrepanz zwischen unseren Ideen über Projekte und inhaltliche Arbeit mit Mädchen und dem ›kleinen‹ Alltag wurde größer, und wir wurden unzufriedener. Zunächst fiel es uns schwer, Konsequenzen aus unserer Analyse zu ziehen: Mädchentreff als Freiraum für

Beratung, Information, Spontanes ist wichtig, aber wir wollen auch in festen Gruppen, Seminaren oder Workshops, Inhalte, die uns wichtig sind, an die Mädchen weitergeben oder mit ihnen ausprobieren. Das müssen wir entwickeln und nach außen tragen. Wir haben uns also nach einem grundsätzlichen Entscheidungsprozess in zwei Gruppen aufgeteilt: drei Frauen arbeiten weiter im offenen Mädchentreff und drei Frauen entwickeln Bausteine für Seminare und Projekte mit Mädchen zum Thema Mädchenleben (Beruf/Arbeit, Körper, Lebensplanung) für eine verbindliche Zusammenarbeit mit Schulen und anderen pädagogischen und berufsbezogenen Einrichtungen; das bedeutet den Aufbau und die Differenzierung des Bereiches ›Mädchenbildung‹ innerhalb unseres integrierten Konzeptes parteilicher Mädchenarbeit.« (Mädchentreff Bielefeld e.V., Jahresbericht 1987, 8f.)

Die zweite Phase der Praxisprozesse im Mädchentreff war gekennzeichnet vom Aufbau der Bildungsarbeit in Form von einwöchigen Seminaren zum Thema Lebensplanung und Berufsorientierung mit 8., 9. und 10. Klassen von Bielefelder Haupt-, Sonder- und Gesamtschulen, sowie der Laborschule Bielefeld, im Rahmen schulischer Projektwochen. Mit der Durchführung der Seminare veränderte sich auch die Besucherinnenstruktur im offenen Bereich des Mädchentreffs in Richtung Schülerinnen.

Hintergrund und Didaktik der Seminare sind für die Zeitschrift »Betrifft Mädchen« vorgestellt worden:

»In unseren Seminaren bearbeiten wir Berufswahl und Berufstätigkeit in Zusammenhang mit der gesamten weiblichen Lebensplanung.

Wir wollen mit den Mädchen in Erfahrung bringen, wie ihre Berufswünsche zustande gekommen sind und durch wen sie beeinflusst werden.

Mädchen sollen die Möglichkeit erhalten, ihre eigenen Berufs- und Lebensvorstellungen zu entdecken und zu formulieren und sich damit für ihre Interessen (an Beruf *und* Kinder/Beziehungen/Familie) einsetzen zu können. Für sie ist es deshalb von besonderer Bedeutung, verschiedene Lebensentwürfe von Frauen kennen zu lernen.

Ganz praktisch geht es darum, Wissen über Ausbildungs- und Arbeitsmöglichkeiten in Männer- und Frauenberufen und aktuelle Informationen über die Lehrstellen- und Arbeitsplatzsituation am Ort zu erlangen.

Erweiterung des Berufsspektrums ist mehr als die geforderte Umorientierung der Mädchen von ›typischen‹ Frauen- auf ›typische‹ Männerberufe. Eins unserer Themen ist: ›Was haben uns Berufe zu bieten?‹ Zum Beispiel Macht: In Rollenspielen, in denen die Mädchen mächtige Berufsrollen übernehmen, genießen sie es, Entscheidungen zu treffen, bestimmen zu können, unabhängig und stark zu sein – sie stellen auch fest, dass solche Rollen fast immer von Männern besetzt sind, und sie wünschen sich dann oft, auch ein Mann zu sein; für sie ist es nur schwer vorstellbar, dass sie auch als Frau solche Rollen innehaben können. Umso wichtiger scheint es uns, Mädchen mit ›starken‹ Frauen bekannt zu machen, Frauen, die selbständig sind, Frauen in eher ›untypischen‹ Positionen, in denen sie Macht ausüben. Was dann am Ende einmal ›typisch‹ sein mag – das soll das Ergebnis *ihrer* Identitätssuche und *ihres* Weges zur Selbständigkeit sein.

Konzept in Bausteinen

Zukunftsvorstellungen und Berufswünsche

1. Schritt: Selbstreflexion

- Non-stop-Schreiben: Je eine Gruppe schreibt Begriffe zum Thema ›Mädchen‹/›Junge‹, ohne den Stift abzusetzen. Produkt: 2 Wandzeitungen, die alle Assoziationen der Mädchen zu ›Mädchen‹ und ›Junge‹ dokumentieren.
- Mein Leben in 10 Jahren: Die Mädchen malen gegenseitig entlang ihren Körpern ihre Umrisse; sie beantworten Fragen zu Beruf und Lebensformen; die aktuellen Antworten werden in die linke, die zukünftigen in die rechte Körperhälfte geschrieben; die Mädchen stellen ihre Partnerin jeweils in Gegenwart und Zukunft vor.
- Rollenspiele: ›Doppelbelastung‹, ›Drei-Phasen-Modell‹; Videoaufzeichnung.
- Phantasiereise.
- Besuch von Frauen, die von den Mädchen zu den Themen ›Doppelbelastung‹, ›Drei-Phasen-Modell‹ u.a. befragt werden können.
- Standbilder in männlicher und weiblicher Körpersprache. Fragen dazu: In welchen Positionen ist freie Bewegung möglich? Welchen Eindruck weckt eine frauenuntypische Körperhaltung und was passiert mit *uns* in dieser Haltung? In welchen Positionen wird Macht demonstriert, in welcher Schwäche? Nach welchen Kriterien bewegen wir uns normalerweise? Gefallen wollen? Nicht auffallen wollen? Nach dem, wie es uns bequem ist?
- Lehrstellen- und Arbeitssituation in Frauen- und Männerberufen – allgemein und in Bielefeld

2. Schritt: Information und Betriebsbesichtigung

- Stellenangebote: Aus der Lokalpresse ausschneiden und geschlechtsspezifisch zuordnen; Gespräche über Anzahl der Angebote, geforderte Qualifikation und Qualitäten, Aufstiegschancen, gesellschaftliches Ansehen.
- ›Andersrum‹: Geschichte vorlesen; Rollenspiele verschiedener Bewerbungssituationen – ›andersrum‹/›richtig‹.
- Pantomime: Berufe raten.
- Besuch im Berufsinformationszentrum des Arbeitsamtes.
- Besuch von Auszubildenden.
- Betriebsbesichtigung: entsprechend den Voraussetzungen der Mädchen.
- Mädchen und Männerberufe

3. Schritt: Sich ausprobieren im Umgang mit ungewohnten Werkstoffen

- Praktisches Arbeiten mit Holz, Metall, Zweiradmechanik in entsprechenden Werkstätten.«

(Graff 1990, 12ff.)

In zwei Punkten hat sich die Arbeit des Mädchentreffs hier als innovativ im eigentlichen Sinne erwiesen: zum einen bezogen auf die Initiierung erster Kooperationen zwischen Schule und außerschulischer Jugendarbeit, die mittlerweile für die Jugendarbeit programmatisch festgelegt und finanziell gefördert wird, u.a. im Landesjugendplan NRW und explizit geschlechtsspezifisch über das »Initiativprogramm Selbstbehauptung und Konflikttraining für Mädchen und Jungen an Schulen« des Landes NRW für die Schulen abgesichert sind (vgl. Deinet, Hg., 2001); zum anderen wurden hier erste pädagogische Konzepte für eine mädchenspezifische Lebens- und Berufsplanung im Rahmen außerschulischer Mädchenbildung ausgearbeitet. Die Notwendigkeit geschlechtsspezifischer und geschlechtshomogener Arbeit zu diesem Thema in der Schule ist heute weitgehend anerkannt und es sind differenzierte Curricula entwickelt (vgl. Lemmermöhle, Hg., 1991 – 1994).

Eine dritte Phase der Weiterentwicklung des pädagogischen Angebotes im Mädchentreff Bielefeld lässt sich ab 1990 konturieren mit dem allmählichen Aufbau des Schwerpunktes »Umweltbildung und Ökotechnik«, der sowohl für die offene Arbeit als auch im Rahmen von Workshops und Seminararbeit relevant ist.

Dieser Professionalisierungsschub auf der Ebene inhaltlich-fachlicher Profilierung im Bereich mädchenspezifischer Berufsorientierung passierte aufgrund gezielter Weiterbildung. Drei Mitarbeiterinnen qualifizierten sich im Rahmen einer dreijährigen Weiterbildung der TU Berlin und Life e.V. Berlin (Frauen entwickeln Ökotechnik) naturwissenschaftlich, technisch, konkret handwerklich und pädagogisch-didaktisch im Bereich Ökologie und Umwelttechnik. Dieser Ansatz hat sich als überaus fruchtbar erwiesen, Mädchen einen Zugang zu Naturwissenschaft, Technik und Handwerk zu eröffnen:

- Er knüpft an Umweltbewusstsein und (Um)Weltverantwortung an;
- Technik ist unmittelbar sinn-voll, z.B. für den Bau eines Solarladegerätes für Walkman-Akkus;
- es gibt kreativ-gestalterischen Freiraum, z.B. im Bau von photovoltaischen Demonstrationsobjekten wie Solarspiralen;
- es gibt weibliche Vorbilder in den Anleiterinnen;
- das Bauen und Experimentieren in einer Mädchengruppe ist stressfrei im Vergleich zu Erfahrungen in der Schule.

Mittlerweile wird dieser Bereich vom Umweltministerium des Landes NRW gefördert.

Seit den neunziger Jahren haben sich die Bereiche Freizeit – Bildung – Beratung als Struktur des Angebotes des Mädchentreffs fest etabliert. Das Café ist als offenes Angebot das »Herz« der Einrichtung. Beratung nimmt nach wie vor in aller Regel hier ihren Ausgang. Der Bildungsbereich in Form von Seminaren in Kooperation mit Schule, als Workshop oder Projekt, umfasst neben Lebensplanung und Ökotechnik auch Kulturangebote. Eine Aufzählung von Veranstaltungen, Aktivitäten, wechselnden Zielgruppen und Öffnungszeiten würde an dieser Stelle zu weit führen. Daher sei hier beispielhaft und aktuell ein Auszug aus dem Jahresbericht 2001 zitiert:

»Mädchentreff Bielefeld e.V.

Angebote und Leistungen:

- offener Freizeittreff für Mädchen und junge Frauen
- offene Kulturarbeit im kreativen, medienpädagogischen, handwerklichen, körperorientierten und im inhaltlich/thematischen Bereich
- Durchführung von Ferienfreizeiten
- Kooperationsveranstaltungen mit Bielefelder Schulen und Trägern der Jugendhilfe
- Sozialpädagogische Unterstützung und Beratung in Krisen- und Konfliktsituationen
- Information und Unterstützung bei Schulproblemen, Ausbildungsfragen und Berufsfindung
- Schularbeitenhilfe
- Initiierung und Vernetzung von und Mitarbeit in mädchenpolitisch relevanten Arbeitskreisen
- Entwicklung von Didaktiken und Konzepten für die Mädchenarbeit (»Fachinstitution für Mädchenarbeit«).

Angebote der Einrichtung

wöchentlich:

- Treffpunkt und Beratung für arbeitslose Mädchen und junge Frauen
- Schülerinnencafé mit Schularbeitenhilfe
- Offener Treff für Mädchen von 9-11 Jahren mit wechselnden Programmangeboten aus dem kreativen, körperorientierten, handwerklichen und thematischen Bereich
- Offener Treff für Mädchen ab 12 Jahren mit wechselnden Programmangeboten aus dem kreativen, körperorientierten, handwerklichen und thematischen Bereich
- »Lola rennt« – Internetcafé für Mädchen und junge Frauen ab 13 Jahren
- Offene Theatergruppe
- Wen-Do-Kurs

monatlich:

- Mädchentreff-Kennenlernangebot für Mädchen(-gruppen) aus Schulklassen, Jugendzentren und anderen Einrichtungen
- Projekte mit modellhaftem Charakter:
  »Ökotechnik und außerschulische Umweltbildung mit Mädchen«, April-Dezember 2001
  »Sehnsüchte-Sinnsuche. Ethik und Identitätsklärung in der interkulturellen Mädchenarbeit«, Januar-Juli 2001

»Girl´s Act. Antirassistische Mädchenprojekte im Rampenlicht«, Mai-Dezember 2001

Schwerpunkte der Arbeit im Berichtszeitraum

- Umgang mit dem Thema Rassismus und Diskriminierung im offenen Bereich
  Der offene Bereich war im letzten Jahr hauptsächlich von Besucherinnen zwischen 10-14 Jahren aus dem Kosovo, weiterhin kamen regelmäßig zwei afro-deutsche Mädchen sowie einige weiße deutsche Mädchen. Die unterschiedlichen sozialen und kulturellen Hintergründe verursachten immer wieder Spannungen und Konflikte unter den Mädchen. Diese trugen sie, wie Jugendliche generell, häufig über diskriminierende Beschimpfungen aus. Wir begannen eine gezielte langfristige Sensibilisierungsarbeit, bei der es zunächst darum ging, den Mädchen klar zu machen, dass bestimmte Schimpfwörter andere Menschen in ihrer Persönlichkeit abwerten und stark verletzend sein können, was in der Regel in der Wahrnehmung abgespalten wird, so wie sie auch selbst erlebte Diskriminierungen häufig nicht an sich heran lassen und abspalten. In diesem Zusammenhang hat sich die Arbeit mit Rollenspielen bewährt, über die die Mädchen »Erkenntnismomente« hatten und es wagten, auch ihre eigenen Verletzungen zu benennen und sich in der Folge z.B. für bestimmte Verhaltensweisen zu entschuldigen. Darüber hinaus ging es immer wieder darum, sich über respektierende Regeln im Umgang miteinander zu verständigen, die auch für die Mädchen handhabbar sind und Konflikte in der direkten Konfrontation zu klären. Hierbei waren uns im Projekt »Girl´s Act- Antirassistische Mädchenprojekte im Rampenlicht« erarbeitete Methoden und Ansätze wichtige Anregung für die Arbeit.
- Weiterentwicklung themenspezifischer Angebote – Kompetenzentwicklung
  Im Internet-Café konnten in diesem Jahr neben den wöchentlichen Öffnungszeiten zwei Workshops von größerem Umfang durchgeführt werden. Diese Arbeit brachte für die teilnehmenden Mädchen eine Intensivierung im Umgang mit dem Medium sowie eine Spezialisierung ihres Wissens und Kompetenzerweiterung. (Einen ähnlichen Effekt zeigten die Kurse, die für Mädchen im Projekt »Umweltbildung und Ökotechnik« durchgeführt wurden, welches vom MUNLV NRW sowie von der Kommune Bielefeld gefördert wurde.) Mädchen erlernten mit Spaß und Interesse neue Techniken und Kenntnisse, die ihnen darüber hinaus neue Berufsfelder erschließen und somit auch einen Beitrag zur Berufsorientierung leisten. Sie eignen sich Kompetenzen in gesellschaftlich und arbeitsmarktpolitisch zukunftsweisenden Bereichen an, was nicht hoch genug geschätzt werden kann.« (Mädchentreff Bielefeld e.V. 2001)

6. Wie sehen Pädagoginnen den Mädchentreff? Auswertung der »pädagogischen Geschichten«

6.1 Zur Methodik der Interpretation

Die Auswertung der Theorie und Praxis des Mädchentreffs Bielefeld ist so konzipiert, dass die Pädagogik des Feldes aus der Perspektive der Pädagoginnen und der Perspektive der Mädchen als Besucherinnen des Mädchentreffs beleuchtet wird. Ich habe die Erinnerungen dieser beiden im Mädchentreff miteinander agierenden Gruppen erhoben in 13 Interviews mit Mädchen und in pädagogischen Geschichten, die die Pädagoginnen zum Thema »Das war eine gelungene/misslungene pädagogische Situation mit Mädchen« aufgeschrieben haben.

Die zehn Geschichten der fünf Pädagoginnen liegen als handschriftliche Texte im Umfang von zwei bis fünf Seiten vor. Sie wurden im Rahmen eines gemeinsamen Wochenendes zur Reflexion der Mädchentreffpädagogik geschrieben, das eigens zur Erhebung dieses empirischen Materials stattfand. Nach einer ausführlichen Einstimmung in die Erinnerung an zwei bis neun Jahre Mädchentreff (je nachdem, wie lange die einzelne Pädagogin mitarbeitet) mit Hilfe von Fotos, Plakaten, Spielen, Kalendern, Programmen etc., habe ich einen »offenen Schreibimpuls« (vgl. Schütze 1987) gegeben: »Was war in eurer Erinnerung eine richtig gute, eine gelungene pädagogische Situation mit Mädchen? Ihr habt etwa 30 Minuten Zeit, diese Erinnerung aufzuschreiben.« Dieser Impuls kann insofern mit der Anfangsfrage eines narrativen Interviews verglichen werden, als er die erzählgenerierende Aufforderung enthält, eine persönliche Erfahrung zu erinnern. Allerdings wird nicht eine freie biografische Erzählung »hervorgelockt« (Schütze 1976), sondern der Situationsrahmung »berufsbezogene Reflexion« entsprechend eine berufsbiografische Erinnerung, die zusätzlich thematisch konkretisiert ist. Dieses Vorgehen ist erhebungstechnisch angebracht, da es sich hier um schriftliche, nicht mündliche Reflexion handelt, deren spezifische Fokussierung eher erleichternd als einschränkend wirkt. Der Hinweis auf die zeitliche Begrenzung hat zusätzlich die Wirkung, die Aufgabe überschaubar zu machen und überhöhten Ansprüchen der Informantinnen an Länge, Ausführlichkeit und Vollständigkeit ihrer Texte vorzubeugen. Dies war auch deshalb wichtig, weil jede Pädagogin, direkt im Anschluss an die erste, eine zweite Geschichte zum Thema »eine misslungene Situation mit Mädchen« geschrieben hat. Mit insgesamt ein bis eineinhalb Stunden war dann die Grenze der Aufmerksamkeit und Konzentration für schriftliche Aufzeichnungen erreicht. Die Erhebungssituation war so konzipiert, dass nach einer gemeinsamen Einstimmungsphase jede für sich in ihre persönlichen Erinnerungen eintauchte und dieser Prozess nicht durch Austausch über das Geschriebene unterbrochen werden sollte. Dieses Vorgehen wurde in der Situation von den Informantinnen akzeptiert. Umfang und Ausführlichkeit der zweiten Geschichten entsprechen denen der ersten, so dass es keine Hinweise auf das Nachlassen des Engagements gibt.

Bei dem vorliegenden Material handelt es sich also um thematisch konkrete berufsbiografische Erinnerungen in Form von handschriftlich verfassten Erzählungen. Ich werde mich bei der interpretativen Bearbeitung an Fritz Schützes analytischem Vorgehen für autobiografische Stegreiferzählungen der »strukturellen Beschreibung« (Schütze 1984) orientieren.

Zunächst ist zu klären, ob die schriftliche Erzählung erinnerter Situationen im Rahmen qualitativer empirischer Datenerhebung wie eine mündliche Stegreiferzählung behandelt werden kann. Beiden gemeinsam ist in diesem Fall ihr Zustandekommen. Als Teil empirischer Datenerhebung im Kontext qualitativer Sozialforschung ist das Interaktionsformat gleich: Auf Seiten der Forscherin ist es geprägt durch die Aktivität des Mobilisierens von Erinnerungen mit Hilfe spezifischer Aufforderung, auf Seiten der Informantin durch die Aktivität des sich Erinnerns. Sehr unterschiedlich in Bezug auf die Produktion von geschriebenem oder gesprochenem Text ist dann auf Seiten der Informantin der Prozess der Hervorbringung von Erinnerungen. *Aussprechen* ist unmittelbarer, schneller und kann innerhalb einer bestimmten Zeit mehr hervorbringen als *Aufschreiben. Aufschreiben* verlangt gedankliche Vorarbeit wie Probeformulieren, das Zuspitzen komplexer und differenzierter Zusammenhänge in Schriftsprache. Beim Sprechen ist das Gesagte unmittelbar da, im Raum als Gehörtes existent und einer anwesenden Zuhörerin anvertraut. Gesprochene Erinnerung wird auf Grund der Gleichzeitigkeit von Denken, Sprechen und Hören weniger von der eigenen Person getrennt als schriftliche Erinnerung. Beim Schreiben *manifestiert* sich im wahrsten Sinne des Wortes der Gedanke schwarz auf weiß – eine Erinnerungsgeschichte wird auch mit den Händen hergestellt.

Das Ergebnis dieses Aktes wird, anders als in gesprochener Mitteilung, zunächst nur von der Produzentin selbst wahrgenommen. Auch wenn ein Text real oder fiktiv adressiert ist, ist Schreiben faktisch zunächst auf die Autorin selbst bezogen. Schreiben vergegenständlicht Gedanken. Das Geschriebene wird gelesen, eingeschätzt, verändert oder für gut befunden. Schreiben schafft auf diese Weise größere Distanz zum Ausgedrückten als Sprechen und ermöglicht gleichzeitig die Herstellung größerer Stimmigkeit für die Autorin. Sowohl für mündliche als auch für schriftliche Erinnerung kann nach Schütze gelten, dass

> »die Gestaltungsdynamik der autobiografisch-narrativen Mitteilung (...) nicht von der Orientierung auf den Zuhörer, sondern von der Struktur der eigenen lebensgeschichtlichen Erfahrungsaufschichtung (...)« (ebd., 80)

geprägt ist. Für die Einschätzung von schriftlich generiertem Material als Datenbasis sozialwissenschaftlicher Interpretation lässt sich daher zweierlei sagen: Das Material besitzt zum einen eine spezifische Authentizität im beschriebenen Sinne, da es die kognitive »Wahrheit« der Verfasserin dokumentiert; zum anderen ist die Brechung von Gedanken durch das mittelbare Medium der Schrift deutlicher als bei sprachlichem Ausdruck, denn die Formulierungsarbeit steht unter den widersprüchlichen Anforderungen der Detaillierung des Erzählten einerseits und des »Auf-den-Punkt-Bringens« von Zusammenhängen andererseits.

Die Analyse mündlich generierter Erzählungen erfolgt ebenfalls anhand eines Schriftstückes, der Transkription von Sprache, der ersten forschungspragmatischen Veränderung des Materials. Ein handschriftlicher Text ist ursprüngliches Material in dem Sinne, dass es für die Bearbeitung nicht verschriftlicht werden muss, sondern als authentisches Produkt der Autorin, als Dokument ihres Aufzeichnungsprozesses vorliegt. Daher ist es aufschlussreich, Aspekte des Handschriftlichen systematisch mit zu beachten, wie Schriftbild, Groß- und Kleinschreibung, Interpunktion, Gänsefüßchen, Absätze, Durchstreichungen. Dazu wurden linguistische Deutungsverfahren (vgl. Klockow 1980, Weydt 1977) einbezogen.

Schütze charakterisiert die Stegreiferzählung als eine nicht kalkulierte und nicht zu Legitimationszwecken zurechtgelegte Version eigener Lebenserfahrung, sondern sich dem Erzählstrom überlassende Erinnerung. Sie passiert im Rahmen einer von gegenseitigem Vertrauen, Akzeptanz und Wertschätzung geprägten Interaktionssituation, ausgelöst durch eine Aufforderung zum Erzählen, die das Interesse an konkret persönlichen Erfahrungen glaubwürdig transportiert. Unter diesen Voraussetzungen greifen die Zugzwänge des Erzählens: Zwang zur Detaillierung und zur Gestaltschließung sowie die Einhaltung der Reihenfolge in der aktuellen Erzählung analog zur ehemaligen Erfahrung. Auch wenn wie oben angesprochen die Detaillierung im Prozess des Aufschreibens pragmatisch reduziert ist, sind die narrativen Zugzwänge in schriftlicher Erzählung ebenso wirksam wie in mündlicher. In den vorliegenden Geschichten zeigt sich, dass das »Bedürfnis« nach Gestaltschließung bei schriftlicher Formulierung besonders stark ist. Alle Geschichten enden mit Schlusssätzen, die sich auf die Eingangsthese rückbeziehen.

Schütze kommt es auf die autobiografischen Komponenten von Stegreiferzählungen an, er will Biografie erforschen, die durch narrative Interviews hervorgebracht wird. In der vorliegenden Untersuchung wurden berufsbiografische Erinnerungen in Form von Geschichten erhoben. Diese können, wie gezeigt wurde, forschungsmethodisch analog zu mündlich generiertem Material behandelt werden. Der Fokus ist hier nicht die allgemeine Biografie der Pädagoginnen, sondern sind autobiografische Ausschnitte aus der Berufstätigkeit. Auf diese Weise soll Pädagogik im Spiegel von erinnerten Situationen erfasst werden.

Die strukturelle Beschreibung ist in sieben Analyseschritte gegliedert.

a) Die Segmentierung der Erzählung unter formalen Gesichtspunkten. Die Segmentierung von transkribierten Interviews strukturiert einen fortlaufend gesprochenen Text. Dabei geben Rahmenschaltungen, Segment- und Kontextmarkierer die Hinweise, um das Aufzeigeverhalten der Informantin nachzuvollziehen. Rahmenschaltungen sind die Äußerungen, die ein Ereignis ankündigen, in Gang setzen, durchführen, d.h. den Ablauf schildern, abschließen, ggf. überleiten und damit insgesamt narrative Darstellungsschemata bilden. Als Markierer gelten Textelemente, mit denen die Erzählerin persönliche Relevanzen, wie Einschätzungen oder Bemerkungen, der Zuhörerin explizit mitteilt (z.B. »glaube ich ...«) oder spezifische Kontexte deutlich macht (z.B. »in Zusammenhang mit ...«). In geschriebenem Text sind Abschnitte »natürliche« Segmente. Die Autorin gliedert ihre Gedanken durch Absätze. Absätze strukturieren einen Text zunächst optisch. Sie markieren Unterbrechungen im Text. Sie zeigen an, dass zwischen vorherigem und folgendem Gedanken ein Zwischenraum nötig oder sinnvoll ist. Der Aufnahme eines neuen Gedankens auf der inhaltlichen Ebene wird formal mit dem Neubeginn einer Zeile auf der Ebene optischer Textgestaltung entsprochen. Ohne einen Text lesen zu müssen, zeigen Absätze der Rezipientin ein Muster, das z.B. die Menge der unterschiedlichen Gedanken oder chronologische Abläufe strukturiert. Und je nachdem, wie lang die Abschnitte sind, die durch Absätze unterschieden werden, geben sie einen Eindruck davon, wie detailliert Gedanken ausgeführt werden. Insofern kann beim ersten Betrachten des handschriftlichen Texts die Verwendung der Absätze auf die Vielfalt der Gedanken innerhalb der Geschichten oder auch auf die »Größe« der Gedanken analog zur Größe der Absätze geschlossen werden. Später können Diskrepanzen oder Homologien zwischen Form und Inhalt beachtet werden.

Abschnitte sind »natürliche« Segmente eines geschriebenen Textes. Daher werde ich in diesem ersten Analyseschritt die Erzählungen entsprechend ihrer Abschnitte segmentieren und diese Segmente nach ihrer erzähltechnischen Bedeutung bezeichnen.

b) Binnenbeschreibung der Segmente auf der Ebene formaler Darstellung ihrer allgemeinen Ankündigungen und Erlebnissicherungen; d.h. jedes Segment wird auf seine Rahmenschaltelemente der Eröffnung, Durchführung und des Abschlusses hin untersucht.

c) Aufspüren und Festlegen eingebetteter oder randständiger Erzähleinheiten wie Seiten- oder Hintergrundkonstruktion innerhalb einzelner Segmente; Analyse ihres Anlasses und der Art ihrer Einbettung oder Randständigkeit sowie ihre formale Binnenbeschreibung. In den Geschichten bedeuten Randständigkeit oder Einbettung von Erzähleinheiten hier lediglich feine Relevanzabstufungen zur jeweiligen Hauptgeschichte, auf die alle dramaturgisch und inhaltlich eng bezogen sind. Randständigkeit bedeutet nicht inhaltliches Abschweifen in Nebenerzählungen. An diesem Punkt kommt wieder der Aspekt der Schriftlichkeit der Erzählgenerierung ins Spiel. Bei schriftlicher Hervorbringung ist zu vermuten, dass auf Grund des »Arbeitsaufwands« randständige Gedanken im Prozess der Aufzeichnung aussortiert werden und ihr Auftauchen daher reduziert ist.

d) Aufspüren suprasegmentaler Prozessstrukturen. Auf suprasegmentaler, d.h. übergreifender Ebene geht es um die Prozessstrukturen des Erlebens. Als Prozessstrukturen bezeichnet Schütze spezifische Haltungen, die eine Erzählerin im Zuge biografischer Erinnerung zu Ereignissen, Ereigniszusammenhängen oder Lebensphasen einnimmt. Dabei unterscheidet er zwischen vier grundsätzlichen Arten:

1. Die Prozessstruktur des *Handlungsschemas* – mit dieser Haltung wird eine Lebensgeschichte als selbst geplant und dann erfolgreich oder erfolglos durchgeführt dargestellt; sie wird von der Erzählerin in ein selbst intendiertes Handlungsschema eingeordnet.

2. *Institutionelle Ablaufmuster,* d.h. Geschehnisse werden als Teil gesellschaftlicher Organisation als institutionelle Zwänge gesehen (z.B. Ausbildung), innerhalb derer sich die Erzählerin spezifisch verhält.

3. In der Prozessstruktur der *Verlaufskurve* werden Ereignisse als von außen kommend und überwältigend erlebt; es geht um den Verlauf des zunächst nur unwillkürlich Reagieren-Könnens und dann um die Integration der Veränderung zur Wiederherstellung eines Gleichgewichts im Alltag der Erzählerin.

4. *Wandlungsprozesse* sind überraschende Einbrüche in unter Umständen auch selbst veranlasste Geschehnisse, bei denen zunächst nur die Veränderung der Handlungsmöglichkeiten festgestellt werden und keine Handlungsperspektive ausgemacht werden kann.

> »Die systematischen Haltungen des Biografieträgers zum Erfahrungsstrom seiner Lebensgeschichte ziehen sich entsprechend diesbezüglichen Ereignisabläufen in der Lebensgeschichte langfristig durch; sie ordnen systematisch Phasen der Lebensgeschichte unter generelle Erfahrungsprinzipien. (...) Mit der Orientierung an einer bestimmten Prozessstruktur des Lebensablaufs für eine bestimmte Zeitperiode der Lebensgeschichte hat sich der Erzähler für eine übergreifende Form der Verknüpfung der Ereignisse und Erfahrungen in einer durchlaufenden Erlebniskette, die für diesen Zeitraum gültig ist, entschieden.« (Schütze 1984, 92 f.)

e) Systematisierung der bisher vorgenommenen formalen Gliederung unter Berücksichtigung der suprasegmentalen Prozessstrukturen des Erlebens, der segmentalen Erzähleinheiten und der subsegmental eingelagerten Randgeschichten und ihrer Beziehungen untereinander.

f) Inhaltliche Beschreibung der gesamten Erzählkette

> »Ganz grob lässt sich die Erkenntnisfigur, die der Abfolge der angedeuteten Analyseprozeduren zugrunde liegt, so charakterisieren, dass die *strukturelle Beschreibung von den formalen und lokalen »Äußerlichkeiten« des Aufzeigeverhaltens des Erzählers ausgeht* und dann allmählich Schritt für Schritt *bis zu segment-übergreifend dargestellten Erzählgehalten fortschreitet.*« (ebd., 113)

g) Verbindende Betrachtung der segmentalen Einheiten und der dominanten segmentübergreifenden Zusammenhänge unter dem Gesichtspunkt der realisierten, thematisch fokussierten Erzähllinie und unter Berücksichtigung eingebetteter Hintergrundkonstruktionen (ebd., 113).

6.2 Praxisreflexionen: Die Sicht der Pädagoginnen

Die Synopse aller Analyseschritte (a-g) der »strukturellen Beschreibung« führt zu einem integrierenden Interpretationstext. Dieser jeweils letzte Schritt der Bearbeitung der einzelnen pädagogischen Geschichten ist Inhalt der nun folgenden Kapitel.

6.2.1 Gittes Geschichte »Die Freundinnenclique – anfangs haben sie brav alles mitgemacht«

S*1 Rebecca und ich wollten eine zweite Freundinnen-Clique beginnen. ~~Wir haben Handzettel entworfen + drucken lassen.~~

S2 Die 1. war ziemlich zäh auseinandergeflossen. Aber der Tenor der Mädchen war positiv. Mir und Rebecca hat die Idee viel Spaß gemacht und wir wollten es gerne mit gleichem Konzept mit anderen Mädchen noch einmal machen.

S3 Wir haben Handzettel entworfen, lange überlegt, wie wir Mädchen am besten ansprechen, motivieren, teilzunehmen. Wir haben uns an einige Schulen zum Schulschluß gestellt und Handzettel verteilt. Ich war total begeistert vom Konzept und total motiviert, ~~was~~ eine zweite Runde zu starten.

S4 Doch auf unsere Werbeaktionen kam nicht ein einziges Mädchen! Das war frustig! Wir warteten bis kurz vor »Kursbeginn«, bis wir uns eingestanden, dass wir keine Clique mehr machen würden.

S5 Mittwochs sollte die Clique beginnen. Aber es war klar, dass es nichts werden würde.

S6 Aber dann ...

S7 Ich hatte dienstags Café und kurz vor Schluß kamen zwei neue Mädchen. Eine locker + gesprächig, die andere eher stiller. Die erste wollte ein bisschen was über den Mädchentreff wissen, was wir so machen usw.! Und dann sagte sie plötzlich, dass sie einen Handzettel mit »Freundinnenclique« gelesen hätte und noch dunkel in Erinnerung hätte, was das denn wohl wäre. Meine Augen leuchteten, ich war total begeistert. Eilte ins Büro, holte zwei Handzettel und steckte die beiden, glaub' ich, mit meiner Begeisterung an.

S8 Jedenfalls wollten sie gerne eine Freundinnenclique mit uns machen. Und tatsächlich kamen sie eine Woche später mit zwei weiteren Mädchen. Daraus ist dann wirklich eine tolle Gruppe geworden: Sibylle, Kathi, Dilek, Birgitta und später Svea. Anfangs haben sie ganz brav alles mitgemacht, was wir uns für sie ausgedacht hatten, und fanden das auch spannend und gut.

S9 Aber immer öfter nutzten sie den Raum für ausführliche Gespräche über ihre neuesten Schwärmereien. Toll fand ich auch die Neugierde, meine Schwangerschaft betreffend.

S10 Wir haben: Kalender gemalt, kreuz + quer gespielt, sind selbstbewusst schnurstracks durch die Stadt gegangen, haben das »Sex-Spiel« gespielt, haben Verkleidungsfotos gemacht, zusammen gekocht, starke Frauen lesend vorgestellt, sind ins Kino gegangen, haben viel gelacht und tolle Gespräche geführt, sind zusammen nach Amsterdam gefahren.

S11 Nach ca. 1 ½ Jahren kamen die Mädchen unregelmäßiger.

S12 Wir spürten, dass die Zeit eigentlich um war. Aber sowohl die Mädchen als auch Rebecca + ich konnten uns schwer trennen.

S13 Aber schließlich war es so offensichtlich zu Ende, dass keine es mehr übersehen konnte.

* S = Segment

Gittes Geschichte berichtet vom »doch-noch-Zustandekommen« einer Freundinnenclique nach zunächst drohendem Scheitern dieses pädagogischen Vorhabens. Eine Freundinnenclique ist hier die Bezeichnung für die freizeit- und kulturpädagogische Gruppenarbeit mit Mädchen, die sich als Freundinnen oder als »Clique« bereits kennen. In diesem Fall handelt es sich um eine Wiederholung: »eine zweite Freundinnenclique«. Der Grund für die Wiederholung ist die erfolgreiche erstmalige Durchführung dieses Konzeptes. Gittes eigene positive Erfahrung und das positive Resümee der damals beteiligten Mädchen sind Motivation für die nun beabsichtigte Wiederholung dieser Gruppenarbeit.

Die Erzählerin stellt Vorbereitung und Durchführung der Freundinnenclique als planbare Handlungsvollzüge dar, in denen sie gemäß ihrer pädagogischen Erfahrung und Kompetenz agiert: Auf Grund der positiven Vorerfahrung mit einer erstmalig mit diesem Konzept durchgeführten Gruppe macht sie Werbung und arbeitet dann mit den Mädchen, indem sie spielerische, lehrreiche, selbsterfahrungsbezogene, Selbstbewusstsein übende, informative, unterhaltsame Programme für die Begegnungen mit den Mädchen organisiert.

Gitte eröffnet den Bericht über den Verlauf der Freundinnenclique unter dem positiven Motto »Daraus ist eine tolle Gruppe geworden«. Sie erinnert sich zunächst an die beteiligten Mädchen, indem sie ihre Namen nennt. Im Folgenden fällt jedoch auf, dass sie ein Thema ausführt, das nicht das Prädikat »tolle Gruppe« belegt, sondern im Gegenteil einen schwierigen Sachverhalt des pädagogischen Projektes aufgreift, und zwar das Thema »Angebot und Nachfrage«.

> »Daraus ist dann wirklich eine tolle Gruppe geworden: Sibylle, Kathi, Dilek, Birgitta und später Svea. Anfangs haben sie ganz brav alles mitgemacht, was wir uns für sie ausgedacht hatten, und fanden das auch spannend und gut. Aber immer öfter nutzten sie den Raum für ausführliche Gespräche über ihre neuesten Schwärmereien.«

Das pädagogische Angebot von Aufmerksamkeit, Zeit und Raum durch die Pädagoginnen an die Mädchen wird im Spannungsverhältnis zur Nachfrage durch die Mädchen charakterisiert. Die Spannung besteht darin, dass sich bei diesem pädagogischen Konstrukt die Pädagoginnen »etwas ausdenken«, und die Frage ist, ob die Mädchen das akzeptieren. Die Erzählerin bringt ihre Ambivalenz gegenüber diesem einseitigen pädagogischen Verhältnis zum Ausdruck, indem sie einerseits das Funktionieren des so strukturierten pädagogischen Kontaktes ironisiert mit: »die Mädchen machen zunächst brav alles mit«. Andererseits vermerkt sie später negativ, dass die Mädchen das Angebot von Raum und Aufmerksamkeit anders nutzen als sie es sich vorstellt. Die Mädchen sprechen »ausführlich über ihre neuesten Schwärmereien«. Sie drückt einerseits aus, dass es ihr gefällt, wenn die Mädchen »brav« sind, und dass es ihr missfällt, wenn die Mädchen andere Interessen als die der Pädagoginnen realisieren, andererseits bricht sie diese konservative pädagogische Sicht in der Reflexion, indem sie ihre verpönte Sympathie für »brave Mädchen« fast schon provokativ darlegt.

Das Verhältnis zwischen Angebot und Nachfrage passt zu Beginn der Gruppe zusammen, im weiteren Verlauf unterscheiden sich aber die Nachfrageinteressen der Mädchen von den Angebotsinteressen der Pädagoginnen. In diesen Fällen setzen die Mädchen ihre Interessen durch. Die zeitliche Perspektive zeigt, dass mit zunehmender Vertrautheit und zunehmendem gegenseitigen Kennen von Pädagoginnen und Mädchen die Mädchen im pädagogischen Kontakt stärker eigene Interessen realisieren, die denen der Pädagoginnen entgegenstehen, bzw. die Pädagoginnen sind weniger in der Lage, ihre Vorstellungen von pädagogischen Begegnungen einzubringen. Dieser Sachverhalt wird von Gitte allerdings lediglich indirekt negativ kommentiert:

> »Anfangs haben sie ganz brav alles mitgemacht, was wir uns für sie ausgedacht hatten, und fanden das auch spannend und gut. Aber immer öfter nutzten sie den Raum für ausführliche Gespräche über ihre neuesten Schwärmereien.«

Anders als erwartet bricht sie an der Stelle unvermittelt ab und springt zurück zum Motto, mit dem sie ihren Bericht eröffnet hatte: »die tolle Gruppe«, und zu einem Aspekt, den sie eigentlich als »toll« erinnert.

> »Toll fand ich auch die Neugierde, meine Schwangerschaft betreffend.«

Es folgten die Aufzählung der Gruppenaktivitäten und ein weiterer Beleg für das »Toll-sein« der Gruppe: Die Treffen waren geprägt von sehr »viel Lachen« und »tollen Gesprächen«. Das pädagogische Handlungskonzept erscheint in der Erzählung immer dann unterbrochen, wenn die Mädchen anders agieren als die Pädagogin wünscht oder erwartet. Dieses Phänomen wird am Schluss noch einmal beschrieben.

> »Nach ca. 1 ½ Jahren kamen die Mädchen unregelmäßiger. Wir spürten, dass die Zeit eigentlich um war. Aber sowohl die Mädchen als auch Rebecca + ich konnten uns schwer trennen. Aber schließlich war es so offensichtlich zu Ende, dass keine es mehr übersehen konnte.«

Wieder geht es hier um das Erscheinen von Mädchen, um ihre Präsenz oder Nichtpräsenz in pädagogischen Situationen, diesmal während der Ablösungsphase der Freundinnenclique. Die Pädagoginnen nehmen das nach eineinhalb Jahren »unregelmäßigere Kommen« der Mädchen als äußere Veränderung wahr, deren Bedeutung, das nachlassende Interesse, sie zunächst ignorieren. Gitte beschreibt das Widersprüchliche dieser Trennung: Sie wird einerseits offensichtlich gewollt, was sich im unregelmäßigeren Erscheinen bemerkbar macht; sie wird andererseits nicht gewollt, was sich als Herauszögern des endgültigen Abschieds darstellt. Auf der Handlungsebene wird dieser Prozess von den Pädagoginnen nicht beeinflusst oder verkürzt, sondern mit den Mädchen in seinem langsamen Ausklingen geteilt, bis das Ende der Gruppe »keine mehr übersehen konnte«. Damit wiederholen sich die Abschlussphasen der Freundinnencliquen: »die erste war zäh auseinander geflossen, aber der Tenor der Mädchen war positiv«; die zweite »konnte sich nicht trennen«. Beides wird als positive Rückmeldung der Mädchen gedeutet.

Die dominante Erzähllinie der Geschichte ist thematisch ausgerichtet auf das unerwartete Erscheinen von zwei Mädchen im Mädchentreff, die sich für die Freundinnenclique interessieren. Hier beschreibt Gitte die Vorarbeiten für einen Beginn der Freundinnenclique: Das Konzipieren einer Werbung, die Mädchen »am besten« anspricht, das Verteilen entsprechender Handzettel vor Schulen. Sie charakterisiert diese Phase, indem sie ihr von »Begeisterung« getragenes persönliches Engagement deutlich macht.

Dann passiert ein Einbruch, der darin besteht, dass sich auf die Werbung hin keine Mädchen für die Freundinnenclique melden. Gitte macht ihre Enttäuschung darüber deutlich, dass ihre aktiven Handlungs- und Einflussmöglichkeiten beendet sind.

> »Doch auf unsere Werbeaktionen kam nicht ein einziges Mädchen! Das war frustig! Wir warteten bis kurz vor »Kursbeginn«, bis wir uns eingestanden, dass wir keine Clique mehr machen würden.«

Sie sieht sich dem äußeren Verlauf des von ihr intendierten Prozesses gegenüber in passiver Position und stellt ihre Abhängigkeit in der Realisierung ihrer pädagogischen Arbeit von der Reaktion von Mädchen dar. Nach intensiver und engagierter Werbekampagne kann sie nur noch abwarten, dann hoffen und schließlich akzeptieren, dass keine Mädchen an der Freundinnenclique teilnehmen wollen. Dies ist begleitet von Gefühlen der Frustration und resignierter Ernüchterung.

> »Aber dann ...«

Die positive Wende der Ereignisse kündigt sie dramatisch an und elaboriert sie in einer dichten szenischen Darstellung des von ihr völlig unerwarteten Auftauchens von zwei Mädchen im Mädchentreff, die nach der Freundinnenclique fragen. Dieses Ereignis beschreibt die Erzählerin als Erlösung aus einem Zustand der Erstarrung, denn zuerst sieht sie die Mädchen gar nicht als potentielle Teilnehmerinnen der Freundinnenclique an, erst als diese von sich aus vorsichtig nachfragen, versteht Gitte, reagiert unwillkürlich mit großer Freude und findet zu ihrem aktiven Handlungsvermögen zurück.

> »Und dann sagte sie plötzlich, dass sie einen Handzettel mit »Freundinnenclique« gelesen hätte und noch dunkel in Erinnerung hätte, was das denn wohl wäre. Meine Augen leuchteten, ich war total begeistert. Eilte ins Büro, holte zwei Handzettel und steckte die beiden, glaub' ich, mit meiner Begeisterung an.«

Entscheidend für das Gelingen ihrer motivierenden Aktivität ist für sie ihre eigene Begeisterung von dem Positiven, dem Spaß, den das pädagogische Konzept einer Freundinnenclique enthält: Sie »steckt die Mädchen an«. Dem entspricht die große vorherige Enttäuschung darüber, dass sie zunächst keine Mädchen erreicht hatte. Diesen Prozess stellt sie in der Weise dar, dass die Reaktion von Mädchen auf ein vorbereitetes pädagogisches Angebot letztlich nicht beeinflussbar ist, sie muss abgewartet werden, sie ist die Grenze des Handlungsvermögens der Pädagogin, sie ist ein äußerer Faktor, von dem die Pädagogin letztlich abhängig ist.

6.2.2 Pias Geschichte »Ein Fotowochenende – wir wollten schöne Fotos mit Licht von uns machen«

S1 Fotoaktion – Wochenende mit Bettina und Frauke

S2 Wir wollten richtig schöne Fotos mit Licht von uns machen, es war als offenes Werkstattangebot angekündigt.

S3 Am Samstag haben wir das »Studio« hergerichtet, als Hintergrund diente ein dunkler Futterstoff, das Licht haben wir sehr abenteuerlich montiert – ~~an~~ mit einer Schraubzwinge am Stativ; davor einen gelben Schirm befestigt. Es war gut, dass nicht mehr Mädchen da waren, sonst wäre es vielleicht gefährlich geworden, weil alles etwas wackelig war. Aber wir waren alle drei konzentriert beim Aufbau dabei.

S4 Dann haben wir uns überlegt, wie die Fotos aussehen sollen nach dem Motto – so ein Foto wollte ich schon immer von mir haben« z.B. mit Lichtkranz hinter mit usw.

S5 z.B. wollte Frauke gerne ganz viel Licht hinter ihrem Rücken haben, so dass ihre Locken angestrahlt werden. Ich habe dann mit Bettina versucht, das zu realisieren. Wir mussten überlegen wo wir die Lichtquelle plazieren ohne, dass sie blenden, wie sind die Schatten wo brauchen wir Gegenlicht, damit der Schatten nicht zu dunkel ist etc.

S6 Wir schlüpften immer wieder in verschiedene Rollen: Modell, das sein Foto selbst bestimmt, Fotografin, die die Vorstellung der anderen realisieren muss, Technikerin.

S7 Dann gab es noch Verkleidungsfotos bei denen aber immer auch Requisiten eine wichtige rolle spielen z.B. ein Strand: im Badeanzug mit Schirm Palme (Blume) Picknickkorb u. Decke und Katzen.

S8 Dann haben wir noch den Film entwickelt.

S9 Am nächsten Tag haben wir Kontaktabzüge und jede hat von sich ihr schönstes Foto gemacht. Wir waren alle mit dem Ergebnis zufrieden. Ich was überrascht wie konzentriert wir über so viele Stunden gearbeitet haben. Die Mädchen waren stolz auf ihre Fotos

Pia verfolgt in ihrer Geschichte das Thema »Ein richtig schönes Foto von sich machen«. Sie bearbeitet das Thema in Hinsicht auf seine technische sowie seine pädagogische Umsetzung. Die technische Umsetzung besteht in der Installation und Realisierung von »Licht« für die Aufnahme, d.h. im Herstellen solcher Lichtverhältnisse, dass das Portrait »richtig schön« wird. Den Aufbau eines entsprechenden »Studios« beschreibt sie detailliert als kreative Improvisation mit Hilfe der Mittel, die sie im Mädchentreff vorfindet (wie Stoffe, Stehlampe, Schirme) und mit denen sie die Ausstattung eines professionellen Fotostudios so weit wie möglich nachahmt: einen künstlichen Hintergrund und mobile Strahler, die flexibel farblich abgeblendet werden können. Pia betont den hohen Stellenwert, den sie diesem

Prozess beimisst, dadurch, dass sie positiv auf die Tatsache der kleinen Gruppe verweist, die ihn ermöglicht hat. Die technische Ebene vertieft sie weiter, indem sie die spezielle fotografische Inszenierung beschreibt. Licht wird so platziert, dass bei einer Gegenlichtaufnahme das Portrait dennoch »richtig schön«, d.h. schmeichelhaft in Licht und Schatten ausgeleuchtet wird. Diesen Prozess reflektiert sie im Anschluss pädagogisch, indem sie die Ebene der Rollen thematisiert, die in dem beschriebenen Handlungsablauf eingenommen und gewechselt werden.

»Wir schlüpften immer wieder in verschiedene Rollen: Modell, das sein Foto selbst bestimmt, Fotografin, die die Vorstellung der anderen realisieren muss, Technikerin.«

Sie macht darauf aufmerksam, dass die Rollen »Modell« und »Fotografin« gebrochen sind, indem das Modell sein Foto selbst bestimmen darf und die Fotografin die Inszenierungswünsche technisch umsetzen und erfüllen muss. Das Phänomen »Rollenwechsel« ist für sie also ein wichtiger Faktor dieser pädagogischen Situation.

Die technische Realisierung des Fotowochenendes beschreibt Pia ausführlich in Bezug auf den Prozess des Fotografierens im selbst eingerichteten »Studio« den sie als pädagogisch relevant für Prozesse von Rollenwechsel analysiert. Die folgende Laborarbeit nennt sie lediglich als rein technische Fertigstellung des Produktes »schöne Fotos«.

Pädagogische Aspekte sind in Pias Ausführungen in erster Linie implizit. Explizit sind lediglich die bereits genannte analytische Reflexion zum Rollenwechsel und ihre positive Bewertung der kleinen Gruppengröße für den Arbeitsprozess. Implizit pädagogisch relevant ist die Umsetzung des Themas »richtig schöne Fotos« in dem Motto »so ein Foto wollte ich schon immer von mir haben«. Pia gibt keine Inhalte vor, sondern knüpft die Ausgestaltung des »richtig schön« an die persönliche Präferenz derjenigen, die sich fotografieren lässt. Die Vorstellungen des Modells stehen im Mittelpunkt mit der Aufforderung, das Bild entsprechend lang gehegter Wünsche zu gestalten. Detailliert beschreibt Pia, wie der Inszenierungswunsch von Frauke realisiert wird. Frauke möchte »ganz viel Licht hinter ihrem Rücken, so dass ihre Locken von hinten angestrahlt werden«. Die Pädagogin versucht gemeinsam mit Bettina, die schwierige Aufgabe einer Gegenlicht-Portraitaufnahme zu lösen. Pia formuliert »versucht« und »wir mussten überlegen«, d.h. sie als Pädagogin weiß nicht die Lösung des Problems, sondern diese wird gemeinsam erarbeitet. Dieses Verhältnis ist ungewöhnlich für traditionelle pädagogische Interaktionen zwischen Professionellen und Klientel, denn üblicherweise konstituiert sich die Situation gerade durch einen Wissensvorsprung der Pädagogin.

In der Nacherzählung zum Hauptteil der Geschichte wird eine weitere Fotoinszenierung beschrieben: »Verkleidungsfotos«, bei denen nicht mehr das sorgfältige Ausleuchten, sondern »Requisiten eine wichtige Rolle spielen«. Wiederum beschreibt Pia beispielhaft anschaulich die Gestaltung der Strandszene.

> »... z.B. ein Strand: im Badeanzug mit Schirm Palme (Blume) Picknickkorb u. Decke und Katzen.«

Sie hat ihre pädagogische Hauptaufgabe darin gesehen, die Gestaltungsvorstellungen der Mädchen so ernst wie möglich zu nehmen.

Ein zusätzlicher Grund dafür, warum Pia dieses Projekt als gelungene Pädagogik ansieht, ist die Tatsache, dass ein Arbeitsprozess komplett von der Idee bis zum Endergebnis realisiert werden konnte: von der *Formulierung* eines Wunsches über seine *Umsetzung* bis hin zur technischen *Herstellung eines Produktes*. Wie nicht anders zu erwarten, bezeichnet Pia die Reaktionen der Mädchen als »zufrieden« und »stolz«.

Auffällig ist, dass Pia dieses Fotowochenende im professionellen Rahmen als Pädagogin mit Mädchen durchführte, die Rollen- und Interessendifferenz in der Erinnerung aber nicht benennt, sondern die Erzählung mit »wir« eröffnet und die Intention als »Fotos von uns machen wollen« formuliert. Die Perspektive, unter der sie das Projekt als Teil ihrer professionellen Rolle reflektiert, würde nahe legen, dass sie auch berufliche Differenz zu den Mädchen thematisiert, z.B. wie sie den Verlauf initiiert, begleitet und strukturiert. Dieser Aspekt pädagogischen Handelns taucht nicht auf. Das Tun wird als vollkommen gemeinsames eines »wir« geschildert: »wir haben das Studio hergerichtet«, »wir waren konzentriert dabei«, »wir haben überlegt«, »wir mussten überlegen«, »wir schlüpften in verschiedene Rollen«, »wir haben den Film entwickelt«, »wir haben Kontaktabzüge gemacht«. Nur zu Anfang der Erzählung und am Ende gibt es Hinweise auf einen institutionellen bzw. professionellen Kontext. Zu Anfang deutet die vorherige Ankündigung »als Werkstattangebot« an, dass das »Wochenende mit Bettina und Frauke« kein privates Treffen war, sondern eine offene Veranstaltung im Rahmen des Mädchentreffs. Mit ihrer Wortwahl und ihrer Ausdrucksweise stellt Pia zwei unterschiedliche Sphären nebeneinander: die private und die öffentliche/institutionelle. Sie beschreibt das Verhältnis zwischen beiden als die Realisierung persönlicher Interessen eines kleinen »privaten« Kreises innerhalb eines prinzipiell offenen institutionellen Rahmens. Sie geht auf das Thema »kleiner Kreis« in der Weise ein, dass sie explizit positiv bewertet, dass nicht mehr als zwei Mädchen beteiligt waren. Sie argumentiert an dieser Stelle als Pädagogin für die Exklusivität des Angebots, weil diese solch einen intensiven und vollständigen Arbeitsprozess ermöglicht hat. Darüber hinaus stellt sie fest:

> »Es war gut, dass nicht mehr Mädchen da waren ...«

weil es sonst in dem improvisierten Studio »gefährlich« geworden wäre. Damit macht sie ihre professionelle Verantwortung für die Mädchen in Bezug auf die technische Sicherheit deutlich und damit auch den institutionell-pädagogischen Charakter der Aktion.

Im Verlauf der Darstellung des chronologischen Ablaufs des Wochenendes macht Pia sprachlich keinen Unterschied zwischen sich und den Mädchen. Erst in der Abschlusssequenz der Evaluation der Aktion differenziert sie das einzige Mal mit »ich« und »die Mädchen«. Diese Differenzierung markiert deutlich die unterschiedlichen Perspektiven auf das beschriebene Tun: Die Pädagogin war zufrieden mit dem Ergebnis, »so viele Stunden konzentriert mit Mädchen gearbeitet zu haben«; die Mädchen waren zufrieden mit dem Produkt, »stolz auf ihre Fotos«. Sie formuliert ihr professionelles Interesse als eines, das sich auf die Qualität der realisierten Arbeitssituation mit Mädchen bezieht. Sie bezeichnet sie als konzentriert über viele Stunden hinweg, d.h. die Mädchen waren aufmerksam dabei, so dass die Pädagogin nicht, wie häufig konstitutiv für pädagogische Situationen, Aufmerksamkeit wecken, wach halten oder wieder auf das Thema/Tun lenken muss. Sie merkt als zusätzlich überraschend an, dass das »über so viele Stunden hinweg« zutraf, d.h. sie rechnet damit, dass mit längerer Dauer einer pädagogischen Situation ihre pädagogische Aufgabe darin besteht, mit der nachlassenden Konzentration umzugehen. Ihre Zufriedenheit rührt also daher, dass sie als Pädagogin in einer Situation mit Mädchen nicht in diesem Sinne pädagogisch tätig werden musste – sie beschreibt sich als ein gemeinsam an einer Sache arbeitendes »Wir« mit Mädchen. Die Erzählung einer gelungenen pädagogischen Situation ist die Darstellung eines gemeinsamen »Wir« von Pädagogin und Mädchen innerhalb eines prozess- und gleichzeitig produktorientierten Handlungsvollzuges.

6.2.3 Rebeccas Geschichte »Die Fotoausstellung – in der vor allem auch ihre Stärke sichtbar wird«

S1 Eine gute Aktion/Projekt für mich war

S2 die *Fotoausstellung.*

S3 Als Thema von außen an uns herangetragen (DPWV) war es zunächst nicht besonders spannend oder ~~so~~ »lustbetont« für mich. – schwer – unangenehm... – aber wichtig. Angst: Schaffe ich es verantwortlich damit umzugehen? was löse ich aus? Kann/muss ich es dann auffangen ...

Das Thema in Form einer Fotoausstellung zu bearbeiten war schon spannender.

S4 Als ich mich entschloß »es« zu tun, und klar war Claudia ist die Fachfrau für Fotografie, packte mich der Ehrgeiz eine gute Ausstellung mit den Mädchen zu machen, in der vor allem auch ihre Stärke sichtbar wird.

S5 Die ganze Aktion kam mir wie eine Welle vor: Aus einer Idee/Keim wuchs langsam aber stetig etwas großes.

S6 Das Thema erzeugte bei Claudia, aber auch bei den Mädchen zunächst Zurückhaltung. Aber nur kurz. Je offener ich, dann auch Claudia, über Gewalt, eigene Gewalterfahrungen sprachen, von starken Frauen und auch von gut ausgegangenen Gewaltsituationen, desto offener wurden auch die Mädchen.

S7 Über Wochen war es immer mal wieder Thema, bei unseren Stamm-Mädchen, bei Besucherinnen, in der Zeitung, bei Kolleginnen ...

S8 Die Mädchen arbeiteten zuverlässig mit, es war ihre Ausstellung geworden.

S9 Wir hatten viel Spaß und die von mir befürchtete »Schwere« blieb aus.

S10 Es gab viele ernsthafte/traurige Gespräche, aber gleichzeitig enthielten sie immer mutmachende stärkende Anteile (?), oft auch durch Mädchen untereinander.

S11 Zum Schluß waren viele Mädchen und Frauen beteiligt, ~~es~~ die Welle hatte fast alle erreicht,

und ich finde das Produkt kann sich sehen lassen.

Die dominante Erzähllinie in Rebeccas Text handelt von der Herstellung einer Fotoausstellung zum Thema »Gewalt«. (Zum Verständnis: Gemeint sind körperliche, seelische, sexuelle Übergriffe oder Misshandlungen, die Mädchen erleiden.) Rebecca eröffnet die Erzählung mit der Information, dass das Thema »Gewalt« »von außen an uns herangetragen« wurde. Der Paritätische Wohlfahrtsverband hatte in seiner Funktion als übergeordnete Institution im Rahmen der Kampagne »Gemeinsam handeln gegen Gewalt« den Mädchentreff zur Stellungnahme aufgefordert. Es war also kein selbst gewähltes Thema für ein pädagogisches Vorhaben und es löst negative Gefühle und Vorbehalte bei Rebecca aus. Anschaulich beschreibt sie ihre spontanen Reaktionen: Es ist nicht »spannend« oder »lustbetont« für sie; sie assoziiert ihre Gefühle frei als »schwer – unangenehm ...« und erinnert sich an die Angst, die die Anfrage bei ihr als Pädagogin auslöst. Wieder bildet sie keinen Satz, sondern schreibt einfach: »Angst:«. Diese beschreibt sie mit Fragen, die sie in dem Zusammenhang bedrücken. Sie hat Angst vor Überforderung, wenn die Beschäftigung mit selbst erlittener Gewalt Reaktionen bei Mädchen hervorruft, mit denen sie »verantwortlich« umgehen muss, d.h. sie muss die Mädchen »auffangen«, weiß aber nicht, ob sie das dann kann oder will.

Diese ganze Eingangspassage behandelt den Konflikt zwischen institutioneller Zuständigkeit und persönlichem Handlungsspielraum. Das eine bedeutet hier konkret die professionelle Verpflichtung als Mitarbeiterin in einer Institution, die ihrerseits übergeordneter sozialpolitischer Öffentlichkeit verpflichtet ist (in Bezug auf finanzielle Absicherung). Darüber hinaus existiert ein institutionelles Selbstverständnis, das Thema »Gewalt« mädchengerecht bearbeiten zu wollen. Das andere ist der Handlungsspielraum im Umgang mit persönlichen Befindlichkeiten als Grund dafür, diese institutionelle Anforderung abzulehnen.

In Rebeccas Ausführungen hat ihre persönliche Seite sehr viel Gewicht, ist differenziert und elaboriert. Der Art der schriftlichen Darstellung als assoziative Collage ist anzumerken, dass sie ihren Erinnerungsstrom fließen lässt und ihr die negativen Gefühle wieder ganz nah sind. Die professionell-institutionelle Seite präsentiert sie lediglich mit einem, sie sei »aber wichtig«.

Im nächsten Satz nun berichtet sie von einem ersten Schritt in Richtung Auflösung des Konfliktes: Die Bearbeitung des Themas »Gewalt« als Fotoausstellung ist für sie »schon spannender«. Damit scheint ein für sie entscheidender Schritt passiert zu sein, denn in der Beschreibung ihrer negativen Reaktionen auf die Anfrage pädagogischer Arbeit zum Thema »Gewalt« hat sie »nicht besonders spannend« als erstes genannt. Eine pädagogische Aufgabe spannend zu finden, d.h. neugierig und positiv herausgefordert zu sein, ist für sie eine wichtige Basis für professionelles Engagement. An ihren Vorbehalten wird implizit deutlich, dass sie dies Thema »nicht spannend« im Sinne von nicht leicht, nicht lustvoll, nicht pädagogisch unbefangen, unsicher und sogar unangenehm empfindet. Es ist klar, dass diese Dinge Neugierde und positive Herausforderung verhindern.

Von Rebecca wird die Übernahme der pädagogischen Aufgabe verlangt, zum Thema »Gewalt« zu arbeiten, mit dem Ziel, die Lebenserfahrung von Mädchen im Rahmen einer Kampagne zu veröffentlichen. Sie eignet sich diese Aufgabe an, indem sie zunächst ihren ablehnenden Reaktionen und Ängsten Raum gibt. Auf dieser Grundlage kann sie eine Form pädagogischer Arbeit entwickeln, die ihre Vorbehalte aufnimmt, neutralisiert und sogar transformiert in Attitüden, die sie als Grundlage für ihr pädagogisches Engagement braucht: Spannung im Sinne positiver Herausforderung sowie Sicherheit, die gestellte Aufgabe bewältigen zu können. Beides gewährleistet für sie das Projekt einer Fotoausstellung, deren Qualität durch die Mitarbeit einer Fotografin garantiert ist, so dass Rebecca der »Ehrgeiz« packt, eine Ausstellung mit Mädchen zu machen, in der die Stärke von Mädchen im Mittelpunkt steht. Dieses Konzept ist eine Antwort auf Rebeccas ängstliche Fragen bezüglich ihrer Verantwortung den Mädchen gegenüber, wenn die Beschäftigung mit dem Thema »Gewalt« möglicherweise heftige psychische Prozesse auslöst. Sie formuliert: Es soll »vor allem auch ihre Stärke« sichtbar werden. »Vor allem auch ihre Stärke« ist für sie das Gegengewicht zu den beim Thema »Gewalt« bei ihr ausgelösten Assoziationen von Schwere, Unangenehmem und Überforderung. In der Logik ihrer Konstruktion heißt das: »Wenn das Thema »Gewalt« so bearbeitet wird, dass die Stärke von Mädchen im Mittelpunkt steht, ist es nicht schwer, dann löst es nichts »Schlimmes« bei den Mädchen aus, dann besteht nicht die Gefahr von Überforderung für mich.«

Mit diesen beiden Maßnahmen – der »Wahrnehmung ihrer Ängste« und dem »Entwurf eines ehrgeizigen Endproduktes« – erreicht Rebecca eine Spannung im Sinne positiver Herausforderung, die sie braucht, um den institutionell-pädagogischen Auftrag übernehmen zu können.

Der Entschluss, die Aufgabe zu übernehmen, setzt einen selbstlaufenden Prozess in Gang: Rebecca charakterisiert ihn als »Welle«, deren Großwerden jedoch nicht unkontrollierbares Überspülen bedeutet, sondern langsames, aber stetiges Wachsen der Idee wie bei einem Keim.

Auffällig ist, dass Rebecca das Wort »Gewalt« erst nach der Hälfte ihres Textes selbst nennt. Vorher schreibt sie dreimal »das Thema«, zweimal »es« und einmal »damit«. Erst und ausschließlich in dem Abschnitt, der den Beginn ihrer pädagogischen Arbeit mit den Mädchen beschreibt, verwendet sie den Begriff »Gewalt« gehäuft und dann wie befreit dreimal in einem Satz und differenziert in »Gewalt«, »Gewalterfahrungen« und »Gewaltsituationen«. Solange ihre Reflexionen nicht bei der konkret pädagogischen Interaktion zum Thema »Gewalt« sind, schreibt sie quasi um »Gewalt« herum. Sie nimmt das Wort »nicht in den Mund«, wählt eher die steife und von ihr selbst mit Gänsefüßchen als etwas abstrus markierte Formulierung: »Als ich mich entschloß »es« zu tun (...).«, anstelle von: »Als ich mich entschloß, eine Fotoausstellung zum Thema »Gewalt« mit Mädchen zu machen ...«. So bildet der Text Rebeccas anfängliche Distanz ab. Nun beschreibt sie inhaltlich, wie die beteiligten Mädchen und die Fotografin Claudia auf das Thema reagieren. Sie reagieren zunächst genauso wie sie selbst mit Zurückhaltung – »aber nur kurz«. Hier wiederholt Rebecca in Kurzform ihre eigene Eingangsgeschichte, macht aber direkt deutlich (ohne sich die Mühe zu machen, einen vollständigen Satz zu bilden), dass die Phase der Zurückhaltung bei ihnen nur kurz war. Die Gefahr, dass die Mädchen keine Lust haben, sich mit dem Thema »Gewalt« zu beschäftigen, ist gebannt. Diese Gefahr schätzt sie auf Grund ihrer eigenen Erfahrung als nicht gering ein. Ihre Erleichterung wird in dem schnellen Einwurf und der knappen Formulierung deutlich. Sie beschreibt im Folgenden, wie ihre eigene Strategie, die »bösen Geister« des Themas »Gewalt« zu vertreiben, bei den Mädchen und bei Claudia ebenfalls mit Erfolg wirkt. Ihre zunehmende Offenheit, Mädchen von eigenen Gewalterfahrungen zu erzählen, unterstützt die allmählich entstehende Offenheit bei den Mädchen. Dabei differenziert sie »eigene Gewalterfahrungen«, »gut ausgegangene Gewaltsituationen« und »starke Frauen«. Für sie wirken zwei Faktoren zusammen, die dazu führen, dass sich die anfängliche Zurückhaltung der Mädchen in zunehmende Offenheit wandelt: erstens ihre eigene beispielhafte Offenheit und zweitens das Thematisieren eigener und fremder Gewalterfahrungen unter der Perspektive der Stärke der Frauen. Damit hat sich ihre These bestätigt, dass das Fokussieren auf die Stärke der betroffenen Mädchen und Frauen im Kontext Gewalterfahrung einen positiven Ansatz für eine pädagogische Thematisierung darstellt. Es bedeutet eine Umwertung gegenüber dem, wie Betroffene üblicherweise im öffentlichen Diskurs auftauchen: Hier gelten sie nicht als schwach, weil sie Gewalt erlitten haben, sondern als stark, weil sie sie (wie auch immer) bewältigt haben – ertragen, abgewehrt, verdrängt, verarbeitet, verschwiegen oder gerächt. Diese Umwertung vom »schwachen Opfer« zur »starken Überlebenden« kann das Unangenehme und Schwere, das Rebecca anfangs mit der pädagogischen Arbeit zum Thema »Gewalt« verbunden hatte, so weit wegnehmen, dass es für sie selbst und auch für die Mädchen möglich wird, sich einzulassen. Das genaue Wahrnehmen der eigenen Vorbehalte und Ängste und die Konzipierung einer pädagogischen Aktion, die genau diese berücksichtigt, und nicht erlittenes Leid, sondern mobilisierte Kraft in den Vordergrund stellt, gibt ihr die Authentizität, um im Kontakt mit den Mädchen deren Vorbehalten zu begegnen. Sie kann überzeugend vorleben, dass sich die Auseinandersetzung mit Gewalterfahrungen mit dem Blick auf die eigene Stärke lohnt. Dieser Blick weckt sogar Stolz, der sich in der fotografischen Darstellung und Ausstellung der eigenen Stärke manifestiert.

Nachdem Rebecca die entscheidende Phase des Einstiegs rekapituliert hat, berichtet sie kurz von den äußeren und arbeitstechnischen Aspekten, die den positiven Verlauf des Projektes belegen. Dabei charakterisiert sie Art und Weise des Verlaufs mit »immer mal wieder« als unregelmäßig, frei, freiwillig kommend und gehend. Sie erwähnt keine pädagogische Motivationsarbeit ihrerseits, sondern gibt eher den Eindruck entspannter Gelassenheit, mit der sie das Projekt sich in seiner eigenen Dynamik entwickeln lassen kann, analog zu der von ihr vorher verwandten Metapher des wachsenden Keims. Der Prozess entwickelt sich bei den Mädchen von »immer mal Thema« sein hin zu »zuverlässiger Mitarbeit an der Ausstellung«. Dieser Schritt ist für Rebecca Indiz dafür, dass ursprünglich *ihre* Idee einer Fotoausstellung zum Thema »Gewalt« von den Mädchen aufgenommen und zu ihrer eigenen Sache geworden ist. Es kann also nicht nur die Ebene des gemeinsamen persönlichen Austauschs über Gewalterfahrungen realisiert werden, sondern auch die produktorientierte Ebene der Herstellung von Selbstportraits für eine Ausstellung. Dies ist der einzige Satz, in dem Rebecca die Produktion der Ausstellung anspricht. Im Vordergrund ihrer Reflexion steht weiterhin der Aspekt der gelungenen Leichtigkeit im Umgang mit einem »schweren« Thema. »Wir hatten viel Spaß und die von mir befürchtete »Schwere« blieb aus ...«. Diese Aussage bezieht sich auf die Atmosphäre bei der Arbeit an der Ausstellung, d.h. auf die Selbstinszenierung der Mädchen, und nicht auf die direkten Gespräche über erlittene Gewalt. Rebecca macht mit dem Bezug auf die von ihr befürchtete »Schwere« deutlich, dass der Einsatz des Mediums Fotografie entlastende Wirkung hatte. Im Folgenden kommt sie in ihrem gedanklichen Erinnerungsfluss direkt auf die »Schwere« zurück: »Es gab viele ernsthafte/traurige Gespräche (...)«. Aber anders als von ihr befürchtet, lösen sie bei den Mädchen nichts aus, was sie allein auffangen muss, denn die Gespräche hatten »immer mutmachende stärkende Anteile« und diese »oft auch durch Mädchen untereinander«. Hier bezieht sich Rebecca auf ihre eingangs formulierte Angst vor Überforderung. Wieder scheint das Konzept der Perspektive auf die Stärke der Mädchen positiv zu wirken. Hier in der Weise, dass die Mädchen sich ernsthaft auf das »Traurige« im Leben der jeweils anderen einlassen können und sich dadurch gegenseitig Mut machen und stärken. Hier wiederholt sich in der Figur des Starkwerdens durch die Anerkennung von Leid und Trauer Rebeccas Form der Aneignung des Themas »Gewalt« durch die Wahrnehmung ihrer Ängste. Rebecca macht diesen Zusammenhang dadurch deutlich, dass sie formuliert: »Es gab viele ernsthafte/traurige Gespräche, aber *gleichzeitig* enthielten sie immer mutmachende stärkende Anteile.« Ernsthafte, traurige Gespräche enthalten mutmachende Anteile, traurig sein und stark werden sind gleichzeitig ablaufende Prozesse, Trauer und Mut gehören zusammen.

Damit beendet Rebecca ihre Reflexion des pädagogischen Gruppenprozesses im Mädchentreff. Sie erinnert sich an den Schluss der Aktion und benennt als öffentlichen Erfolg die große Anzahl der beteiligten Mädchen und Frauen und das in ihrem eigenen Urteil gute Endprodukt der Fotoausstellung, von der sie sagt, dass sie sich im wahrsten Sinne des Wortes »sehen lassen kann«.

6.2.4 Karens Geschichte »Die neue Mädchengruppe – ich wollte die Mädchen entscheiden lassen«

S1 *Diese Situation mißlang mir.* Auch hier handelt es sich um ein Projekt,– ~~dass aber gescheitert ist~~ ein gescheitertes. Das war die neue Mädchengruppe, die ich mit Adele aufbauen wollte.

S2 Es fing schon mit den Einladungsbriefen an, die wir an die Mädchen des Theaterworkshops verschickten – sie hatten damals großes Interesse an einer Gruppe angemeldet, falls wir mal was anbieten. Dieser Brief war viel zu überladen und unübersichtlich und so reagierte auch keine darauf. Erst nach telefonischer Nachfrage unsererseits tauchten 2 Mädchen, Emma und Claude, auf. Wir hatten 1,2 nette gemeinsame Nachmittage – aber noch keine Gruppe. Also warb ich nochmal bei Mädchen einer Schulklasse an, die mit ihrer Lehrerin einen Mädchentreff-Besuch machten. Es waren 12- bis 13-jährige, Emma und Claude dagegen eher 13, 14 Jahre alt. Diese Jüngeren tauchten nun auf. 3 an der Zahl, als Claude und Emma sich gerade mal nicht blicken ließen. Auch mit ihnen hatten wir ein, zwei nette Nachmittage.

S3 Dann hatten wir eine ~~etwas~~ schwierige Zeit zu überbrücken: erst fiel Adele für ein paar Wochen aus.

S4 Dann war es für uns bzw. mich auch nur schwer möglich Programmplanung zu machen, wir wussten nie, ob welche kommen, und wenn, wie viele. Eines Tages, als wir ziemlich sicher nur mit den 3, »Kleinen« rechneten, standen plötzlich insgesamt 6 Mädchen auf der Matte! Ich muss noch einschieben, dass wir schon raushatten, dass die

Kleinen noch ein bisschen kindlich waren, die anderen dagegen schon voll pubertierend und ~~schon~~ draußen »in der Welt«.

S5 Diese alle waren also erwartungsvoll da.

S6 Wir hatten Musikimprovisation mit den ~~Instru~~ Trommeln, Percussions geplant – die für eine so große Gruppe einer ganz andere Vorbereitung bedurft hätte. Es hat nicht funktioniert, sie zu begeistern und gute – geschlossene – Stimmung aufkommen zu lassen. Improvisation total war angesagt, der Nachmittag endete mit Spielen im Keller.

S7 Eine Woche darauf hatten wir die Quittung: kein Mädchen kam. Die Woche darauf auch nicht. In der Zwischenzeit waren wir mit der Analyse beschäftigt und haben nicht den Kick bekommen, eine Konsequenz zu ziehen und zu handeln, was zumindest einen Teil der Mädchen ~~zurückgebracht~~ hätte zurückbringen können. Genauer gesagt: Es war uns ziemlich klar, dass die Großen und die Kleinen, eindeutig zwei Kleingruppen, keine große Lust aufeinander hatten und –sicherheitshalber– alle weggeblieben ~~sind~~ waren, weil sie mit den anderen nicht wollten.

S8 Rebecca gab in der Situation den guten Ratschlag rein, uns jetzt für die einen oder anderen Mädchen zu entscheiden, sie anzurufen, ihnen anzubieten, nur für sie, ohne die anderen, die Gruppe weiterzumachen.

S9 Aus irgendwelchen Gründen ~~hat mich~~ ist dieser Rat ~~irgendwie nicht erreicht~~, ~~ist~~ nicht zu mir durchgedrungen. Ich wollte die Mädchen entscheiden lassen, d.h. abwarten, ob sich die einen oder anderen noch entscheiden und wieder herkommen. Als Claude wieder auftauchte, faßte ich neuen Mut, aber da war der Zug schon abgefahren und wir konnten uns diese »Gruppe« abschminken. Es waren außer Claude keine anderen mehr zurückzuholen.

S10 Im Nachhinein denke ich, dass ich nicht nochmal mit ~~so einer~~ derartig zusammengewürfelten ~~Gruppe~~ Mädchen eine Gruppe anfangen würde. Ich würde versuchen, »einen Schwung« Mädchen anzuziehen, die zumindest schon mal einen ausbaufähigen Kern bilden.

S11 Und: wir haben uns mehr auf die Suche ~~und~~ nach Mädchen konzentriert als uns ~~auch~~ mit unseren inhaltlichen Vorstellungen zu befassen, als wir diese Sache mit dem Konzept so übernommen haben. Deswegen war eigentlich gar nichts mehr da, als die Mädchen wegblieben, nicht mal ein gutes Konzept, das leider nicht zum Zuge gekommen ist.

S12 Ich fixiere mich nicht nochmal so ausschließlich auf »Mädchensuche« und fange nur noch mit einer –zumindest– Kleingruppe an.

Karen beschreibt in ihrem Text das Scheitern des Aufbaus einer Mädchengruppe. Ihre Darstellung ist stark geprägt von dem Ringen um Verstehen dieses Prozesses; sie führt damalige Reflexionen und nachträgliche Analysen aus, die den Ereignisablauf immer wieder unterbrechen. Sie stellt die Planung und begleitende pädagogische Reflexion der Aufbauphase einer

Mädchengruppe dar und bewertet dies abschließend ausführlich in Hinblick auf ihr zukünftiges Handeln.

Der Verlauf des Scheiterns »fängt schon damit an«, dass die Werbung misslingt: Ein Einladungsbrief an Mädchen, die Interesse an einer Mädchengruppe geäußert hatten, ist »viel zu überladen und unübersichtlich«, so dass kein Mädchen auf ihn reagiert. Der erste Versuch einer Kontaktaufnahme geht schief, weil sie und die Praktikantin Adele zu viel und zu unklar an die Mädchen schreiben und die Mädchen sich offenbar überfordert fühlen von der enthaltenen »Ladung«, die Karen nicht weiter ausführt. Die direkte Nachfrage per Telefon bringt zwei Mädchen zu ihnen. Karen formuliert »zwei Mädchen tauchen auf«, eine Wortwahl, die sie für jedes Erscheinen von Mädchen verwendet. Sie hat auf die Quantität der Mädchen, die erscheinen, keinen Einfluss. Diese beiden Mädchen, die nun »auftauchen«, nennt Karen mit Namen: Claude und Emma. Das pädagogische Zusammensein mit ihnen charakterisiert sie als »1, 2 nette gemeinsame Nachmittage«. Dies ist jedoch nicht das, was sie wollten, denn zwei Mädchen sind für sie noch keine Gruppe. Ihre weitere Aktivität richtet sich also auf Vergrößerung der Quantität. Als Mädchen einer Schulklasse einen Besuch im Mädchentreff machen, spricht sie diese direkt an. Drei Mädchen »tauchen daraufhin auf«, als Claude und Emma »sich gerade mal nicht blicken ließen«. Es passiert eine Wiederholung: Auch mit diesen Mädchen haben die Pädagoginnen »1, 2 nette Nachmittage«. Karen fügt die Information ein, dass diese Mädchen zwölf bis dreizehn Jahre alt und damit ein Jahr jünger als Claude und Emma sind, kommentiert diesen Umstand aber nicht weiter. Die erste Phase der Mädchengruppe bzw. des Scheiterns ihres Zustandekommens endet hier und hat das Ergebnis: Es gibt zum einen zwei Mädchen, zum anderen drei Mädchen, mit einem Jahr Altersunterschied zueinander, die jeweils getrennt mit den Pädagoginnen »1, 2 nette Nachmittage« verbringen. Die zwei älteren Mädchen werden als Personen mit Namen deutlich und Karen beschreibt die Zeit mit ihnen über »nett« hinaus als »gemeinsame«. Das Problem ist jedoch, dass zwei Mädchen zu wenig für eine Gruppe sind; die drei Mädchen nennt sie einfach die »jüngeren«, sie sind mehr als zwei; ob ihr drei für eine Gruppe ausreichen, lässt Karen offen; beide zusammen wären mit fünf Mädchen eine Gruppe. Beide Gruppen erscheinen jedoch nur getrennt im Mädchentreff – für Karen nicht einschätzbar »tauchen« die einen auf, die anderen lassen sich »gerade mal nicht blicken«. Karen spielt mit der Metapher eines Teiches, aus dem immer mal wieder Fische an die Oberfläche kommen.

Im Prozess des Scheiterns des Aufbaus der Mädchengruppe ist Karen als nächstes damit konfrontiert, dass eines Tages sechs Mädchen aus beiden Gruppen gemeinsam »plötzlich auf der Matte stehen«, als sie selbst das Treffen speziell für die drei »Kleinen« geplant haben. Als aus ihrer Sicht wichtige Information an die Leserinnen »muss Karen an dieser Stelle noch einschieben« wie ihre gruppendynamische Analyse zum Stand ihres Vorhabens aussieht: Die Gruppe besteht aus zwei Untergruppen, zwischen denen, wie bereits eingeführt, eine Altersdifferenz besteht. Karen macht diese Differenz nun mit ihren Auswirkungen deutlich: Die einen sind noch mehr kindlich, die anderen hingegen »schon voll pubertierend und draußen »in der Welt««. Sie macht verschiedene Gegensätze (»dagegen«) der beiden Gruppen deutlich: zeitliche – »noch« und »schon«, entwicklungspsychologische – »kindlich« und »pubertierend«, und örtliche, wobei sie den Ort der älteren als »draußen »in der Welt«« bezeichnet, den Ort der jüngeren Mädchen nicht benennt. Diese von ihr zuletzt genannte Differenz der Orte ist insofern bemerkenswert, als das Pendant zu »draußen »in der Welt«« »drinnen zu Hause« hieße. Im Kontext aktueller Mädchenforschung überrascht diese Zuordnung, da festzustellen ist, dass jüngere Mädchen noch draußen öffentlich spielend agieren und mit dem Einsetzen der Pubertät gerade die Öffentlichkeit für Mädchen zu kontrolliertem Gebiet wird und sie gerade keinen öffentlichen, von ihnen besetzten Raum haben. Entsprechend ist das Verschwinden von Mädchen als Aktive auf Spielplätzen, in Sportvereinen, in Jugendzentren zu beobachten. Karen setzt das »»in der Welt«« in Gänsefüßchen. Da die wörtliche Übertragung im Sinne von »Ort« wie eben angedeutet empirisch nicht stimmig ist, liegt eine übertragene Bedeutung von »in der Welt« nahe: »die Welt der Beziehungen«. Die pubertierenden Mädchen sind schon draußen in der Welt fremder, neuer Beziehungen und nicht mehr drinnen in der Welt vertrauter sozialer Beziehungen, oder auch: nicht mehr bei sich zu Hause, drinnen bei sich und den eigenen Gefühlen, sondern draußen in der Wahrnehmung fremder Urteile und Erwartungen. Diese Veränderung der Lebensrealität von Mädchen im Zuge von älter werden und dem Überschreiten der Schwelle von der Kindheit zur Pubertät ist in der Untersuchung von Brown/Gilligan (1994) sozialpsychologisch dokumentiert (siehe 4.). Mädchen stehen unter der widersprüchlichen Erwartung, gute Beziehungen zu haben und gleichzeitig dem Bild des »netten Mädchens« zu entsprechen. Ihre Wahrnehmungen, Kritiken und eigenen Interessen in Beziehungen geraten unter Druck. Bezogen auf die Relevanz dieser Altersdifferenzen für das Zusammensein beider

Gruppen macht Karen deutlich, dass daraus unterschiedliche Bedürfnisse und Interessen resultieren. Dabei trifft zu, was Devereux über die narzisstische Kränkung durch »die kleine Differenz« (Devereux 1967, 64) sagt: Je geringer die Unterschiede zwischen persönlichen Lebenslagen sind, desto stärker werden diese als die eigene Position potentiell bedrohend oder verletzend erlebt, eine gelassene gegenseitige Wahrnehmung ist nicht möglich. Auf diesem Hintergrund wird deutlich, dass die geringe Altersdifferenz von 12, 13 zu 13, 14 Jahren die Konstituierung einer freiwilligen personenzentrierten Mädchengruppe verhindert.

Karen stellt ihre pädagogische Analyse wie eine Rätselaufgabe dar, indem sie formuliert, »dass sie schon raushatten«, dass die Mädchen in unterschiedlichen Lebensphasen stecken. Das rechtfertigt zum einen, dass Karen und Adele ihre pädagogische Planung exklusiv auf »die »Kleinen«« bezogen haben; zum anderen kündigt sie eine schwierige Situation an, die für sie unter dem Motto »pädagogische Improvisation« steht, denn entgegen ihrer professionellen Einschätzung sind »alle diese Mädchen erwartungsvoll da«. Karen erklärt nicht, worin die Erwartungen der Mädchen bestehen oder auf wen sie sich richten. So ist diese Aussage eher ein Hinweis auf die Befindlichkeit der Pädagogin als auf die der Mädchen. Karen ist bewusst, sie wird mit gegensätzlichen Erwartungen der Mädchen an sie konfrontiert sein. Sie hat selbst den Anspruch, diese Erwartungen erfüllen zu wollen, weil sie möchte, dass die Mädchen in der Mädchengruppe bleiben. Andererseits weiß sie, dass sie das nicht erfüllen kann.

In der Darstellung dessen, was real an dem Nachmittag passiert, nennt Karen zunächst ihre eigenen Erwartungen. Sie bestehen darin, dass sie es schafft, die Mädchen zu begeistern und eine »gute –geschlossene– Stimmung aufkommen zu lassen«. Sie formuliert sie als das, was »nicht funktioniert«. Demgegenüber stellt sie dar, was »angesagt war«: »Improvisation total« und »Spielen im Keller«. Es erstaunt zunächst, dass dies nicht für die Begeisterung der Mädchen spricht, denn mit beiden Aktivitäten werden Lebendigkeit und Engagement benannt. Für Karen sind sie aber Ausdruck keiner guten, »geschlossenen« Stimmung. Sie betont im Text den Begriff »geschlossen« noch dadurch, dass sie ihn mit zwei Bindestrichen einklammert. Es hat also an dem Nachmittag nicht funktioniert, die zwei Gruppen zu einer zu »schließen«. Eine »so große Gruppe« hätte einer »ganz anderen Vorbereitung bedurft«. Damit spricht sie entgegen ihrer vorherigen Analyse der Unvereinbarkeit der Mädchen doch von der Möglichkeit einer pädagogischen Lösung des Problems: eine Vorbereitung auf die Begegnung beider Gruppen und nicht, wie aus guten Gründen vorgenommen, die spezifisch auf eine Gruppe bezogene Planung. Karen erlebt sich der Situationsdynamik ausgeliefert, die entsteht a) aus dem nicht »richtig« vorbereitet sein der Pädagoginnen, b) dem Thema »Musikimprovisation«, und c) den Erwartungen der beiden Mädchengruppen. Die Dynamik dieser Elemente führt dazu, dass das vorbereitete Konzept der Musikimprovisation nicht zum Tragen kommt, sondern zu »Improvisation total« wird. Dann wird die Planung komplett verlassen und der Nachmittag endet »mit Spielen im Keller«. Dabei ist das »im Keller« sowohl wörtlich als auch metaphorisch Ausdruck der Stimmung am Ende. Karen beschreibt, dass sie eine Situation, die sich anders gestaltet als sie erwartet, selbst mit flexiblem Reagieren auf die Situationsdynamik nicht auffangen kann. Sie stößt an die Grenze ihrer Pädagogik.

Das Scheitern der Planung liegt im Eintreffen äußerer Bedingungen begründet, auf die die Pädagogin keinen Einfluss hat. Es sind genau die Bedingungen, von denen Karen bereits weiß, dass sie sich nicht realisieren lassen. Es ist unmöglich, Mädchen, deren Lebenslagen eine gegenseitige Zumutung darstellen, zu einer Gruppe zu machen. Unter dieser Perspektive wird nun das weitere Management des pädagogischen Unternehmens beschrieben.

Der Nachmittag ist ein misslungener nicht nur im Urteil der Pädagoginnen, sondern auch für die Mädchen, denn sie »quittieren« ihn den Pädagoginnen mit Wegbleiben. Das passiert auf der Handlungsebene bei den Mädchen. Die Handlungsebene der Pädagoginnen ist: »Analyse« und nicht, so Karens eigene nachträgliche Beurteilung, Handeln, das sich auf die Mädchen richtet. Karen selbst deutet ihre Analysearbeit als Vermeidung von Kontakt mit den Mädchen. So verhalten sich die Pädagoginnen genauso wie die Mädchen – sie ziehen sich zurück von der Mädchengruppe als reale Begegnung auf die Mädchengruppe als Thema theoretischer Reflexion. Dort können sie mit ihrem bestehenden pädagogischen Wissen weiterarbeiten und verstehen, warum die Mädchen nicht wiederkommen: Sie fürchten, wieder auf die jeweils anderen zu treffen. Eine Konsequenz für die Pädagoginnen wäre in der Situation, sich für eine der zwei Gruppen zu entscheiden. Diesen Schritt vermeiden sie, indem sie sich mit Analyse beschäftigen, so deutet Karen selbstkritisch. Diesen Widerspruch zwischen kognitivem Wissen und tatsächlichem Handeln spitzt sie zu, indem sie die Fremdperspektive einer Kollegin einführt, die denselben »guten Ratschlag« für sie hat: Sie müssen sich für die einen oder anderen Mädchen entscheiden. Auf selbstreflexiver Ebene weiß Karen nun, warum sie dies nicht tut – sie wollte damals nicht selbst über die Mädchen entscheiden, sondern sie wollte eine Entscheidung der Mädchen. Mit der Verschiebung einer Entscheidung auf die Mädchen vermeiden die Pädagoginnen, einen Teil der Mädchen ablehnen zu müssen. Bis zur Möglichkeit, den betreffenden Mädchen zu sagen: »Wir möchten die Gruppe lieber mit den anderen Mädchen machen, weil...« denkt Karen nicht.

Tatsächlich »taucht Claude wieder auf«, Karen »faßt neuen Mut« für die Gruppe. Da es aber Claude allein ist, kommt die Gruppe nicht mehr zustande. Hier verändert Karen den Ton ihrer Erzählung: »(...) aber da war der Zug schon abgefahren und wir konnten uns diese »Gruppe« abschminken.« Dieser Satz klingt im Vergleich zu dem um analytische Genauigkeit bemühten Stil des übrigen Textes locker, fast flapsig. Er klingt nach Erleichterung über die Klarheit des Endes der Gruppe. »Der Zug ist abgefahren« bedeutet, »es ist vorbei, wir sind zu spät, haben ihn verpaßt« analog zu: »wir haben verpaßt selbst zu handeln«. »Abschminken« steht für: Eine Maske oder Schminke entfernen, etwas, was nur zum Schein da ist, ablegen – in der Geschichte analog zu: »wir brauchen nicht mehr so zu tun, als hätten wir eine Mädchengruppe«. Die Bilder drücken eine Ambivalenz aus – *Entlastung von der Anstrengung* des schwierigen Unternehmens und *Enttäuschung* darüber, dass etwas Tolles, eine Mädchengruppe gescheitert ist.

Damit beendet Karen die inhaltliche Ebene der Erzählung. In der Nacherzählung reflektiert sie »im Nachhinein«, was sie beim nächsten Mal anders machen würde: nicht mit »derartig zusammengewürfelten Mädchen« eine Gruppe anfangen und nicht mit so wenigen; außerdem sieht sie als Fehler an, sich so auf die Suche nach Mädchen zu konzentrieren und kein inhaltliches Konzept für eine Gruppe zu haben. (Im letzten Satz fasst sie diese beiden Aspekte noch einmal nachdrücklich zusammen – streicht den Satz jedoch nachträglich durch.) In der abschließenden Bewertung verwendet Karen die Metapher: »einen Schwung Mädchen anziehen« für »eine Mädchengruppe aufbauen«. Hier drückt Karen aus: »– auf so was lass ich mich nicht nochmal ein – egal wie, aber ich möchte »einen Schwung« Mädchen anziehen!« »Ein Schwung« ist groß und viel und dynamisch – das Gegenteil des kleckerweisen Kommens von zwei, drei Mädchen. »Anziehen« ist magisch, wie von selbst, im Vergleich zu der großen Mühe des Suchens von Mädchen, die sie erlebt hat – das nächste Mal soll es einfach und leicht gehen.

6.2.5 Ines' Geschichte »Situationen mit Maren – es war wie ein Spiel, in dem wir unsere Rollen spielten«

S1 schlecht gefühlt habe ich mich oft in Situationen mit Maren.

S2 ich fühlte mich oft im nachhinein von ihr ausgenutzt, mit fehlte die nötige Distanz um pädagogisch mit ihr umzugehen.

S3 sie hat es oft geschafft über Dienstleistungen von mir, Aufmerksamkeit und Zuneigung zu bekommen. Z.B. konnte sie nicht laufen, brauchte aber Medizin, dann hat sie mich angerufen und mich gebeten, ihr die Medizin zu besorgen.

S4 Ich habe dann während des Cafédienstes, ihr die Medizin gebracht. Ich hätte sie ihr ja auch bringen lassen können. Irgendwie war aber klar, sie will mich da haben.

S5 Ich habe das, als ich da war aber nicht thematisiert. Es wäre auch klar gewesen, dass sie das abgestritten hätte. Trotzdem hätte ich das klären müssen, statt dessen haben wir nett geplaudert; sie hat mich oft auch mit ihren Horrorgeschichten geschockt und gelähmt. Es war schwierig mit ihr positive Zukunftsphantasien zu entwickeln. Ich habe im Grunde nur auf sie reagiert.

S6 Ich hatte oft das Gefühl, ich mit meiner Mittelschichtssozialisation bin so weit weg von ihr. Was ja eigentlich auch positiv sein könnte, kehrte sich um – sie war die Erfahrene und ich hörte erstaunt zu.

S7 Ich konnte mich nicht so weit abgrenzen, dass ich sagen konnte:

– das kann ich ihr geben

– dabei kann ich ihr helfen

– das wäre gut für sie

S8 um darüber mit ihr zu klären was *sie* eigentlich will. Es war wie ein Spiel indem wir unsere Rollen spielten und Maren übernahm die Regie.

Ines beschreibt die Beziehung zu einem einzelnen Mädchen im Mädchentreff: ihre Beziehung zu Maren. Der erste und der letzte Satz der Geschichte lassen sich direkt aufeinander beziehen, sind zugleich Rahmen und Kernaussage. »schlecht gefühlt habe ich mich oft in Situationen mit Maren. Es war wie ein Spiel in dem wir unsere Rollen spielten und Maren übernahm die Regie.«

Ines beginnt den Text ganz direkt im Sinne von – »das ist mein Problem«. Die Geschichte hat keine Überschrift, das erste Wort ist klein geschrieben. Ines eröffnet unvermittelt mit den Worten »schlecht gefühlt habe ich mich«. Sie drückt ihre persönliche Betroffenheit von einem drängenden Problem aus, das sie in der Erinnerung noch immer stark emotional bewegt. Ines übersetzt die Aufforderung, eine misslungene pädagogische Situation zu beschreiben, mit »Situationen, in denen ich mich schlecht *gefühlt* habe«. Das Kriterium für die Beurteilung von Pädagogik ist für sie hier ihr Gefühl. Sie fühlt sich von Maren ausgenutzt, weil ihr die Distanz für einen pädagogischen Umgang mit ihr fehlt. Das Ausnutzende im Kontakt mit Maren liegt für Ines darin, dass »sie es geschafft hat, über Dienstleistungen von mir, Aufmerksamkeit und Zuneigung zu bekommen«. Sie erinnert eine Beispielgeschichte: Während des Cafédienstes im Mädchentreff ruft Maren an und bittet Ines, ihr Medizin zu bringen, weil sie selbst nicht laufen kann. In ihrer Reflexion merkt Ines an, dass wenn es nur um die »Dienstleistung« des Bringens gegangen wäre, hätte sie das an eine Apotheke delegieren können. Aber »irgendwie war klar, sie will mich da haben«. Für Ines macht Maren starken Druck, so dass sie ihren eigentlichen Dienst im Mädchentreff verlässt und Marens Bitte nachkommt. In der Situation mit Maren merkt Ines, dass Maren wohl in der Lage gewesen wäre, sich selber Medizin zu besorgen, so dass Ines sich ausgenutzt fühlt. Ines kann ihre Sicht der Dinge nicht thematisieren, sondern agiert so, wie sie es gar nicht will und »plaudert nett«.

Für Ines gehören Pädagogik und Distanz zusammen. Von beiden gibt es in diesem Fall zu wenig: Zu wenig Distanz macht ein Defizit an Pädagogik und macht, dass sie sich ausgenutzt fühlt. Umgekehrt heißt das – wenn sie mehr Distanz gehabt hätte, hätte sie pädagogisch mit Maren umgehen können, hätte sich in diesen Situationen nicht ausnutzen lassen – so ihre Konstruktion. Damit macht Ines ein widersprüchliches Verhältnis zum Zusammenhang von Pädagogik, Gefühl und Distanz deutlich. Für sie ist ihr Gefühl einerseits ein Indiz für gelungene oder misslungene pädagogische Situationen – andererseits setzt sie gerade die Distanz von Gefühlen gleich mit pädagogischer Professionalität. Distanz *soll* das Mittel sein, das ihr schlechtes Gefühl verhindert. Konfrontiert ist sie damit, dass ihr schlechtes Gefühl eine professionelle Distanz zu dem, was passiert, unmöglich macht.

Ines schreibt, dass sie sich »im nachhinein« ausgenutzt gefühlt hat. Damit drückt sie die Ungleichzeitigkeit ihrer Wahrnehmung aus: In den Situationen mit Maren fühlt sie sich diffus schlecht, erst »im nachhinein« kann sie präziser das Gefühl als »ausgenutzt worden sein« formulieren. Dieses Phänomen taucht wiederholt auf: »Ich habe das, als ich da war aber nicht thematisiert« und »sie hat mich (...) geschockt und gelähmt«, auch: »ich habe im Grunde nur auf sie reagiert« und »Maren übernahm die Regie«. Die Äußerungen beschreiben, dass sie im Kontakt mit Maren nichts aktiv tun konnte.

Zur Markierung von solchen »double-bind«-Situationen verwendet Ines ein mysteriöses »das«, das in den entsprechenden Sätzen an zentraler Stelle auftaucht: »ich habe das (...) nicht thematisiert«, »das hätte sie abgestritten«, »trotzdem hätte ich das klären müssen«. Streng textlogisch bezieht sich dieses »das« auf »irgendwie war klar, sie will mich da haben«. Bezogen auf inhaltliche Reflexionen steht »das« darüber hinaus für all das, worüber sie mit Maren sprechen müsste, »das«, was sie bewegt. Dieses »das« ist so komplex und verworren, dass jede Konkretisierung zu kurz greifen würde. So bleibt Ines bei einem »das« als großem unbestimmten Symbol aller ihrer Ambivalenzen zu Maren.

Ines setzt Kommata nicht nach Interpunktionsregeln, sondern intuitiv. Deshalb sind sie interpretierbar. Ihre Interpunktion verweist ganz direkt auf ihren gedanklichen und emotionalen Prozess. Sie setzt ein Komma, wenn *sie* etwas trennen will; z.B. »Ich habe während des Cafédienstes, ihr die Medizin gebracht.« Dieses Komma ist Ausdruck davon, dass Ines diese Dinge eigentlich voneinander abtrennen will. »Ich während des Cafédienstes« gehört offenbar zusammen, benennt ihre Zuständigkeit. Sie setzt ein Komma vor »ihr die Medizin gebracht«, trennt das ab, was sie nicht wollte, was sie als Zumutung empfindet. Ein weiteres Beispiel für aufschlussreiche Zeichensetzung ist die Verknüpfung von zwei Sätzen, in denen Ines extrem unterschiedliche Gesprächssituationen mit Maren erinnert: »nett geplaudert« und »Horrorgeschichten«. Nettes und Horror schließen für sie offenbar fließend aneinander an. Das Gemeinsame beider Situationen in Ines' Erleben ist, dass egal ob nett geplaudert oder Horror erzählt wird, innerlich für sie immer noch ein anderer Film abläuft: Eigentlich will sie anders reagieren, als sie das real tut, also entweder ernsthaft reden statt plaudern oder Maren aus dem »Horror« heraushelfen statt gelähmt sein.

Im Folgenden macht Ines ihr ehrliches Bedauern darüber deutlich, Maren nicht zu verstehen, ihr deshalb nicht nah sein zu können: »ich hatte oft das Gefühl (...), bin so weit weg von ihr (...), ich hörte erstaunt zu«. Sie mag Maren. Deshalb kann sie es schlecht aushalten, wenn sie sich von ihr gebannt fühlt, »gelähmt und geschockt« ist, also im Kontakt nicht agieren, sondern nur reagieren kann. Auf der normativen Ebene sucht sie nach »objektiven« Ursachen für das Misslingen dieser Interaktion und findet sie in ihrer Mittelschichtsozialisation. Dies bringt sie von der Wahrnehmung ihrer gefühlsmäßigen Verstrickung mit Maren weg. Der Versuch einer soziologischen Analyse geht schief. Einerseits deutet sie mit ihrer Formulierung »ich mit meiner Mittelschichtsozialisation« ein politisches Bewusstsein an, das sich der Schichtproblematik als sozialem Unrecht bewusst ist, andererseits merkt sie, dass ihr dieses Verständnis und Wohlwollen nichts nützt. Im Versuch der Bearbeitung wendet sie ihre Distanz zu Maren theoretisch positiv als Hilfe, um Marens belastete Lebenssituation pädagogisch zu klären. Aber da macht Maren nicht mit, sie kehrt die Konstruktion um: »sie war die Erfahrene, und ich hörte erstaunt zu«. Die Argumentation ist widersprüchlich: Einerseits signalisiert Ines ein antihierarchisches politisches Verständnis, indem sie ihre Mittelschichtsozialisation fast als persönlichen Makel einführt, andererseits empfindet sie es als Umkehrung der Verhältnisse, wenn Maren die »Erfahrene« ist, sie nur noch zuhören kann. Eigentlich geht sie davon aus, dass sie mit ihrem Wissensvorsprung beanspruchen kann, dass ihr zugehört wird. So ärgert sie sich im Grunde darüber, dass eine linke politische Sozialisation es ihr noch zusätzlich schwer macht, sich direkt und persönlich bei Maren durchzusetzen.

Ines springt in diesem Abschnitt zwischen emotionalen und rationalen Ebenen hin und her: vom Gefühl zur Mittelschichtsozialisation, vom Bedauern, so weit weg von Maren zu sein, zur Reflexion ihrer professionellen Rolle, von dieser zum Kontakt mit Maren, wie sie ihn erlebt hat. Dabei wirken die Rationalisierungen steif und angestrengt formuliert, ihre emotionalen Äußerungen authentisch. Ines ist innerlich verstrickt, fühlt sich ausgebeutet. Das wirft sie Maren einerseits implizit vor, andererseits wirft sie sich selbst mangelnde pädagogische Kompetenz im Sinne von Distanzlosigkeit vor. Diese hätte sie gebraucht, um »positive Zukunftsphantasien« mit Maren entwickeln zu können. Ines zitiert ihre »Mittelschichtsozialisation«, um ihre Abgrenzungsprobleme zu begründen, entwirft einen pädagogischen Plan in drei Spiegelstrichen, um damit klären zu können, was sie (= Maren) will. Hier macht sie ihre einzige Unterstreichung im Text: »klären, was *sie* will«. Dies aber wirkt paradox nach der eindrücklichen Schilderung Ines' eigener Verwirrung und Verstrickung.

Das Thema, an dem Ines sich argumentativ abarbeitet, ist: »wer ist schuld, dass der Kontakt so komplett schief geht?« Maren, weil sie Ines benutzt, oder Ines selbst, weil sie ihre Pädagoginnenrolle nicht klar hat? Sie bringt Argumente für beide Seiten. Für Marens »Schuld« führt sie ihr Kalkül auf Ines' Hilfsbereitschaft an, die unfeine Art der Auseinandersetzung, ihre Taktik, mit Horrorgeschichten zu schocken. Als ihre eigene »Schuld« bezeichnet sie: »mir fehlte die nötige Distanz«; »ich hätte die Medizin bringen lassen können«; »ich habe das aber nicht thematisiert«; »trotzdem hätte ich das klären müssen«; »ich konnte mich nicht abgrenzen«. Ines entscheidet sich für keine der beiden Schuldzuschreibungen; sie bleibt sauer auf Maren und hält gleichzeitig daran fest, was sie selbst hätte anders machen müssen. Die einzigen Ansätze von Distanzierungen von ihrer emotionalen Verstrickung sind diese nüchtern konstatierenden Sätze, die sagen: » – so und nicht anders war es.« – und die nicht mehr hadern: »Irgendwie war klar, sie will mich da haben«; »ich habe im Grunde nur auf sie reagiert«; »es war ein Spiel, in dem wir unsere Rollen spielten«.

In der Passage formuliert Ines ihre Eigentheorie der Rolle und Aufgabe einer Pädagogin. Sie entwickelt dies vor dem Hintergrund des Erlebens ihres eigenen Unvermögens negativ als das, was sie in der Beziehung zu Maren nicht kann. Zentral setzt sie dabei das Vermögen, sich abzugrenzen. Es ist notwendig, um sagen zu können, was die Pädagogin geben und wobei sie helfen kann und was gut für das Mädchen wäre. Abgegrenzt kann sie bestimmte Dinge klar benennen, um dann in der Lage zu sein, mit einem Mädchen zu klären, was *sie* will. Ines sagt nicht, wovon Abgrenzung nötig ist. Im Kontext ihrer Geschichte kann sie sich nicht von Marens Interessen in gemeinsamen Situationen abgrenzen. Sie wird hineingezogen in eine Interaktion, die sie so nicht will. Die Fähigkeit zu Abgrenzung setzt sie als Voraussetzung für pädagogisches Handeln. Sie konstruiert ein Bedingungsgefüge zwischen Abgrenzung, Klärung der eigenen professionellen Kapazität, Einschätzung der Lage des Mädchens und Klärung dessen, was das Mädchen will. Das Ziel pädagogischer Bemühungen ist, mit Mädchen zu klären, was sie wollen; dafür ist es notwendig, dass die Pädagogin sich bewusst darüber ist, was sie selber für das Mädchen tun kann und wie sie die Lage des Mädchens einschätzt. Ines überspringt in ihrem pädagogischen Konzept ihr eigentliches Problem mit Maren: Sie ist persönlich betroffen von Gefühlen wie Ärger, Sympathie, Verletzung, sie ist nicht abgegrenzt. Die Frage, wie kann Abgrenzung passieren, wodurch wird sie möglich, bleibt offen.

Art und Form von Ines' Reflexion über ihr Problem mit Maren spiegeln ihre Verstrickung. Sie kann benennen, was wie passiert, bleibt aber in ihren widersprüchlichen Gefühlen verhaftet, indem sie versucht, sie mit pädagogisch-normativen Argumenten umzudeuten.

Alle diese Überlegungen bringen sie von ihrem eigenen Problem mit Maren weg. Sie drehen den Umstand, dass sie selbst nicht weiß, wie sie mit Maren umgehen soll, pädagogisch um: Pädagogisch sei zu klären, was Maren will. Im nächsten und gleichzeitig letzten Satz springt Ines von dieser pädagogisch-normativen auf die reale Ebene, auf der sie sehr wohl weiß, dass Maren ihre Rolle in der gemeinsamen Interaktion klar hat, »Regie führt«, also genau weiß, was sie will. Für Ines hat Pädagogik die Funktion von neutralem Gebiet, auf das sie sich retten will, weil sie ihre Gefühle von Ärger und Zuneigung nicht ausagieren kann. Entweder, weil dies in ihrem pädagogischen Selbstverständnis nicht vorkommt, oder weil sie eine offene Konfrontation mit Maren scheut.

7. Wie sehen Mädchen den Mädchentreff? Auswertung der Mädchen-Interviews

Die Ergebnisse beziehen sich auf 13 Leitfadeninterviews mit (sieben) aktuellen und (sechs) ehemaligen Besucherinnen des Mädchentreffs. Die Interviewzeit betrug zwischen 25 und 60 Minuten, die Gespräche fanden alle bis auf eins im Mädchentreff statt (zur Durchführung siehe auch 2.2).

Angaben zur Population:

a) *Alter:* 15 - 32 Jahre, davon ist/sind:
ein Mädchen 15 Jahre alt
ein Mädchen 16 Jahre alt
vier Mädchen 17 Jahre alt
drei Mädchen 18 Jahre alt
eine junge Frau 19 Jahre alt
eine junge Frau 21 Jahre alt
eine junge Frau 24 Jahre alt
eine junge Frau 32 Jahre alt

b) *Ausbildung/Beruf:* sechs Schülerinnen,
davon: eine Gymnasiastin
zwei Realschülerinnen
eine Abendrealschülerin
zwei Laborschülerinnen (Laborschule = Versuchsschule des Landes Nordrhein-Westfalen)
außerdem: zwei erwerbslose junge Frauen mit Sonderschulabschluss
zwei Arbeiterinnen (Fleischverarbeitung und Kosmetikherstellung)
zwei Auszubildende (Maschinenschlosserin und Landschaftsgärtnerin)

c) *soziale Herkunft:* vier Mädchen kommen aus dem »Bildungsbürgertum«
vier Mädchen aus der Arbeiterschicht
drei Mädchen haben »angestellte« Mütter bzw. Väter
zwei Mädchen leben bei ihren nicht mehr berufstätigen Großmüttern

d) *sexuelle Orientierung:* vier Mädchen fühlen lesbisch, neun heterosexuell

e) *Handicaps:* ein Mädchen ist Rollifahrerin, zwölf Mädchen haben keine auffälligen Handicaps
f) *Ethnizität:* drei Mädchen sind Kurdinnen, zehn Mädchen sind Deutsche.

Der Leitfaden der problemzentrierten Interviews (Witzel 1985; siehe auch 2.2) fragt die Mädchen danach:

- wie es war, als sie das erste Mal im Mädchentreff waren;
- was in ihrem Leben passiert ist, seit sie in den Mädchentreff kommen, z.B. in Bezug auf Schule/Ausbildung, zu Hause, Hobbies, Liebe/Freundschaft;
- was sie im Mädchentreff machen;
- wie sie es finden, dass im Mädchentreff keine Jungen sind;
- wie sie die Pädagoginnen erleben.

7.1 Was bedeutet der Mädchentreff für Mädchen?

Im Folgenden werden ergebnisorientiert die Themen ausgeführt, mit denen die Mädchen in den Interviews beschreiben, welche Bedeutung der Mädchentreff für sie hat. Die Zahlenangaben zu den Zitaten beziehen sich auf die Zeile im Transkript.

7.1.1 Mädchentreff heißt Freiraum

Ein Ergebnis der Interviews mit den Mädchen ist, dass der Mädchentreff für sie die Bedeutung eines Freiraumes hat. Er ist Freiraum *von* bestimmten Belastungen und Freiraum *für* Ausgelassenheit und abschalten-können.

> S.: »Ich habe Schule gemacht, Stress zu Hause gehabt. Deswegen bin ich eigentlich immer nur hier hingekommen, um meinen Vater nicht zu sehen. Ich habe mich dann hier immer total wohl gefühlt. Kaum war ich zu Hause, war es total doof. Also ich bin dann meist hier hingekommen, um wenigstens etwas Spaß zu haben, mich so zu amüsieren.« (Sandra 308-313)

Die Belastungen beschreiben die Mädchen als: vom Vater eingesperrt und kontrolliert werden, zu Hause die vernünftige große Schwester sein müssen, sich als Kurdin in einer unlebendigen und ernsten Kultur zu bewegen, in der Klasse ausgegrenzt werden, von der Mutter Druck und Gleichgültigkeit erfahren, sexuellen Kontakt mit Jungen haben zu sollen, arbeitslos zu Hause bei den Eltern sein. Die Qualität des Freiraums liegt für die Mädchen zunächst einfach darin, dass im Mädchentreff von ihnen *nicht* erwartet wird, dass sie hausarbeiten, dass sie angepasst im Sinne von nett zu Müttern, Klassenkameradinnen und Klassenkameraden, zu Jungen oder dem Arbeitsamt sein müssen. Sie sagen, dass sie im Mädchentreff »mal ein bisschen Spaß haben« und abschalten können, dass sie als kurdische Mädchen Lebendigkeit mit anderen Mädchen erleben, die sie sonst in der deutschen Kultur vermissen, dass sich dort erwachsene Frauen für sie interessieren und nicht nur Druck machen, dass sie ohne Jungen Sachen besprechen können, dass Mädchen im Mittelpunkt stehen, die sonst neben Jungen überhaupt keine Chance hätten. Sie sagen, dass sie akzeptiert und gemocht werden wie sie sind.

> T.: »... ich hatte keine anderen Freundinnen. Ich hatte eigentlich schon andere, aber die wollten eigentlich nichts so mit mir zu tun haben, weil die Klassengemeinschaft, also da fühlte ich mich eigentlich auch immer ziemlich ausgesperrt. Also hier es ganz anders gewesen. Da konnte man alles sagen. Hier haben sie einen akzeptiert, nicht so wie in den anderen Bereichen. Da kam ich mir ziemlich leer vor, wenn ich woanders war. Und hier wurde man für voll genommen. Hier war es einfach, die Atmosphäre war super, man hat sich so super verstanden. Das war ein Ort, da konnte man immer hingehen, außer das Wochenende halt. Das hat einen aufgebaut. Man wusste, man kann da hingehen und die verstehen einen dann wahrscheinlich auch, kennen sich da ja schon mit aus, können vielleicht auch 'nen Ratschlag geben, vielleicht geht's dann besser und so.« (Tanja, 423-436)

> Y.: »... z.B. Mädchen, die in ihrer Umwelt kaltgestellt sind. Zum Beispiel Bärbel, die ist auch so eine gewesen, die hat sich nicht durchgesetzt. Aber für den Mädchentreff war sie voll da, hat sich eingesetzt und ist im Mittelpunkt gewesen. Und in ihrer Umwelt war sie nicht da. Zum Beispiel, ich konnte ja mit meiner Umwelt umgehen, aber sie nicht. Wenn hier jetzt auch Jungs gekommen wären, dann denke ich mir, wär sie ab und zu mal gekommen, aber wie sie da im Mittelpunkt war, das hätte sie nicht gekriegt. Und das war wichtig für Mädchen.« (Yasemin, 859- 868)

Diese Aussagen werden von den Mädchen auf der Grundlage von Lebenserfahrungen getroffen, die von geschlechtspezifischem Konformitätsdruck geprägt sind. Sie bilden ab, was Brown/Gilligan (1994) in ihrer Studie zu Mädchen und Adoleszenz als die herrschende kulturelle Haltung Mädchen gegenüber beschreiben: Mädchen sollen stets die Erwartungen anderer an sie erfüllen, Mädchen sollen *nett* sein. Und was nett ist, definieren andere, nicht Mädchen selbst. So soll Suna nicht laut und lustig in der Straßenbahn sein. Sandra soll als Hausmädchen für ihren Vater zur Verfügung stehen. Tanja soll in der Klasse nicht so zickig sein und sich auch mit Jungen abgeben. Bärbel soll Jobs annehmen, für die sie ungeeignet ist und die in ihr Widerwillen hervorrufen. Bettina soll die Vorstellung ihrer Mutter von einem netten Beruf erfüllen.

Vor diesem Hintergrund wird deutlich, dass die Mädchen es als besonders und ungewöhnlich zu schätzen wissen, wenn ihnen mit einer Haltung begegnet wird, die das aufnimmt und ernst nimmt, was sie mitbringen, und ihnen dafür Entfaltungsmöglichkeiten bietet. Offene Mädchenarbeit als mädchenbezogene Geselligkeit und Kultur ist neu: Mädchen haben Raum, sich zu treffen, ohne etwas lernen zu müssen, ohne sich mit Problemen beschäftigen zu müssen und sie können kommen und gehen, wann sie wollen.

7.1.2 Mädchentreff heißt: Parteiliche Hilfe

Viele Mädchen berichten, dass der Mädchentreff für sie ein Ort parteilicher Hilfe ist, dass sie hier Unterstützung in großen persönlichen Krisen erhalten haben. Dabei machen sie deutlich, dass sie es als keineswegs selbstverständlich erleben, dass Menschen in ihrem Umfeld sich parteilich auf die Seite von Mädchen stellen. Wenn Mädchen aus der Rolle fallen, Fehler machen, werden sie scharf kritisiert und das im Vergleich zur Kritik an Jungen mit einer anderen Qualität. Jungen wird in unserer Kultur eher zugestanden, Fehler zu machen, als Mädchen. Mädchen sollen brav und unauffällig sein, keine Fehler machen, den Erwartungen anderer an sie entsprechen – sind sie dies alles nicht, gelten sie als »unmöglich«.

All das spiegelt sich in den Aussagen der Mädchen, wenn sie die Qualität der erfahrenen Hilfe im Mädchentreff reflektieren. Sie empfinden es als besonders, wenn ihre Interessen gegenüber anderen verteidigt werden, wenn sie bei der Bewältigung von Fehlern unterstützt werden, wenn versucht wird, der Realisierung ihrer Interessen Raum zu geben.

Yasemin hat ein anderes Mädchen auf einer Klassenfahrt so verprügelt, dass es ins Krankenhaus kam. Als Strafe musste sie mehrere Wochenenden im Gefängnis verbringen. Dabei wurde sie von einer Pädagogin begleitet. So konnte sie ihr Tun verarbeiten:

> Y.: »Da musste ich ja 'ne Jugendstrafe am Wochenende und damals hat sie mir sehr geholfen. Das werde ich auch nie vergessen. (...) Ich denke mir, guck' mal, du bist so'n normaler Mensch und dass du in so einen Fehler, in so ein Tief kommen kannst. Für mich ist das eine sehr große Erfahrung gewesen, wie man so zum Beispiel, guck' mal, ich weiß ja nicht, was morgen mit mir passiert, ich kann auch sofort in so einer Tiefe stecken, dass ich auf die Straße kippe. (...) Das war für mich so ein tiefes Loch gewesen. Und für mich war das ein Grund, diese ganze Überlegung, guck' mal, was da dran-

kommt, und wenn ich dann denke, ich wäre damals, wenn ich Rebecca nicht hätte, hätte ich bestimmt mehr tiefgehen können. Diese Drohung, Selbstmordversuch oder was, wie kannst du sowas machen?« (Yasemin 130-134 u. 215-231)

Bettina ist nach ihrem Hauptschulabschluss in dem Dilemma, dass sie eine Ausbildung anfangen soll, selbst jedoch noch gar keine Berufsentscheidung getroffen hat. Daher hat sie Angst, eine falsche Wahl zu treffen. Eigentlich braucht sie eine individuelle Berufsorientierungszeit. So etwas aber ist gesellschaftlich nicht vorgesehen, daher entwickelt eine Pädagogin mit ihr ein Konzept für eine einjährige Berufsfindung mit Phasen von Beratung sowie unterschiedlichen selbstgewählten Praktika. Der Freiraum für diese individuelle, selbstorganisierte Lösung wird durch die Bescheinigung einer Einrichtung für Kinder über ein einjähriges Vorpraktikum geschaffen, so dass dem Arbeitsamt gegenüber ein offizieller Status als auszubildende Erzieherin sichergestellt ist. Das Ergebnis dieses Projektes ist ein Ausbildungsplatz im Garten- und Landschaftsbau.

B.: »..... überhaupt, durch die ganze Sache halt, dass wir so was gemacht haben, weil das ist ja so, das macht ja auch nicht jeder, und: musst ja auch viel machen, von wegen Bewerbungen und dann bin ich halt zum Vorstellungsgespräch gegangen und so. Danach, ja so: jetzt habe ich 'nen Job, fertig. Jetzt kann mir ja keiner mehr was antun, so ungefähr. Das stärkt dann doch total das Selbstbewusstsein, finde ich.« (Bettina 352-359)

7.1.3 Es ist nicht leicht für Mädchen, in den Mädchentreff zu gehen

Die Mädchen beschreiben, dass es nicht als selbstverständlich für Mädchen gilt, in den Mädchentreff zu kommen. Hürden liegen zum einen in den Vorannahmen der Mädchen, bevor sie den Mädchentreff kannten, zum anderen in der Schwierigkeit, dass sie vor anderen rechtfertigen müssen, dass sie dort hingehen und warum ihnen der Mädchentreff wichtig ist.

Viele Mädchen erzählen, dass ihnen mit Unverständnis begegnet wird, wenn sie sagen, dass sie in den Mädchentreff gehen:

L.: »Das habe ich auch schon erlebt, also in meinem Sportkurs oder Sportverein, wenn ich erzählt habe: ja, in meinem Jugendzentrum oder Jugendtreff, also ich sage halt immer: Jugendzentrum oder Jugendtreff, weil ich das halt schon öfter erlebt habe, dass die mich schräg angucken, wenn ich sage: Mädchentreff, da sind nur Mädchen. Und da wollten halt welche wissen, wo das ist und wie das heißt, der Jugendtreff. Und da habe ich das einem Mädchen halt erzählt: ja, das heißt »Mädchentreff«, da sind halt nur Mädchen, da sind keine Jungen und so. Da haben die mich angeguckt und haben gefragt: ist das nicht langweilig? Und ein anderer Junge, der hat das mitgekriegt, der stand in der Nähe von uns, als wir uns darüber unterhalten haben, der hat mich dann auch so angeguckt und hat dann auch gefragt: wenn da nur Mädchen sind, ist das nicht langweilig und so, oder sind die alle andersrum? Da musste ich auch erstmal grinsen und habe gedacht: tja, ja.«

U.: »Was hast du denn da gesagt?«

L.: »Da habe ich halt gesagt: ja, da sind nur Mädchen. Also gesagt: es sind nur Mädchen. Und da wollte er noch wissen: und was macht ihr da so die ganze Zeit? Als würde er wissen wollen, so was kann man denn schon anderes tun alleine als Mädchen, ich meine, wenn die Jungs nicht da sind eben. Das ist ja total langweilig und überhaupt. Weiß ich nicht, da habe ich gesagt: wir trinken Tee, wir labern, wir quatschen, ab und zu unternehmen wir mal was. Da habe ich halt so Sachen davon erzählt. Ja, hat er auch nichts weiter zu gesagt dann. Hat nur »aha« gesagt. Habe ich aber auch nicht nur einmal erlebt, sondern öfter.« (Lilly 599-627)

Hier wird deutlich, wie zum einen die Vorbehalte von Mädchen selbst gegenüber einem Mädchentreff aussehen, zum anderen, wie das soziale Umfeld auf Mädchen reagiert, die einen Mädchentreff besuchen. Auf Seiten der Mädchen gibt es zwei gegensätzliche Haltungen; entweder gilt der Mädchentreff bei ihnen als zu wenig feministisch und brav oder als zu feministisch und männerfeindlich. Hier projizieren sie direkt ihr Selbstbild von sich als Mädchen: Sie begreifen sich als selbstbewusst entweder in dem Sinne, dass sie ohne Jungen ihre eigenen Sachen mit Mädchen machen, oder in dem Sinne, dass sie eine bewusste Mädchensolidarität Jungen gegenüber nicht nötig haben.

Ein Mädchentreff provoziert eine Stellungnahme zum Geschlechterverhältnis, weil er eine Kategorie Geschlecht ganz explizit macht: »Mädchen«. Warum ein extra Mädchentreff in einer Gesellschaft, die von der Gleichberechtigung ausgeht und getrenntgeschlechtliche Einrichtungen als überholt ansieht? Ein Mädchentreff ist mit der feministischen Begründung für sein geschlechtshomogenes Konzept immer auch eine Kritik am bestehenden Geschlechterverhältnis. Insofern ist die Reaktion von Lillys Sportkollegen typisch: Er fragt erst skeptisch nachsichtig, ob sie das nötig hat, in einen Mädchentreff zu gehen, und dann, wenn deutlich wird, dass es darum nicht geht, fragt er offen unwissend, was sie denn da tut. Sozialpädagogik speziell für Mädchen ist traditionell für »arme« Mädchen – defizitär unterstützend. Mädchenpädagogik als eigenständige und spannende Veranstaltung ist unbekannt. Mädchenräume gelten in unserer Kultur nach wie vor als defizitär. Das Defizit bezieht sich zum einen auf die Situation selbst, es besteht im Mangel an Jungen. Es existiert eine Art black box: »Was machen Mädchen denn so ohne Jungen?« Geselligkeit, Spaß, interessante und relevante Kontakte können nur gemischtgeschlechtlich gedacht werden, genauer: Jungen sind dafür als Anwesende notwendig. Jungen allein gelten nicht als »allein«. Gesellige Situationen mit Jungen sind mit Attributen wie interessant, spannend, wichtig, richtig belegt. Entsprechend werden gesellige Mädchensituationen als langweilig, unvollständig, vorläufig, nicht wichtig und nicht richtig bezeichnet. Für Mädchen ist es schwer, sich dem herrschenden Bild vom Mädchen, das nur stark und akzeptiert ist, wenn es sich auf Jungen bezieht, entgegenzustellen.

Lilly beschreibt, dass sie taktisch mit solchen Situationen umgeht. Sie schätzt ein, wie wichtig ihr die Person ist, um dann zu entscheiden, ob sie sich ernsthaft erklärt, ob sie das Absurde der Frage deutlich macht und das Gegenüber »vorführt« oder ob sie gleich vom Mädchentreff als Jugendzentrum spricht, weil sie zu aufwendige oder sinnlose Erklärungsarbeit erwartet.

Wenn Mädchen in den Mädchentreff gehen, müssen sie sich mit dem kulturellen Status von Mädchen in dieser Gesellschaft auseinander setzen. Ein Mädchentreff ist eine »kulturkritische« pädagogische Einrichtung, die Mädchen eine eigene Kultur einräumen will, neben einer von Jungen dominierten Jugendkultur. Ein Mädchentreff sagt: Darauf haben Mädchen ein Recht. Er sagt nicht: Das haben Mädchen nötig. Auf diesem Hintergrund reflektieren die Mädchen ihr Selbstbild, wenn sie den Mädchentreff aufsuchen, und sie müssen von außen provoziert Stellung beziehen. Das macht die Hürde für den Besuch des Mädchentreffs als offene Freizeit- und Kultureinrichtung sehr hoch.

7.2 Mädchen und Pädagoginnen: Beziehungsmuster

Die Beziehung zwischen Pädagoginnen und Mädchen ist die zentrale Fragestellung der Untersuchung. Im Folgenden werden nun Passagen aus den Interviews vorgestellt, in denen die Mädchen ausführlich über die Pädagoginnen sprechen.

Die Auswertung der Interviewpassagen orientiert sich heuristisch an dem zur Interpretation der pädagogischen Geschichten eingesetzten Analyseverfahren der strukturellen Beschreibung. Die originäre Anwendung dieser Methode bezieht sich auf autobiografische Stegreiferzählungen, so dass sie hier, als Verfahren der Interpretation von im Rahmen eines Interviews erzählten Situationen und Ereignissen, als valide gelten kann (vgl. Schütze 1976). Die Durchführung der Analyse richtet den Focus zunächst auf formale Aspekte des Aufzeigeverhaltens im Interview, d.h. auf die Art und

Weise, wie die Mädchen ihre Mitteilungen machen, um diese dann mit inhaltlichen Konvergenzen oder Divergenzen zu verbinden; im Kapitel 6.1 ist der Prozess ausführlich dargelegt. Auf der Basis dieses sensibilisierenden Konzeptes wurde eine Satz-für-Satz-Analyse einschlägiger Passagen durchgeführt.

Im Falle des Interviews 7.2.3 »Bärbel« wurden aufgrund der aufschlussreichen Gesprächsdynamik ergänzend Perspektiven der Konversationsanalyse eingenommen (vgl. Kallmeyer/Schütze 1977).

Die Aussagen der Mädchen betreffen sehr unterschiedliche Dimensionen ihres Kontaktes mit den Pädagoginnen. Es geht um Kritik am Verhalten der Pädagoginnen (Judith, Carola), um ein Modell pädagogischer Beziehung (Susanne), um die Erinnerung an positive Unterstützung (Bärbel) und um die Pädagoginnen als Hausherrinnen im Mädchentreff. Die Analysen der Interviewpassagen beziehen mein Kontextwissen über die Mädchen mit ein, so dass über den thematischen Bezug hinaus sehr unterschiedliche Mädchenportraits sichtbar werden.

7.2.1 Judith: »Es war so die Pflicht, sich selbst zu behaupten ...«

Judith ist 17 Jahre alt, Gymnasiastin und zur Zeit des Interviews kommt sie nicht mehr regelmäßig in den Mädchentreff.

Sie hat sich viel über emanzenhaftes schwarz-weiß Denken mit den Mädchen und den Pädagoginnen gestritten: »Über dieses ja manchmal *zu* Emanzipierte und Feministische eben.« Im Moment stört sie im Mädchentreff: »... überhaupt dies ganze negative Bild, was man da vom Mann hat eben.«

Bis vor einem halben Jahr war Judith engagiert und begeistert bei den Themen und Angeboten im Mädchentreff: Stepptanz, Fotowerkstatt, Solartechnik, Literaturkreis. Aber am wichtigsten war für sie das Zusammensein mit den geselligen, witzigen, streitlustigen, neugierigen und ernsthaften Mädchen im Café. An die erinnert sie sich gern, als sie zum Interview in den Mädchentreff kommt.

> J.: »Also Anke hat mich irgendwie immer fasziniert, ich weiß auch nicht [lacht], warum. Die war zwar teilweise manchmal absolut nervig und überdreht und so, war ein bisschen schwierig, sie um sich zu haben, aber oft war sie auch ganz interessant. Ich find' sie interessant, so weil sie eben, ich weiß gar nicht, warum. Weiß nicht, auch die Freundschaften, die hier so sind, z.B. auch die Freundschaft von Anke und Carola. Das finde ich auch irgendwie faszinierend. Ich weiß nicht, weil die auch oft Diskussionen gehabt

haben, so vielleicht schon so Streitgespräche, und die hier einfach so ausgetragen haben.« (Judith, 700-709)

In der folgenden Passage erzählt Judith, wie sie ihren ersten Besuch im Mädchentreff erlebt hat.

> J.: »Ich bin mit 'ner Freundin da hingekommen, also mit Cecilia, und, ja die hat mich erstmal vorgestellt bei den Pädagoginnen. Ja, und die haben mich dann eben mehr oder weniger ausgefragt, so'n bisschen, was ich mache in meiner Freizeit. Und da habe ich erzählt, dass ich Handball spiele. Und dann war es ein bisschen seltsam, weil dann kam eben gleich die Frage: ›Kannst du gut Handball spielen?‹ Ja, und weiß ich auch nicht mehr. Dann hatte ich so das Gefühl, dass es so die Pflicht war zu sagen: ja, ich kann gut Handball spielen, um sich so'n bisschen selbst zu behaupten.«

In der folgenden Satz-für-Satz-Analyse wird beispielhaft deutlich, wie Mädchen die Paradoxie einer feministischen »Selbstbestimmungs-Pädagogik« erleben.

> »Ich bin mit 'ner Freundin da hingekommen, also mit Cecilia ...«

Judith sagt »da hin«, nicht »hierhin«, obwohl wir uns im Mädchentreff befinden. Sie drückt ihre Distanz zur Situation damals und zum »Mädchentreff damals« aus. Darüber hinaus macht sie die Aussage, dass sie mit ihrer Freundin Cecilia gekommen ist.

> »... und, ja die hat mich erstmal vorgestellt bei den Pädagoginnen.«

Sie erzählt weiter, wofür Cecilia wichtig war: für die Vorstellung bei den Pädagoginnen. Judith betont »Pädagoginnen« ganz stark, zieht das »o« von »Pädag<u>o</u>ginnen« ganz lang, es klingt ein bisschen ironisch, sie werden als wichtige Darstellerinnen eingeführt. »Erstmal« wird sie vorgestellt – bevor ...? Vielleicht bevor sie andere Mädchen trifft oder sich selbst umschauen kann? Das bedeutet: »– an den Pädagoginnen kommst du nicht vorbei!« Es gibt einen formellen Einstieg in den Mädchentreff, eine offizielle Vorstellung bei den Pädagoginnen, offensichtlich den Hausherrinnen.

> »Ja, und die haben mich dann eben mehr oder weniger ausgefragt, so'n bisschen, was ich mache in meiner Freizeit. Und da habe ich erzählt, dass ich Handball spiele.«

Judith erzählt weiter, was ihr mit den Pädagoginnen passiert. Sie wird »ausgefragt«. Das klingt nach Verhör, unangenehm. Es ist eine Zumutung, so behandelt zu werden. Diese Zumutung schwächt sie etwas ab: »mehr oder weniger«. Aber sie wird dennoch tatsächlich ausgefragt wie bei einer Prüfung – was wollen sie wissen? Eigentlich harmlos, »was ich in der Freizeit mache«; Judith erzählt, sie lässt sich ausfragen, sie gibt die geforderte Information über sich – sie spielt Handball in ihrer Freizeit.

> »Und dann war es ein bisschen seltsam, weil dann kam eben gleich die Frage: ›Kannst du gut Handball spielen?‹«

Judith charakterisiert die Situation als »ein bisschen seltsam« und erklärt das »Seltsame« damit, dass die Prüfung weitergeht bzw. offensichtlich wird. Sie muss beantworten, ob sie auch »gut« spielt. Judith verlässt die Ebene der reinen Beschreibung und geht auf die Ebene von Bewertung. Sie sagt, wie sie die Begegnung im Mädchentreff mit den Pädagoginnen fand: »ein bisschen seltsam«. Das ist die Eröffnung für die Schilderung einer für sie bemerkenswerten Interaktion. »Bisschen« ist ein abschwächendes Wort, das für Judith die Funktion hat, das Vorbringen von Kritik zu erleichtern. »Ein bisschen seltsam« – was bedeutet das Wort »seltsam«: etwas Seltenes, das Befremden, Irritation, Stutzen auslöst; etwas Seltsames ist nicht komplett fremd oder neu, sondern es verknüpft Bekanntes auf unerwartete, wunderliche Weise; »seltsam« enthält ein Element von persönlicher Abwehr, stellt Bekanntes in Frage; mit »seltsam« ist kein abschließendes Urteil getroffen; es drückt eine leicht negative, aber noch nicht fertige Meinung aus; etwas »Seltsames« kann auch Neugier produzieren. All das schwingt in den Ausführungen mit. Sie weiß nicht, wie sie das Verhalten der Pädagoginnen finden soll.

»Weil dann kam eben gleich die Frage: ›Kannst du gut Handball spielen?‹« – »gleich« ist eine Begründung für das Prädikat »seltsam«: »gleich«, bevor die Pädagoginnen etwas anderes taten oder sagten, fragten sie Judith; »gleich«, als wenn sie diese Frage schon die ganze Zeit im Hintergrund gehabt hätten. Bei der Frage, die sie in wörtlicher Rede wiedergibt, ist für Judith das Wort »gut« entscheidend – kaum ist sie im Mädchentreff angekommen, wird sie »gleich« nach ihrer Leistung gefragt. Das befremdet sie.

> »Ja, und weiß ich auch nicht mehr. Dann hatte ich so das Gefühl, dass es so die Pflicht war zu sagen: ja, ich kann gut Handball spielen, um sich so'n bisschen selbst zu behaupten.«

Judith setzt an, weiter zu erzählen, »weiß dann auch nicht mehr«, weicht der Situation, die sie kritisiert, kurz aus, kehrt dann doch zu der »seltsamen« Frage zurück und erläutert ihr Gefühl dazu: »Es war die Pflicht zu sagen: ja, ich kann gut Handball spielen«. Sie empfindet den Druck, etwas Bestimmtes auf eine Frage zu antworten, als sei eine ehrliche, für sie wahre Antwort nicht von Interesse. Die Frage war für sie eine rhetorische, die nur

Bestätigung zulässt. Insofern ist die Frage keine echte nach ihrer Leistung im Handball, sondern eine Prüfungsfrage, die ihr Selbstbewusstsein betrifft. Die Prüfung ist bestanden, wenn Judith sich selbst als »gut« bezeichnet und damit die Erwartung der Pädagogin an sie erfüllt, unabhängig davon, ob sie sich wirklich so empfindet oder nicht. Und wenn die Prüfung bestanden ist – was ist dann? Darf sie im Mädchentreff bleiben? Wird sie von den Pädagoginnen anerkannt? Judith sagt generalisierend: »dann hatte ich so das Gefühl, dass es so die Pflicht war«, also auch unabhängig von ihr persönlich ist dies eine Aufnahmeprüfung für Mädchen, die neu sind. Das, worum es in der Prüfung geht, ist: » – sich so'n bisschen so selbst zu behaupten.« Gegen wen? Gegen die gegnerische Gruppe beim Spiel? Gegen die anderen Mädchen? Irgendwie gegen eine unbestimmte, aber existierende Macht, die meinen könnte, Mädchen können nicht gut Handball spielen – Eltern, Lehrer, andere Handballer, ..., die Gesellschaft. Selbstbehauptung ist jedenfalls nicht gegenüber der Pädagogin erwünscht, die eine »seltsame« Form der Pflichterfüllung verlangt. So erschließt sich die Qualität von »seltsam«: Es wird eine Demonstration von Selbstbehauptung gegen eine potentiell mädchenfeindliche Welt draußen verlangt, die der Meinung ist, dass Mädchen nicht Handball spielen können; dabei nimmt die Pädagogin einerseits die Rolle einer »Robin Hood« ein, indem sie überhaupt thematisiert, ob Mädchen gut oder schlecht Handball spielen können, und sich im Lager der Mädchen aufbaut, um sie gegen mögliche Zweifler zu verteidigen. Gleichzeitig überspringt sie die Rolle, denn es gibt in der Situation keine realen Gegner, also geht sie »gleich« davon aus, dass Judith gut spielen kann und verlangt von ihr Bestätigung. Die dahinter stehende feministische These könnte so lauten: »weil die Gesellschaft meint, Mädchen können nicht gut Handball spielen, müssen Mädchen auf jeden Fall von sich selbst sagen, dass sie es gut können.« Es wird so etwas wie eine stellvertretende Selbstbehauptung konstruiert gegen potentielle Diskriminierung. Gleichzeitig wird die doppelte Botschaft vermittelt: »Du musst dich gegen gesellschaftliche Diffamierung behaupten, aber du musst die Erwartungen der Pädagoginnen erfüllen.«

Das ist wirklich seltsam, im Sinne von widersprüchlich, unklar, gut gemeint, aber quer. Das Kompliment, das darin enthalten ist, dass die Pädagogin Judith Können und Kompetenz unterstellt, wird dadurch zunichte gemacht, dass es durch die Adressatin bestätigt werden muss; es wird erst gewährt, wenn die rhetorische Frage bzw. die Pädagogin Zustimmung erfährt.

In dieser Kommunikation ist die *inhaltliche Ebene* die Frage nach dem »gut Handball spielen können«; die *Beziehungsebene:* »Du sollst mir zustimmen!« und die *ideologische Ebene:* »Mädchen müssen sich behaupten in einer mädchenfeindlichen Welt, indem sie sich gut darstellen; Mädchen müssen Selbstbewusstsein demonstrieren – unabhängig von ihren realen Befindlichkeiten«. Die Ideologie wird über die Beziehung durchgesetzt und am Inhalt »Handball« verhandelt.

Feministische Mädchenpädagogik will Mädchen ernst nehmen. Das bedeutet nicht, dass die Pädagogin alles gut finden muss, was Mädchen tun, sondern es verlangt ehrliche Begegnungen. Mädchen nehmen sehr genau wahr, ob sie ernst genommen werden oder ob sie einem bestimmten Mädchenbild entsprechen sollen und im Grunde Wohlverhalten von ihnen erwartet wird.

Judith schildert hier eine Situation, die die Fallen für eine Pädagogik deutlich macht, die parteilich für Mädchen sein will.

7.2.2 Carola: »Da bin ich einmal zu Esther hingegangen, ...«

Carola ist eine junge Lesbe und neunzehn Jahre alt. Sie hat Werkzeugmechanikerin gelernt, wurde jedoch nach ihrer Ausbildung nicht übernommen. Zur Zeit des Interviews ist sie erwerbslos. Sie ist groß und auf mich wirkt sie sportlich, Typ »Tomboy« oder besser »netter großer Bruder«, gutmütig und freundlich. Im Interview erzählt sie, dass sich Mädchen in ihrer Schule in sie verliebt haben in der Überzeugung, sie sei ein Junge. Als sie merkten, dass es nicht stimmte, warfen sie Carola bewusste Täuschung vor. In Jugendzentren wird sie von den Jungen angefeindet, weil sie in ihr einen Konkurrenten sehen. Carola erlebt den Widerspruch zwischen ihrer körperlichen und ihrer sozialen Realität. Sie beschreibt, wie sie mit unterschiedlichen Rollen experimentiert, indem sie ihr Outfit verändert – mit der Rolle der »Beschützerin« (sportlich, lieb), »Brutalen« (Army Look), »Coolen« (schwarz, elegant, androgyn). Darüber hinaus erwägt Carola eine operative Geschlechtsumwandlung. Ihre Überlegung hat sie im Mädchentreff öffentlich gemacht. Im Interview ist spürbar, dass dieses Coming-Out sie erleichtert und sie sich gern mitteilt.

Die Passage, die ich ausgewählt habe, schildert ihr erstmaliges ins Vertrauen ziehen einer Pädagogin des Mädchentreffs. Hier wird deutlich, wie Carola in einer für sie hoch sensiblen Frage mit einer Pädagogin umgeht, wie sie die Verantwortung in dem Kontakt übernimmt und wie sie im Rahmen der folgenden pädagogischen Intervention um ihre Selbstbestimmung ringt.

> C.: »Da bin ich einmal zu Esther hingegangen, da hatte ich nämlich auch ein hartes Problem. Naja, es ging darum, weil, ja, ich bin mehr so der männliche Typ, denke ich mir mal, möchte ich auch gerne sein, und wollte mich halt umoperieren lassen. Da dachte ich: könnte ich mal tun. Naja, und da bin ich halt zu Esther hingegangen, meinte: ich möchte mal gerne mit dir reden. Ja, können wir machen und so. Ja, und dann ging's los. Ich hab' ihr das erzählt, da war sie erstmal voll erstaunt. Ist klar. Aber das gleich weiterzuerzählen, weil ich hab' zu ihr gesagt: red' da bloß mit keinem drüber. Aber sie hat das einer erzählt, die das wohl auch so mal so drauf hatte, sich gerne umoperieren zu lassen. Und da habe ich sie gefragt: warum hast du das gesagt? Das ist ein Vertrauensmissbrauch. Und da meinte sie: ja, die hat doch das gleiche Problem, das wusste ich doch auch. Ich sag': ja, und? Da war ich auch so'n bisschen ärgerlich. Ich fand es irgendwie nicht toll, obwohl mich das Gespräch mit ihr hinterher, also mit Katharina, die auch das Problem hatte, da war ich also doch ein bisschen erleichtert.«

Carola erzählt die kleine Geschichte:

> »Da bin ich einmal zu Esther hingegangen.«

Darin schildert sie einen »Vertrauensmissbrauch«, den sie aus ihrer Sicht mit einer Pädagogin des Mädchentreffs erlebt. Im Einleitungssatz macht sie das für ihre Geschichte relevante Setting deutlich: Sie selbst sucht Esther auf, um mit ihr über eine operative Geschlechtsumwandlung zu sprechen. Diesen Grund für die Kontaktaufnahme nennt Carola nicht direkt. Sie führt das Thema Transsexualität zwar unmittelbar ein, umschreibt es jedoch zunächst allgemein als ein »hartes Problem«.

> »Da bin ich einmal zu Esther hingegangen, da hatte ich nämlich auch ein hartes Problem.«

Sie relativiert das »hart« sofort mit der Floskel »naja«, kündigt die Erklärung des Prädikats »hart« an als »das, worum es ging« und markiert damit die zentrale Bedeutung dieses Sachverhaltes für ihre Erzählung.

Im Folgenden tastet sie sich sprachlich weiter – sagt: »weil, ja« – und macht zunächst den Umweg über eine Vorabbegründung ihres Problems:

> »weil, ja, ich bin so mehr der männliche Typ ...«

Dieses Statement zu ihrer geschlechtlichen Identität sichert sie zweifach ab:

> »denke ich mir mal« und »möchte ich auch gerne sein«.

Damit drückt sie aus, dass sie unterschiedliche Perspektiven auf ihr Geschlecht erkennt. Mit »denke ich mir mal« resümiert sie die Rückmeldungen, die sie von außen zu ihrer Erscheinung bekommt. Mit »möchte ich auch gerne sein« benennt sie ihr inneres Gefühl. Sie stellt das Verhältnis zwischen ihrer Selbstwahrnehmung und der von ihr empfundenen Fremdwahrnehmung als stimmig dar: Sie wird als »männlicher« Typ wahrgenommen und möchte das auch gerne sein. Gesa Lindemann spricht ebenfalls im Kontext »Transsexualität« von der »doppelten Existenz des Geschlechtes«:

> »Dabei wird die doppelte Existenz des Geschlechts deutlich: es ist gleichzeitig soziale und individuelle Realität. Beide Ebenen sind dabei in einer Weise verquickt, dass das Geschlecht im selben Augenblick sowohl eine innere als auch eine äußere Realität ist. Geschlecht ist als sozial bedeutsames Moment innerlich und als innerlich bedeutsames Moment sozial.« (Lindemann 1992, 95)

Weil sowohl Fremdwahrnehmung als auch Selbstwahrnehmung Carola als männliche Erscheinung identifizieren, erwägt sie die operative Veränderung ihres Körpers als Lösung des Problems, mit einem weiblichen Körper abgelehnt zu werden. Damit würde sie ihre äußere Erscheinung, ihre körperliche Beschaffenheit und ihre sexuelle Präferenz gemäß konventioneller Geschlechtsrollen passend machen: Sie sieht »männlich« aus, hat einen »männlichen« Körper und liebt Mädchen. Anders als Brandon in dem Film »Boys don't cry« fühlt Carola sich selbst als Frau, die Frauen liebt. Brandon macht ganz klar, sie fühle sich als Mann in einem Frauenkörper, als ein schwuler Freund ihr vorwirft, sie habe nicht den Mut, als Lesbe zu leben.

Die Entscheidung für oder gegen den Schritt einer operativen Geschlechtsumwandlung ist Carolas »hartes Problem«. Das Wagnis, sich mitzuteilen, sich mit einer persönlichen Wahrheit im Interview zu zeigen, spiegelt sich in Carolas Angst, auf Unverständnis zu stoßen und abgelehnt zu werden. Sie macht eine lange Einleitung, mit Relativierungen und Umwegen. Ihre Veröffentlichungspraxis in Bezug auf ihre Transsexualität ist vorsichtig, erklärend, das Gegenüber vorbereitend, schonend.

Nachdem Carola den Hintergrund ihrer Geschichte deutlich gemacht hat, stellt sie den Bezug zu ihrem eigentlichen Thema »Vertrauensmissbrauch« wieder her: Weil ihr Vorhaben, sich umoperieren zu lassen, für sie ein »hartes Problem« ist, denkt sie an die Möglichkeit eines beratenden Gesprächs mit Esther, einer Pädagogin des Mädchentreffs. Carolas Formulierung: »Da dachte ich: könnte ich mal tun« erstaunt in der Beiläufigkeit, mit der sie ihren »Gedanken« ausdrückt und der realen »Härte« ihres Problems. Carola praktiziert hier erneut die Strategie der Schonung des Gegenübers, indem sie vermeidet, das Ausmaß ihrer Belastung im Interview deutlich werden zu lassen.

Im Hauptteil ihrer Geschichte geht Carola auf die Ebene tatsächlicher Umsetzung ihres Vorhabens, sich einer Pädagogin des Mädchentreffs anzuvertrauen. Sie gestaltet diesen Wechsel von Planung zu realem Tun lebendig als szenischen Dialog:

> »Na ja, da bin ich halt zu ihr hingegangen, meinte: ich möchte mal gerne mit dir reden. Ja, können wir machen und so.«

Jetzt wechselt Carola das Register im Ton ihrer Geschichte, sie macht die dramatische Ankündigung:

> »Ja, und dann ging's los!«

Sie markiert den Höhepunkt der Erzählung; sie kündigt den Verlust ihrer Kontrolle über den Fortgang der Geschehnisse an: Etwas, was »losgeht«, verlässt den vorgesehenen Plan, geht eigene Wege. Diese Ankündigung erweist sich erzähltechnisch als Vorgriff, so dass Carola die angekündigte Dynamik nicht weiter schildert, sondern zunächst zur Chronologie der Ereignisse zurückkehrt. Sie erinnert genau ihre Interaktion mit Esther: Sie erzählt ihr »das«. Und wie von Carola offenbar antizipiert, ist Esther »erstmal voll erstaunt«. Carola kommentiert knapp und lapidar: »Ist klar«. Carola beurteilt diese Reaktion auf das Thema Transsexualität als verständlich und nachvollziehbar. Sie signalisiert, dass sie selbst davon ausgeht, dass der Wunsch nach einem physischen Geschlechtswechsel Erstaunen bei anderen hervorruft – das »ist klar« für sie. Damit drückt sie sowohl die von ihr empfundene kulturell existierende Selbstverständlichkeit aus, das eigene angeborene Geschlecht behalten zu wollen, als auch die entsprechende Stärke des individuellen Unverständnisses gegenüber dem Wunsch, das angeborene Geschlecht wechseln zu wollen. Diese Einschätzung ist für sie in zweifacher Hinsicht relevant:

– Carolas Selbstdefinition von Transsexualität hilft ihr, mit Esthers »voll erstaunter« Reaktion umzugehen, obwohl das Setting eines Beratungsgesprächs eigentlich das umgekehrte Verhaltensmuster erwarten ließe. Dort würde als erste professionelle Reaktion auf die Problemformulierung einer Adressatin eher »Verständnis« als »Erstaunen« gelten. Carola schildert die Interaktion auf diesem Hintergrund als Rollentausch: Sie erzählt ihr Problem, Esther ist »voll erstaunt«, Carola ist diejenige, die mit Verständnis reagiert.
– Carolas Einschätzung der allgemeinen gesellschaftlichen Bewertung von Transsexualität muss sie gegenüber ihrer eigenen Informationspolitik äußerst vorsichtig machen. Sie weiß, dass sie stets Gefahr läuft, als anor-

mal zu gelten, wenn sie sich zu ihrer gespaltenen Geschlechtsidentität ehrlich äußert.

Transsexualität ist ein Stigma in seiner eigentlichen Bedeutung: Die Griechen werteten ungewöhnliche körperliche Zeichen (Stigmata) als Hinweis auf den schlechten moralischen Zustand eines Menschen. Dieser Zustand legitimierte gesellschaftliche Diskriminierung bis hin zu sozialer Ächtung und Ausgrenzung (vgl. Goffman 1967, 9f.). In der Interaktion mit Esther ist Carola in der Position der Diskreditierbaren, d.h. sie geht das Risiko ein, dass sie auf Grund ihres Stigmas in ihrer sozialen Integrität verletzt wird (vgl. ebd., 12). Das genaue Einschätzen von Esthers Reaktion ist für sie existentiell wichtig. Zunächst bestätigt sie Esthers Erstaunen als zu erwartende Reaktion. »Aber« – und nun kommt sie auf das bereits angekündigte »Losgehen« der Ereignisse zurück – Esther erzählt Carolas Problem weiter. Damit verliert Carola die Kontrolle über die Bearbeitung ihres Problems.

> »Ja, und dann ging's los. Ich hab' ihr das erzählt, da war sie erstmal voll erstaunt. Ist klar. Aber das gleich weiterzuerzählen, weil ich hab' zu ihr gesagt: Red' da bloß mit keinem drüber.«

Der direkte Anschluss an das »ist klar« qualifiziert das »aber« als Gegensatz dazu im Sinne von »dass Esther erstaunt war, *ist klar, aber* überhaupt nicht klar war, dass sie das weitererzählt«. Hier wird im Umkehrschluss deutlich: Wenn Carola damit gerechnet hätte, dass Esther eigenmächtig handelt, hätte sie sich nicht an sie gewandt.

An dieser Stelle wird verständlich, warum Carola die Tatsache, dass sie von sich aus Esther ins Vertrauen zieht, an den Anfang ihrer Geschichte setzt. In dem von ihr selbst initiierten Kontakt erlebt Carola, dass ihr Recht, über die Veröffentlichung von persönlichen Informationen selbst zu bestimmen, nicht geachtet wird. Sie hat sich in ihrer Einschätzung über Esther getäuscht. Diese Erfahrung muss sie sehr verunsichern, da es für sie wichtig ist, Menschen bezüglich ihrer Einstellung zum Thema Transsexualität richtig einzuschätzen. Diesen Aspekt thematisiert Carola in ihrer Geschichte nicht. Ihr geht es um das Unrecht der Verletzung ihres »Informationsreservats«. Dieser Begriff stammt von Goffman (1974) und ist Teil seines Konzeptes der »Territorien des Selbst«. Die Kontrolle über die »das Individuum betreffenden biographischen Tatsachen«, d.h. das eigene Informationsreservat, gehört dort zu den allgemein anerkannten persönlichen Gütern in modernen Gesellschaften. Weitere Territorien des Selbst sind: das Recht auf Unversehrtheit des persönlichen Raums, des Besitzterritoriums, der Körperhülle, der Reihenposition, des Gesprächsreservats. Missachtungen dieser Rechte stellen schwerwiegende Regelverletzungen in sozialer Interaktion dar. Sie werden im »öffentlichen Austausch« als erlittenes oder begangenes Unrecht verhandelt. Sie sind häufige Gesprächsthemen als Beschwerden z.B. über: Vordrängeln, Dazwischenreden oder körperliche Distanzlosigkeit. Auch der Vertrauensmissbrauch gehört dazu.

Die verschiedenen Territorien des Selbst benennen konkrete, auch für die Selbstbestimmung einer Person relevante Themen oder Felder. Insofern ist dieses Konzept hilfreich, den auch in der pädagogischen Diskussion sehr weiten und gleichzeitig normativ hoch aufgeladenen Begriff auf eine praxisrelevante Ebene herunterzuschrauben. Ein konkreter Aspekt des Respektierens der Selbstbestimmung einer anderen Person ist das Respektieren ihres persönlichen Informationsreservates. Dies klingt einerseits selbstverständlich, andererseits wird gerade in dieser Geschichte deutlich, wie pädagogische Motive diese Regel leicht aushebeln.

Zurück zu Carolas Erzählung: Sie scheint sogar während des Gesprächs mit Esther an die Möglichkeit des Weitererzählens gedacht zu haben:

> »Aber das gleich weiter zu erzählen, weil ich hab' zu ihr gesagt: Red' da bloß mit keinem drüber.«

Das Weitererzählen stellt sie als Missachtung einer ausdrücklichen warnenden Bitte an Esther dar. Carola gibt die Ratifizierung der Bitte durch Esther nicht wieder, sondern zitiert sie als eine einseitig von ihr formulierte Drohung: »red da bloß mit keinem drüber«. – Sonst...!? Sie formuliert nicht, was dann passiert. Im Kontext Transsexualität ist aber klar, dass sich die Drohung der Diskreditierung gegen Carola selbst richtet. Ihre Darstellung als offen formulierte Drohung ist auch eine an Esther gerichtete Geste, mit der Carola versucht, sich zu schützen.

Der Fortgang der Erzählung muss unter dem Gesichtspunkt »Krisenmanagement« gesehen werden. Für Carola ist es wichtig, an wen ihr Problem weitergegeben wurde. Ihre nächste Mitteilung im Interview ist daher, dass eine Frau angesprochen wurde,

> »... die das wohl auch so mal so drauf hatte, sich gerne umoperieren zu lassen.«

Dieser Sachverhalt hat verschiedene Implikationen für Carola. Zum einen: Der Umstand, dass die eingeweihte Frau ebenfalls von Transsexualität betroffen war, minimiert die Gefahr von Diskreditierung durch sie. Darüber hinaus erfährt Carola: Sie ist nicht allein mit ihrem Problem. Sie könnte mit einer Frau reden, die in der gleichen Situation war wie sie jetzt. Und – der

Wunsch nach Geschlechtsumwandlung ist nicht immer hart = schrecklich, sondern kann auch etwas mit »gern« zu tun haben.

Im Folgenden schildert Carola die Verhandlung über das Beziehungs- und Hauptthema ihrer Geschichte – den »Vertrauensmissbrauch«. Ungeachtet der Tatsache, dass Carola den Grund für Esthers Weitererzählen bereits wusste, zitiert Carola nun als Interaktionsverlauf ihre Frage nach dem »warum?«.

> »Und da habe ich sie gefragt: warum hast du das gesagt?«

Sie zitiert die Frage mit dem Gestus des Grundsätzlichen, Fassungslosen angesichts der Verletzung einer Grundregel persönlicher Interaktion. Dies ist der Hintergrund für den nun ausgesprochenen Vorwurf des »Vertrauensmissbrauchs«. Ungeachtet Carolas grundsätzlicher Argumentation bleibt Esther in der Darstellung bei ihrer Sicht der Dinge: Das Einbeziehen einer Frau mit dem gleichen Problem könne nicht als »Vertrauensmissbrauch« gelten.

> »Das ist ein Vertrauensmissbrauch. Und da meinte sie: ja, die hat doch das gleiche Problem, das wusste ich doch auch.«

Carola macht eine Überkreuzthematisierung des Inhalts- und Beziehungsthemas: Für Carola ist es auf Grund der Art ihres Problems von zentraler Bedeutung, dass sie sich in der Beziehung zu Esther auf deren Verschwiegenheit verlassen kann. Umgekehrt begründet gerade das inhaltliche Thema »Transsexualität« Esthers Maßnahme des Weitererzählens mit dem Ziel, Carola in der Bearbeitung ihres Problems zu helfen.

Carolas stellt ihre Auseinandersetzung mit Esther wie einen rituellen Schlagabtausch dar:

> »Und da habe ich sie gefragt: warum hast du das gesagt? Das ist ein Vertrauensmissbrauch. Und da meinte sie: ja, die hat doch das gleiche Problem, das wusste ich doch auch. Ich sag': ja, und? Trotzdem, was soll das?«

Die Positionen werden wiederholt, bleiben unverändert stehen, nähern sich nicht an.

Analog zum doch noch positiven Ausgang der Geschichte lässt Carolas Empörung in der Schlusssequenz spürbar nach. Sie bezeichnet ihre recht schwachen Konsequenzen Esther gegenüber als »auch so'n bisschen ärgerlich« – und resümiert abschließend:

> »Ich fand es irgendwie nicht toll, obwohl mich das Gespräch mit ihr hinterher, also mit Katharina, die auch das Problem hatte, da war ich also doch ein bisschen erleichtert.«

Carola konstruiert einen Gegensatz zwischen den Umständen, unter denen das Gespräch zustande kam und der Tatsache, dass es sie doch erleichtert hat.

Damit beschreibt sie ihr Dilemma: Einerseits ist für sie das Gesprächsangebot aus einem Vertrauensmissbrauch heraus entstanden, so dass auch erwartet werden könnte, dass es für sie inakzeptabel ist; andererseits steht sie immer noch vor dem Problem, ob sie sich einer operativen Geschlechtsumwandlung unterziehen soll oder nicht. Darüber hinaus ist sie gezwungen, die Person, die über sie Bescheid weiß, kennen zu lernen. Trotz der gering einzuschätzenden Gefahr der Diskreditierung durch Katharina auf Grund ihrer eigenen Betroffenheit, muss Carola persönlich prüfen, ob sie sich im Bild Goffmans »in ihrem Informationsreservat aufhalten« darf oder ob Carola Maßnahmen ergreifen muss, sie »zu vertreiben«, indem sie z.B. Esthers Information als nicht zutreffend korrigiert. Auf diesem Hintergrund wird deutlich, dass Carola es sich nicht leisten kann, den Kontakt abzulehnen.

»Ich fand es irgendwie nicht so toll, obwohl mich das Gespräch mit ihr hinterher, also mit Katharina, die auch das Problem hatte, da war ich also doch ein bisschen erleichtert.«

Carolas Schilderung ihrer Erleichterung hinterher ist plausibel in zweifacher Hinsicht: Zum einen stellt sich ihre Angst vor weiterer Diskreditierung als unbegründet heraus; zum anderen verweist die Qualifizierung ihres eigenen Gefühlszustandes als »ein bisschen erleichtert«, auch auf den Anfang der Geschichte als »erleichtert von einem harten Problem«; d.h. das Problem der Entscheidung für oder gegen eine operative Geschlechtsumwandlung scheint sich für sie gelöst zu haben.

Im Zuge kommunikativer Validierung, d.h. der Rückmeldung der Interpretationen an die Pädagoginnen des Mädchentreffs wurde folgendes ergänzend deutlich gemacht: Das »Weitererzählen« in Carolas Darstellung bestand darin, dass eine befreundete Frau gefragt wurde, ob sie prinzipiell bereit wäre, mit einer Betroffenen über das Thema Transsexualität zu sprechen. Die Entscheidung über die Einwilligung sollte bei Carola liegen. Es wurden keine persönlichen Daten weitergegeben.

7.2.3 Bärbel: »Berufe, die Bärbel nicht mag.«

Bärbel ist eine der ersten und langjährigen Besucherinnen des Mädchentreffs. Ich rufe sie an und frage sie, ob sie bereit wäre, sich von mir über ihre Zeit im Mädchentreff interviewen zu lassen. Wir kennen uns gut. Ich erzähle, dass ich ein Buch über den Mädchentreff schreiben möchte und ihre Erfahrungen dafür wichtig sind. Bärbel ist gern bereit zu einem Interview. Sie möchte an einem Samstagnachmittag nach Bielefeld kommen. Sie wohnt in Lage (Kreis Lippe). Für sie hat das Treffen die Bedeutung eines netten Ausflugs – sie freut sich, den Mädchentreff wieder zu sehen. Sie ist jetzt 32 Jahre alt, ausgebildete Verkäuferin und arbeitet seit fünf Jahren in einem fleischverarbeitenden Betrieb. Zu der Zeit, über die sie mit mir spricht, war sie 23 Jahre alt.

Ich habe diese Stelle ausgewählt, weil in ihr zum einen deutlich wird, wie Bärbel die Pädagoginnen des Mädchentreffs zur eigenen Stabilisierung nutzt, und zum anderen, wie sie die Wirkung einer pädagogischen Intervention in der Erinnerung aktualisiert. Darüber hinaus ist diese Passage deshalb spannend, weil sie zeigt, wie eine ehemalige Pädagogin und eine ehemalige Mädchentreff-Besucherin ihre jeweils unterschiedlichen Interessen im Interview realisieren.

B.: ».... und da haben sie mir ja dann noch so andere Stellen da angeboten, was ich auch nicht machen wollte.«

U.: »Was war das denn noch?«

B.: »Mein Vater ja auch, hattest du mal alles aufgeschrieben, weiß ich noch [kichert]. Zimmermädchen hatten sie da ja mal gehabt. Da hat Rebecca noch gesagt, das fände sie schrecklich. Zimmermädchen, Küchenmädchen.«

U.: »Ich habe das mal alles aufgeschrieben?«

B.: »Ja, du hast das dann aufgeschrieben.«

U.: »Warum? Weißt du das noch?«

B.: »Ja, weil ich da ja immer drüber geredet habe, immer so gesagt habe. Hast du noch gesagt: die Berufe, die Bärbel nicht mag. Hast du aufgeschrieben, auf den Zettel.« [Lacht]

U.: »Und was haben wir dann mit dem Zettel gemacht?«

B.: »Ich weiß auch nicht mehr. Den hattest du irgendwie mal angehängt an die Pinwand. Aber ich weiß es nicht mehr.«

U.: »Wie war das für dich, wenn du da dann so eine Liste hattest: Berufe, die Bärbel nicht mag?«

B.: »Ja, da wusste ich genau, was ich nicht wollte. So was hatten sie dann immer in der Zeitung gefunden.«

Die Passage ist Teil von Bärbels Ausführungen über ihre Arbeitslosigkeit. Ihr Vater hat sie zum Beruf der Verkäuferin gedrängt. Er meinte, »Verkäuferin wäre ein idealer, toller Beruf« – obwohl Bärbel »den nicht so sehr gut« fand. Nach den Erfahrungen der Lehre »konnt' ich dann auch nie so, manchmal auch nicht so an mich halten und freundlich bleiben, wenn die dann so anfangen, einen anzuschnauzen oder anzuschreien«. Sie wollte da »ja absolut nicht mehr rein« und wurde erwerbslos. In dieser Situation kommt sie in den Mädchentreff und kann dort »auch mal abschalten von der Arbeitslosigkeit«.

Nach einer kurzen Gesprächspause führt Bärbel ihr Thema »Arbeitslosigkeit« weiter. Sie nennt die zwei Seiten, zwischen denen sie damals stand. Die eine: Sie war arbeitslos und folglich wurden ihr Stellen angeboten; die andere: Die Stellen, die ihr angeboten wurden, wollte sie nicht machen. In dieser Situation stand sie unter großem Druck, weil sie als Arbeitslose angebotene Stellen rechtlich nicht ablehnen darf, ohne den Verlust ihrer Bezüge zu riskieren. Die angebotenen Stellen waren zum Teil demütigend für Bärbel:

> »Zimmermädchen von Stundenhotel gesucht. Und da hat mein Vater gesagt: du hast doch mit den Hotelgästen nichts zu tun. Du machst doch da nur die Zimmer sauber. Und dann ist da ja keiner drinnen.«

Bärbel nutzt das Interview dazu, sich gemeinsam mit mir an die Zumutungen während ihrer Arbeitslosigkeit zu erinnern. Ich nehme den Faden auf.

> B.: »... und da haben sie mir dann ja noch so andere Stellen da angeboten, was ich auch nicht machen wollte. – U.: Was war das denn noch? – B.: Mein Vater ja auch, hattest du mal alles aufgeschrieben, weiß ich noch.« (kichert)

Bärbel beantwortet meine Frage nicht direkt, sondern folgt ihrem Erinnerungsstrom und benennt zunächst konkret ihren Vater als denjenigen, der sie am stärksten unter Druck setzt. Der Umstand, dass ihr Vater derjenige ist, der ihr Stellen vorschlägt, ist ambivalent: Einerseits ist er nicht das Arbeitsamt selbst und damit nicht in der Position, sie unter der Androhung finanzieller Sanktionen zur Arbeitsaufnahme zu zwingen, andererseits ist es kränkend und belastend, wenn eine Person des privaten Nahbereichs offen gegen die persönlichen beruflichen Präferenzen agitiert. Da Bärbel in dieser Zeit bei ihren Eltern wohnt, ist sie in ihrem zu Hause großem emotionalem Stress ausgesetzt.

Dann erinnert sie sich, dass ich als Pädagogin damals die Berufe alle aufgeschrieben hatte. Im Zuge des Zurückdenkens an die verschiedenen

Stellen, die damals zur Debatte standen, fällt Bärbel diese Einzelheit ein. Sie ist amüsiert, muss kichern, während sie spricht. Beim Sich zurückversetzen in die extrem belastete Zeit markiert Bärbel diese Erinnerung als entlastendes Element ihrer Situation damals. Ohne auf diesen Punkt näher einzugehen, führt sie ihr Thema sachlich weiter, indem sie einen der zugemuteten Berufe nennt:

> »Zimmermädchen hatten sie da ja mal gehabt. Da hat Rebecca noch gesagt, das fände sie schrecklich. Zimmermädchen, Küchenmädchen.«

Bärbel macht ihre negative Einstellung zur Tätigkeit eines »Zimmermädchens« dadurch deutlich, dass sie die Meinung einer weiteren beteiligten Pädagogin wiedergibt. Sie führt eine Außenperspektive ein, die ihre eigene Einschätzung der »Angebote« als Zumutungen teilt. Bärbel konstruiert die Pädagogin als Instanz, die auf ihrer Seite steht, die sie in ihrem Recht auf berufliche Selbstbestimmung unterstützt. So nutzt sie die Pädagogin, um ihre eigenen Interessen aufrechterhalten zu können, zur Unterstützung und Stärkung.

Ich komme nun auf die Referenz an mich persönlich zurück und stelle eine auf meine Rolle bezogene Nachfrage:

> »Ich habe das mal alles aufgeschrieben?«

Damit führe ich ein eigenes Interesse in die Gesprächssituation ein: ›pädagogische Wirkungsforschung‹ zum Thema ›Aufschreiben‹. An dieser Stelle wird meine Personalunion von Pädagogin und Forscherin relevant. Ich merke, dass sich Bärbel hier direkt auf mich bezieht und sehe die Gelegenheit, im Nachhinein Rückmeldung über mein Handeln zu bekommen.

Dieser Verschiebung des Gesprächsfokus hin zu mir stimmt Bärbel nur vage zu, indem sie als Antwort einfach den Wortlaut der Frage wiederholt, ohne auf das signalisierte Interesse an weiterem Einsteigen in dieses Thema einzugehen – jedoch wiederum mit amüsiertem Tonfall.

> »Ja, du hast das dann aufgeschrieben.«

So frage ich weiter nach den Motiven meines Handelns und versuche, Bärbel zur Mitarbeit anzuregen, indem ich ihre Rolle in meiner pädagogischen Wirkungsforschung deutlich mache und sie als Expertin der damaligen Situation anspreche:

> »Warum? Weißt du das noch?«

Diese Ansprache erreicht ihr Ziel; Bärbel akzeptiert die ›Expertinnenbefragung‹, denn sie kann ihr Thema des Stresses während ihrer Arbeitslosigkeit hier ebenfalls unterbringen. Als Ursache meiner pädagogischen Maßnahme des ›Aufschreibens‹ nennt Bärbel ihren damaligen Umgang mit der Situation:

> »Ja, weil ich da ja immer drüber geredet habe, immer so gesagt habe.«

Die Notwendigkeit, über die ihr zugemuteten Stellen zu reden, ist für sie in der Gesprächssituation so präsent, dass sie sie nicht nur sprachlich mit dem Prädikat »immer« betont, sondern auch real wiederholt.

Sie steigt weiter in die damalige Situationsdynamik ein, gibt meine Reaktion als Pädagogin als szenische Darstellung wieder:

> »Hast du noch gesagt: die Berufe, die Bärbel nicht mag. Hast du aufgeschrieben, auf den Zettel. (Lacht)«

Bärbel zitiert die für sie wichtige Reaktion der Pädagogin: Sie besteht im Wahrnehmen ihrer eigenen Meinung. Hier wird die Meinung von Bärbel lediglich gespiegelt als Sachverhalt mit eigener Existenzberechtigung ohne wertende Parteinahme. Sie quittiert das Erzählte mit einem Lachen. Es ist für sie eine lebendige Erinnerung, in der sie sich wieder als die »immer über die Situation Redende« sieht. Sie zitiert meinen Kommentar als Pädagogin und vollzieht damit die Außenperspektive auf sich selbst als Distanzierung von sich selbst nach. So passiert ihr im Interview dasselbe wie damals. Sie fühlt sich anerkannt, reagiert mit Humor. Sie wiederholt als nüchternen Sachverhalt ihre damalige Erkenntnis: es gibt

> »Berufe, die Bärbel nicht mag«.

Damit verlässt sie das gedankliche Kreisen um Stellen, die ihr zugemutet werden. Das, woran sie leidet, existiert auch außerhalb von ihr, sichtbar aufgezeichnet als abgrenzbarer Sachverhalt. Bärbels Lachen an dieser Stelle ist ein Zeichen dafür, dass sie sich bzw. einen relevanten Teil von sich treffend wiedergegeben sah. Es wird möglich, über das eigene Verstricktsein zu lachen, wenn es von anderen durchaus nüchtern und realistisch gespiegelt wird. Es schafft einen Gegenpol zum Gefühl der Verwirrung und des Ausgeliefertseins. Sich im positiven Sinne erkannt fühlen ermöglicht Distanz, einen liebevollen, verständnisvollen oder auch selbstironischen Blick auf die eigene Person. Bärbel macht die Wirkung dieser Anerkennung mit ihrem Lachen deutlich – die Anerkennung ihrer Wahrnehmungen, das Sichtbarmachen ihrer Interessen ohne Ratschläge oder Beurteilung tut ihr gut. Das löst ihr Problem noch nicht, aber die Möglichkeit eigener Einflussnahme wird überhaupt denkbar.

Ermutigt durch die positive Zustimmung zu dieser Ebene des Gesprächs führe ich die Expertinnenbefragung weiter. Ich nehme den »Zettel« als Ball auf und spiele ihn zurück:

> »Und was haben wir dann mit dem Zettel gemacht?«

Dabei konstruiere ich ein gemeinsames »wir« als Aufforderung an Bärbel, sich weiter befragen zu lassen. Bärbels Antwort signalisiert zunächst den Ausstieg aus dieser Art der Expertinnenbefragung – sie macht ihr Nichtwissen deutlich:

> »Ich weiß auch nicht mehr.«

Dann antwortet sie doch auf inhaltlicher Ebene, wobei sie ihre Unsicherheit in Anbetracht der Trivialität der nachgefragten Handlungsebene deutlich macht:

> »Den hattest du irgendwie angehängt an die Pinwand. Aber ich weiß es nicht mehr.«

Ich reagiere auf den signalisierten Ausstieg aus der Expertinnenrolle mit einer Verschiebung der Frageebene von der objektiver Berichterstattung auf die Ebene persönlichen Erlebens. Damit kann ich gleichzeitig die zentrale Frage für meine ›pädagogische Wirkungsforschung‹ stellen:

> »Wie war das für dich, wenn du dann so eine Liste hattest: Berufe, die Bärbel nicht mag?«

Auf diese persönliche Frageebene steigt Bärbel wieder ein – es trifft sich ihr Interesse, die Zumutungen von Stellenangeboten deutlich zu machen, mit meinem Interesse zu erfahren, was ihr die Liste der Berufe gebracht hat. Im Gegensatz zu gerade vorher signalisierter Unsicherheit und Nichtwissen kann sie eindeutig und klar formulieren, was wichtig für sie war:

> »Ja, da wusste ich genau, was ich nicht wollte.«

7.2.4 Susanne: »... ich brauche die Pädagoginnen auch!«

Susanne ist 19 Jahre alt, ein intellektuelles Mädchen, Schülerin der Laborschule Bielefeld und veröffentlicht eigene Gedichte und Texte. Sie ist von Geburt an querschnittsgelähmt, selbstständige Rollifahrerin, eine Kämpferin um Anerkennung, um Autonomie und gegen Mitleid. Darin ist sie stark und erfolgreich. Sie zeigt offen ihre emotionalen Einbrüche, die sie immer wieder hat.

Ich habe diese Stelle ausgewählt, weil Susanne hier ein interessantes Konzept über die Rolle von Pädagoginnen entwickelt. Darüber hinaus wird in diesem Abschnitt deutlich, wie sich feministische Normativität auf die Selbstdarstellung eines Mädchens auswirkt.

Auf meine Frage hin erklärt Susanne, welche Bedeutung die Pädagoginnen im Mädchentreff für sie haben.

> U.: »Welche Bedeutung haben die Frauen, die hier arbeiten, für dich? Pädagoginnen, Betreuerinnen, so hast du das eben gesagt.«
>
> S.: »Ja, mir fiel kein besseres Wort ein, Pädagoginnen ist, glaube ich, besser. Also ›Pädagoginnen‹ sagt es eigentlich schon, die haben auch so eine pädagogische Rolle für mich. Ja, ich habe zum Beispiel auch von Mädchentreffs gehört, die selbstverwaltet sind; finde ich auch in Ordnung. Aber ich brauch' die Pädagoginnen auch, weil ich komme zum Beispiel manchmal auch hier hin, also ich finde nicht, dass der Mädchentreff jetzt das Image hat: da kommen nur junge Frauen und Mädchen mit Problemen hin; aber manchmal kommst du eben doch und hast irgendwie was, wo du auch nicht unbedingt mit jeder Freundin drüber sprechen willst, sondern einfach auch mit jemand, der erstens älter ist und das vielleicht auch noch mal aus einer anderen Sicht sehen kann. Und dann finde ich es einfach angenehm, sagen zu können: du, ich möchte da mal gerne drüber reden, oder: ich möchte mal gerne über was reden, kannst du mit mir mal gerade nach hinten gehen?«

Susanne geht in ihrer Erklärung zunächst begriffsorientiert vor. Sie wählt die von mir im Interview eingeführte Bezeichnung »Pädagogin« und kann davon gleich die Rolle ableiten, die Pädagoginnen für sie haben: eine pädagogische. Als passendes Gegenüber konstruiert sie die Rolle der Ratsuchenden als ihre eigene. Das Ausformulieren dieser Rolle bringt sie in Erklärungsbedarf gegenüber potentiellen Einwänden, die von Seiten anderer Mädchen und von Seiten der Pädagoginnen erhoben werden könnten.

> »Ja, ich habe zum Beispiel auch von Mädchentreffs gehört, die selbstverwaltet sind; finde ich auch in Ordnung. Aber ich brauch' die Pädagoginnen auch, weil ich komme zum Beispiel manchmal auch hier hin, also ich finde nicht, dass der Mädchentreff jetzt das Image hat: da kommen nur junge Frauen und Mädchen mit Problemen hin.«

Sie nutzt die Einwände jedoch als argumentative Folie für ihre eigene Position. So entwickelt sie ihr Selbstkonzept sowohl mit Gesten der Rechtfertigung als auch selbstbewusst differenzierend, indem sie die unterschiedlichen Meinungen im Mädchentreff aufnimmt und verhandelt. Weil sie einerseits jeweils inhaltlich eine andere Meinung vertritt, andererseits diese Meinungsverschiedenheit nicht als Abgrenzung von den anderen versteht, geht sie argumentativ darauf ein. Susanne argumentiert mit der und gegen die Gruppe, der sie sich zugehörig fühlt: Sie zitiert ihre Meinung und formuliert dann ihre eigene Position; damit nimmt sie anderes wahr und setzt sich in Beziehung. Indem sie verschiedene Meinungen auf der Ebene gleicher Anerkennung darstellt, führt sie die Auseinandersetzung auf der Grundlage »egalitärer Differenz«, d.h. gleichberechtigter Unterschiedlichkeit. Annedore Prengel hat diesen Begriff geprägt als konstruktives Verhältnis zwischen ungleichen Meinungen oder Sachverhalten (vgl. 3.2).

Mit dieser Form der Argumentation hat Susanne für sich Platz geschaffen – nicht in einer Hierarchie von mehr oder weniger wichtigem, sondern in einem von gleicher Anerkennung geprägtem Verhältnis. Sie kann sich mit ihrer konkreten Realität einordnen zwischen den unterschiedlichen Konzepten darüber, wie ein Mädchentreff sein sollte.

Zu Susannes Realität gehört, dass sie »manchmal Probleme hat«, und zwar solche, die sie nicht mit Freundinnen besprechen will. Dann findet sie es »angenehm«, die exklusive Aufmerksamkeit einer Pädagogin nachfragen zu können. Der Begriff »angenehm« erstaunt an dieser Stelle. Er taucht normalerweise eher als Beurteilung beispielsweise einer Massage als im Zuge einer Aussage über pädagogische Angebote auf. Das beratende Gespräch mit einer Pädagogin wird als Dienstleistung dargestellt, die offen, selbstverständlich und nicht stigmatisierend wahrgenommen wird. In Susannes Selbstverständnis verbindet sich Ratsuchen mit Selbstbewusstsein, Meinungsverschiedenheit mit Verbundenheit.

Eine Pädagogin zeichnet sich für Susanne dadurch aus, dass sie älter ist als sie selbst und dass sie nicht Freundin ist. Diese Voraussetzungen versetzen die Pädagogin in die Lage, die Dinge oder Probleme anders als Susanne selbst zu sehen. Das qualifiziert die Pädagogin, bei Problemen einen Rat geben zu können. Damit entwirft Susanne ein Modell von Hilfe auf der Grundlage von »anders-sein« im Gegensatz zu einem Modell von Hilfe auf der Grundlage von »gleich« im Sinne von »gleich betroffen« sein. Als potentiell gleich oder nah nennt Susanne »Freundinnen« und zwar gerade, um Pädagoginnen in ihrer Bedeutung für Problemlösung von ihnen abzugrenzen: Wenn es um Dinge geht, die sie mit keiner Freundin besprechen will, schätzt sie den Rat einer Pädagogin. Wenn private Kontakte für Problemlösung ungeeignet sind, greift sie auf ein öffentliches, professionelles Angebot zurück. Damit erschließt sich ein weiteres Element von Susannes Pädagoginnen-Modell: Sie sind ansprechbar für exklusive Aufmerksamkeitswünsche, für ein vertrauliches Gespräch »unter vier Augen«. Susanne drückt dies im Zitat ihrer Frage an die Pädagogin aus: »kannst du mit mir mal gerade nach hinten gehen?« Dieses »nach hinten gehen« spielt auf die räumliche Gestalt des Mädchentreffs an, der im vorderen Teil ein offenes Café hat und hinten geschlossene Räume für vertrauliche Gesprächssituationen.

Susanne entwirft ein Modell der Pädagogin, das eine Mischung aus Vertraulichkeit, Verlässlichkeit, Empathie, also professionellen Qualitäten und »natürlichen« Differenzen enthält. Professionalität bedeutet für Susanne, dass sie davon ausgehen kann, die Pädagogin wird im professionellen Rahmen des Mädchentreffs für sie da sein und ihr Mehr an Wissen zur Verfügung stellen. Darüber hinaus bedeuten die »natürlichen« Differenzen: Die Pädagogin ist älter als sie selbst und sie ist *nicht* Freundin. Die Differenz zu den Pädagoginnen ist das, was die Qualität der Hilfeleistung ausmacht und sie damit für Susanne »brauchbar« macht. Auf Seiten der Pädagoginnen gibt es Tendenzen und Wünsche, gerade die Unterschiede zwischen sich und den Mädchen zu überwinden, und sich als Gleiche oder Freundinnen zu fühlen. Gelungene Pädagogik wird zum Teil so geschildert, dass keine Differenzen zwischen Pädagoginnen und Mädchen vorhanden sind (vgl. 8.1). Susanne hält ein Plädoyer für die Differenz, deren Anerkennung ihr ein sich Anvertrauen im Rahmen einer pädagogischen Beziehung möglich macht. Susanne schildert sich in der Beziehung abgegrenzt und selbstbewusst in dem, was sie braucht. Sie hat ihre Rolle und die der Pädagogin klar: Die Rollen sind unterschiedlich, aber in der Differenz gleich anerkannt und stark. Sie zeichnet ein Beziehungsmodell des pädagogischen Affidamentos aus Sicht der sich Anvertrauenden. Sie begehrt das Anders-Sein – das »Mehr« der Pädagogin in einer von egalitärer Anerkennung geprägten Beziehung.

In ihrer Selbstdarstellung, in der sie sich so beschreibt, dass sie »die Pädagoginnen auch braucht«, weil sie manchmal »Dinge hat, die sie nicht mit Freundinnen besprechen will«, grenzt sich Susanne gegen zwei Diskurse ab: Zum einen gegen den Diskurs der Mädchen um das Modell selbstverwalteter Mädchentreffs ohne Pädagoginnen, zum anderen gegen den Diskurs der Pädagoginnen um das Image des Mädchentreffs »da kommen nur Mädchen mit Problemen hin«. Diese Hintergründe der inhaltlichen Positionen erschließen sich mir aus meinem Kontextwissen als nun forschende, ehemalige Pädagogin: Andere Mädchen erwähnten in den Interviews den Mädchen-Diskurs um Selbstverwaltung, siehe »Mechthild«. Ich selbst bin mit den anderen Pädagoginnen sehr dafür engagiert, dass der Mädchentreff als eigener, positiv besetzter Freiraum für Mädchen innerhalb der Jugendarbeit anerkannt wird. Aufgrund fehlender kultureller Phantasie und Akzeptanz gegenüber eigenständigen, nicht problemorientierten Mädchenräumen wird auf ein Klischee zurückgegriffen: »Mädchen haben immer viele Probleme, dafür gehen sie in den Mädchentreff!« Auf diesem Hintergrund ist Susannes Argumentation um das Image des Mädchentreffs zu verstehen – sie bezieht sich implizit auf mich als Mädchentreff-Pädagogin, denn sie hat Erklärungsbedarf, als sie sagen will, dass sie manchmal mit Problemen kommt. Sie greift meine von ihr antizipierte Position auf und stellt ihre dagegen. Sie trennt die Ebene der Ideologie von ihrer Realität.

Hier ist ein Beispiel dafür, was Judith Butler (1991), Carol Hagemann-White (1993) und andere feministische Theoretikerinnen der Postmoderne am Feminismus kritisieren: Er reproduziere Phänomene, gegen die er antritt: Im Zuge der Kritik an alten Klischees entstehen neue.

Im Mädchentreff existiert offenbar eine Meinung, die sagt, »Der Mädchentreff hat in der Öffentlichkeit das Image, da kommen nur Mädchen mit Problemen hin – das Image finden wir schlecht, das stimmt so gar nicht, Mädchen haben nicht nur Probleme, Mädchen sind stark.« Diese Normativität bringt Susanne in der Interview-Situation dazu, sich zu rechtfertigen. Es ist kränkend und ärgerlich, sich gegen ein negatives Klischee abgrenzen zu müssen, im Zuge einer positiven und reifen Selbstdarstellung, die die eigene Problemhaftigkeit anerkennt und nicht ausgrenzt.

7.2.5 Mechthild: »... ich würde hier gern was autonomer machen!«

U.: »Die Pädagoginnen oder die Frauen, die hier arbeiten, was machen die? Sind die wichtig hier?«

M.: »Finde ich, ja, finde ich irgendwo schon, dass die hier wichtig sind, obwohl ich auch manchmal finde, man sollte hier, ich würde hier auch gerne ein bisschen was autonomer machen. Aber das kann ja auch damit zusammenhängen, dass ich mich nicht gern an irgendwelche Regeln halte, kann halt auch so'n bisschen an mir hängen. Aber ich finde, wenn wir hier auch so unseren Raum teilweise für uns hätten, sprich: so einen Tag machen wir was ohne euch, ohne die Betreuerinnen, ich glaube, das könnte auch ganz nett laufen. Dass das nicht immer unter irgendeiner, ›Fuchtel‹ ist das falsche Wort, aber unter irgend'nem Schirm so läuft.«

U.: »Fallen dir Regeln ein, die es hier gibt? Wenn du sagst: dir gefallen Regeln nicht.«

M.: »Nein, das ist ja mehr so, das ist schon so eingespielt, sprich: wenn man irgendwas will, dass man halt die und die fragt. Wenn man irgendwas sucht, dass man die und die fragt. Oder dass halt irgendwelche Sachen einfach klar sind, dass die nicht gemacht werden.«

U.: »Was denn zum Beispiel? Was fällt dir da ein?«

M.: »Ja, man nimmt zum Beispiel keine Sachen einfach weg. Oder man stellt nicht irgendwelche Sachen einfach um. Oder man streicht nicht irgendwelche Sachen einfach an, nur weil sie einem nicht gefallen.«

U.: »Also so die Gestaltung der Räume zum Beispiel?«

M.: »Ja, klar. So was. Oder man sagt auch nicht: ich möchte mal was mit 'nem anderen Mädchentreff machen oder irgendwie Kontakt zu schließen, das macht man ja auch nicht einfach so, da fragt man ja auch vorher nach zum Beispiel. Weißt du, was ich meine? Ja? Weißt du, gut. So was in der Richtung.«

Ich habe diese Stelle ausgewählt, weil sie im Sinne eines kontrastierenden Vergleiches auf einen ganz anderen Aspekt der Bedeutung der Pädagoginnen abhebt als bei Carola und Susanne. Beide hatten über ihre Erfahrungen mit den Pädagoginnen als Ansprechpartnerinnen bei persönlichen Problemen gesprochen. Mechthild nun beschreibt die Pädagoginnen in ihrer Kontrollfunktion den Mädchen gegenüber, als ›Hausherrinnen‹ im Mädchentreff. Sie entwickelt in Abgrenzung zur von ihr erlebten Praxis des Mädchentreffs ein Konzept von mehr Autonomie für Mädchen. Sie gehört zu der Gruppe Mädchen, die zur Zeit meiner Erhebung den offenen Bereich, das Café des Mädchentreffs besetzen – ein Kern von ca. acht Mädchen zwischen 16 und 19 Jahren, überwiegend lesbische Mädchen.

Wir machen das Interview im Mädchentreff »hinten« im großen Raum. Der Rahmen der Situation ist der einer ›Expertinnenbefragung‹. Mechthild akzeptiert die Rolle der Expertin und erklärt ihre Meinung über die Wichtigkeit der Pädagoginnen im Mädchentreff: Es wird eine kritische Position zum fraglichen Thema dargelegt und begründet.

Mechthilds Thema ist:

»ich würde hier auch gerne ein bisschen was autonomer machen«.

Dieses Thema führt sie positiv aus am Beispiel des »Tages ohne Betreuerinnen« und sie grenzt es negativ ab gegen die bestehende Praxis der Abhängigkeit der Mädchen von den Pädagoginnen in unterschiedlichen Bereichen wie: Handlungsspielräume im Mädchentreff, Raumgestaltung, Aussenkontakte. Darüber hinaus macht Mechthild deutlich, wie diese Praxis funktioniert: nicht nach fassbaren Regeln, sondern nach eingespielten Abläufen, über die die Pädagoginnen bestimmen.

U.: »Die Pädagoginnen oder die Frauen, die hier arbeiten, was machen die? Sind die wichtig hier?«

M.: »Finde ich, ja, finde ich irgendwo schon, dass die hier wichtig sind, obwohl ich auch manchmal finde, man sollte hier, ich würde hier auch gerne ein bisschen was autonomer machen.«

Mechthild führt das Konzept »Autonomie« ein gegen das von mir eingebrachte Konzept der »Wichtigkeit der Pädagoginnen« im Mädchentreff. Nach der zunächst formelhaft gegebenen Bestätigung meiner Frage eröffnet sie mit »ich finde« ihr eigenes Thema – die kritische Beurteilung der Wichtigkeit der Pädagoginnen. Sie beginnt mit der allgemeinen Formulierung:

»man sollte hier (...) ein bisschen was autonomer machen.«

und sichert diese kritische Position sofort ab, indem sie sie aus ihrer individuellen Eigenheit heraus begründet:

»kann ja auch damit zusammenhängen, dass ich mich nicht gern an irgendwelche Regeln halte«.

Solch eine Geste belegt stets die große Bedeutung dessen, was ausgedrückt werden soll: Sie soll im Voraus etwas persönlich Wichtiges schützen. Auf der Grundlage des Rechtes auf eine eigene Meinung kann Mechthild nun eine positive Vision dessen entwerfen, was es aktuell im Mädchentreff nicht gibt: einen Tag ohne »Betreuerinnen«; sie kann darüber hinaus die bestehende Praxis differenziert an Beispielen deutlich machen: »man fragt die Pädagoginnen«, wenn man etwas Konkretes will, sucht, die Räume verschönern oder Außenkontakte im Namen des Mädchentreffs machen will. Mechthild setzt sich in Opposition zu den, aber auf die gleiche Ebene wie die Pädagoginnen: Diese haben ein Konzept, das sie an zentrale Stelle in Hinblick auf die Entscheidungsbefugnis im Mädchentreff setzt; Mechthild macht ein Konzept, in dem sie und die anderen Mädchen eigene Entscheidungsbefugnis haben. Meine Frage nach der Wichtigkeit trifft auf Mechthilds Unzufriedenheit über die Macht der Pädagoginnen. Daher können beide Seiten ihr Interesse im Interview realisieren: Expertinnenbefragung und Expertinnenauskunft.

Mechthild stellt sich selbst in einer Position kritischer Distanz zum Verhältnis zwischen Pädagoginnen und Mädchen im Mädchentreff dar. Ihre Kritik bezieht sich darauf, dass die Pädagoginnen alles unter ihrer »Fuchtel« haben. Das macht sie konkret daran fest, dass es keinen Raum und keine Zeit ohne Pädagoginnen für Mädchen im Mädchentreff gibt. Mechthild drückt dies als ihre positive Vision vom Mädchentreff aus:

»(...) wenn wir hier auch so unseren Raum teilweise für uns hätten, sprich: so einen Tag machen wir was ohne euch, ohne die Betreuerinnen, ich glaube, das könnte auch ganz nett laufen. Dass das nicht immer unter irgendeiner, ›Fuchtel‹ ist das falsche Wort, aber unter irgend'nem Schirm so läuft.«

Die bestehende Praxis bezeichnet sie in Abgrenzung zu ihrer Vorstellung eines »Tages ohne Betreuerinnen« als »Fuchtel«, d.h. die Mädchen stehen unter der Fuchtel der Pädagoginnen. Den autoritären Gehalt dieses Begriffs merkt sie gleich als unzutreffend an und wählt stattdessen die Metapher des »Schirms«. »Schirm« passt zu ihrer Bezeichnung »Betreuerin« für die im Mädchentreff arbeitenden Frauen, die sich selbst als Pädagoginnen bezeichnen. In »Betreuerin« wird der Aspekt der Fürsorge ausgedrückt. Fürsorge impliziert sowohl Zugewandtheit und Nähe in der Beziehung, als auch Kontrollbefugnis. »Pädagogin« ist eine distanzierte Berufsbezeichnung, die diese Aspekte der Beziehungsebene zu den Mädchen vermeidet. Ein Schirm vermittelt etwas Behütendes. Es gibt die »Schirmherrschaft« z.B. des Bundespräsidenten, also der Figur eines »guten Menschen«, der wohlwollend seine Macht und sein Vermögen für eine gute Sache paternalistisch zur Verfügung stellt. Paternalismus bedeutet Unterstützung, die sich in erster Linie an den Vorstellungen des »Paters« orientiert, und nicht an den Adressaten. Falls hier ein Wechsel der Geschlechtsspezifik erlaubt ist – in diesem Fall wären die Pädagoginnen maternalistisch. Sie bieten Mädchen einen Schutzschirm gegen den sonst üblichen Sexismus in der Jugendarbeit, sind aber »innen« klar die Autoritäten, die guten Mütter, die Matres.

Auf meine Nachfrage nach Regeln im Mädchentreff korrigiert Mechthild den Begriff.

»Nein, das ist ja mehr so, das ist schon so eingespielt, sprich: wenn man irgendwas will, dass man halt die und die fragt. Wenn man irgendwas sucht, dass man die und die fragt. Oder dass halt irgendwelche Sachen einfach klar sind, dass die nicht gemacht werden.«

Es gibt keine ausgesprochenen Regeln, es gibt eingespielte Abläufe. So charakterisiert Mechthild die Praxis im Mädchentreff. Sie funktioniert nicht nach fassbaren Regeln, die würden aufgestellt, vereinbart, könnten potentiell kritisiert werden, müssten gerechtfertigt werden, sondern alles ist eingespielt nach der Regel: »man fragt«. Die Regeln des Handelns, also Erlaubnisse oder Verbote, sprechen die Pädagoginnen aus. Es gibt keine sachorientierten Regeln, sondern die personenzentrierte Regel »man fragt die Pädagoginnen«. Damit bleibt Mechthild im Bild des Maternalismus unter dem Schirm der Matres. Sie sind mit Autorität nach innen ausgestattet, mit Macht, die eingespielt und unhinterfragt die Dinge lenkt. Der Aspekt des »Eingespielten« zeichnet die Position der Pädagoginnen als machtvolle aus, denn ein wesentliches Charakteristikum von Macht liegt ja gerade darin, dass ihre Befugnis sich nicht legitimieren muss.

Mechthild betont das »Eingespielte«, die Regeln des Spiels zusätzlich in der Form ihrer Argumentation. Charakteristik des Regelhaften ist die Wiederholung – Mechthild bildet sie in sich wiederholenden Formulierungen ab. Sie tut auf sprachlicher Ebene dasselbe, was sie auf inhaltlicher Ebene ausdrückt:

> »Wenn man irgendwas will, dass man halt die und die fragt. Wenn man irgendwas sucht, dass man die und die fragt. Oder dass halt irgendwelche Sachen einfach klar sind, dass die nicht gemacht werden.« – U.: »Was denn zum Beispiel? Was fällt dir da ein?« – M.: »Ja man nimmt zum Beispiel keine Sachen einfach weg. Oder man stellt nicht irgendwelche Sachen einfach um. Oder man streicht nicht irgendwelche Sachen einfach an, nur weil sie einem nicht gefallen.« – U.: »Also so die Gestaltung der Räume zum Beispiel?« – M.: »Ja, klar. So was. Oder man sagt auch nicht: ich möchte mal was mit 'nem anderen Mädchentreff machen oder irgendwie Kontakt schließen, das macht man ja auch nicht einfach so, da fragt man ja auch vorher nach zum Beispiel.«

Nach Mechthilds Darstellung gibt es nur eine Regel für Mädchen im Mädchentreff: »man fragt die Pädagoginnen.«

Wiederum in konzepthafter Art und Weise zählt Mechthild nun die im Mädchentreff regelungsrelevanten Bereiche auf: zunächst die Handlungsspielräume und Bewegungsmöglichkeiten für Mädchen wenn sie etwas wollen oder suchen – hier verwalten die Pädagoginnen die materielle Ausstattung des Mädchentreffs. Sie regeln, wie Mädchen Verkleidungssachen, Küche, Werkstatt, Bibliothek nutzen können. Weiter als Verbot nennt Mechthild die eigenmächtige Veränderung der Räume oder Möbel oder das Aufnehmen von Außenkontakten z.B. zu anderen Mädchentreffs.

Symptomatisch für ihren Wunsch nach mehr Autonomie für Mädchen verwendet Mechthild das Wort »einfach« bzw. »nicht einfach«:

> »(...) man nimmt zum Beispiel keine Sachen <u>einfach</u> weg. Oder man stellt nicht irgendwelche Sachen <u>einfach</u> um. Oder man streicht nicht irgendwelche Sachen <u>einfach</u> an, nur weil sie einem nicht gefallen.
>
> (...) Oder man sagt auch nicht: ich möchte mal was mit 'nem anderen Mädchentreff machen oder irgendwie Kontakt zu schließen, das macht man ja auch nicht <u>einfach</u> so, da fragt man ja auch vorher nach zum Beispiel.«

»Einfach« bedeutet »ohne die Pädagoginnen zu fragen« – einfach, weil die Mädchen es gerne möchten – für Mechthild ist es somit nicht einfach im Mädchentreff, sondern kompliziert, weil man immer die Pädagoginnen fragen muss.

8. Pädagogische Beziehungen im Mädchentreff: Differenz und Gleichheit

Im folgenden Kapitel werden die Ergebnisse der qualitativen Analyse (nach Schütze 1984 und Kallmeyer/Schütze 1977) des empirischen Materials der Studie vorgestellt. Dies lag vor in Form von berufsbiografischen pädagogischen Geschichten (nach Baacke/Schulze 1993) und problemzentrierten Interviews (nach Witzel 1985) mit Mädchen. Die Perspektiven der Pädagoginnen und die Perspektiven der Mädchen auf Pädagogik und pädagogische Beziehungen im Mädchentreff Bielefeld werden nun zunächst jeweils getrennt als Synopse dargestellt und dann miteinander verglichen.

8.1 Pädagogische Beziehungen aus Sicht der Pädagoginnen

Nach der detaillierten Auswertung der von den Pädagoginnen verfassten Geschichten gemäß der »strukturellen Beschreibung« nach Schütze (1984) wird das Material nun daraufhin befragt, was es über die Beziehung zwischen Mädchen und Pädagogin im Mädchentreff aussagt.

Bei der Generierung dieses empirischen Materials wurde die Aufgabe gestellt, jeweils eine gelungene und eine misslungene pädagogische Situation schriftlich zu erzählen (vgl. 6.1). Pädagogik in ihrem Charakter als Beziehungsarbeit (vgl. Gamm 1979; zum pädagogischen Bezug in der Jugendarbeit: Wolf 1998) kann erfasst werden in pädagogischen Situationen, die folglich immer auch von der Interaktion zwischen Pädagogin und Adressatin handeln. Das erhobene Material ist daher geeignet, es auf förderliche und hinderliche Aspekte pädagogischer Beziehungen hin zu untersuchen.

Den positiven Geschichten ist gemeinsam, dass pädagogische Vorhaben realisiert wurden, an denen die Pädagoginnen selbst Spaß hatten oder die für sie eine persönliche Herausforderung in positivem Sinne darstellten. Hier wird zunächst ein Aspekt professionellen Selbstverständnisses herausgearbeitet, der einen Rahmen spezifischer Möglichkeiten für pädagogische

Beziehungen steckt. Sehr deutlich wird dieses in Gittes Geschichte »Die Freundinnen-Clique – anfangs haben sie brav alles mitgemacht«.

Zunächst ist pädagogisch-programmatisch darauf zu verweisen, dass die Entscheidung, eine Freundinnenclique zum Mittel- und Ausgangspunkt eines pädagogischen Angebotes zu machen, eine Form konkreter Umsetzung des Affidamento-Konzeptes in die Praxis von Mädchenarbeit darstellt (vgl. Kahlert 1996b, Franca 1993). Wie im Kapitel 3.3.2. »Identifikation« bereits dargelegt, bedeutet Affidamento ›sich anvertrauen‹, Frauen vertrauen sich einander an (vgl. Libreria delle Donne 1989). Affidamento wird mit der Absicht stark gemacht, Freiheit und Selbstbestimmung in Beziehungen und Auseinandersetzung mit dem eigenen Geschlecht zu erlangen, vor dem Hintergrund feministischer Kritik an der Männerzentriertheit der gegenwärtigen Kultur. Die Freundinnenclique wird mit dem pädagogischen Angebot an Raum und Beziehung positiv unterstützt. Die Mädchen erleben, dass ihre Beziehungen positiv anerkannt werden. Die entwicklungspsychologisch große Bedeutung weiblicher Beziehungsnetze für Mädchen in der Adoleszenz hat Karin Flaake (1998) einschlägig analysiert (vgl. auch Brendel 1999). Der Asymmetrie in der Bewertung männlicher und weiblicher Gruppenkontexte wird mit der »Freundinnenclique« als pädagogischem Angebot entgegengesteuert.

> »Persönliche Erfahrungen eines nicht durch Geringschätzung und Abwertung gekennzeichneten sozialen Frauenkontextes wären dann für die Entwicklung einer stabilen wie flexiblen Geschlechtsidentität für weibliche Jugendliche ganz wichtig.« (Metz-Göckel 1999, 143)

Gitte »war total begeistert (...) und total motiviert« (Gitte S 3), diese Form der Mädchengruppenarbeit zu machen. Entsprechend schlimm war ihre Enttäuschung, als sich zunächst keine Mädchen dafür fanden, umso größer ihre Freude, als doch noch »Freundinnen« im Mädchentreff auftauchten. Das ganze Unternehmen basierte darauf, dass Gitte ihre Lust und Phantasie zum Ausgangspunkt für die Gestaltung dieses Freizeitangebotes für Mädchen macht. Dieser Zugang zu professioneller pädagogischer Arbeit wird von Scherr (1997) als überaus produktiv herausgestellt. Er bezeichnet »Motivation und Engagement als Ressource gelingender Jugendarbeit« (ebd., 178). Gitte nutzt sie für ihre Mädchenarbeit, aus ihnen schöpft sie Motivation und Begeisterung. Damit hat sie den Mädchen viel positive ›Power‹ zu bieten. Und das funktioniert, ihre Begeisterung steckt die Mädchen an. Den lapidaren Satz »zusammen Spaß haben« kann Gitte mit Inhalt und Leben füllen, weil sie selbst Zugang zu ihrem Spaß in der pädagogischen Arbeit mit Mädchen hat. Ihr fallen viele Aktivitäten ein, die sie gern mit Mädchen machen möchte, oder Dinge, die sie ihnen gern zeigen und nahe bringen möchte. Die Pädagoginnen planen ein »Überraschungsprogramm«, und solange die Mädchen »brav« (Gitte S 8) alles mitmachen, läuft es gut. Als sich die Bedürfnisse von Mädchen und Pädagoginnen nicht mehr treffen, läuft es langsam auseinander. Spaß verträgt sich nicht mit gruppenprozessorientierten Kompromissen. Solange beide Seiten den Spaß teilen, ist es in Ordnung – wenn nicht, »ist der Spaß vorbei«. Insofern ist »Spaß« als pädagogische Kategorie absolut. Er muss spontan da sein oder ist eben nicht da – was Spaß macht, darüber lässt sich nicht diskutieren. Spaß ist verbunden mit Gefühlen von Freude, Neugierde, Reiz in einer spontanen, intensiven, unmittelbaren Qualität, weniger in langsamer Entstehung. Für Gitte jedenfalls scheint es so zu sein, dass Spaß an einer Sache für sie den Zugang zu pädagogischen Vorhaben darstellt und sie zu professioneller Höchstform mobilisiert. Das ist ihre Stärke und zugleich ihre Grenze, denn wenn es diesen gemeinsamen Spaß nicht mehr gibt, bricht der Kontakt ab. Hierauf wird im Folgenden noch genauer eingegangen.

Auch Pias Geschichte vom Fotowochenende »wir wollten schöne Fotos mit Licht von uns machen« dokumentiert, wie ihr eigenes starkes Interesse an technisch genauer und sorgfältiger Fotoarbeit sich mit dem Interesse der Mädchen an professionell wirkenden Bildern trifft. Sie beschreibt einerseits genau den technischen Ablauf der Arbeit, zum anderen den Gruppenprozess unter pädagogischer Perspektive. Die Mädchen müssen technisch improvisieren beim Aufbau des »Studios« (Pia S 3), d.h. sie müssen Probleme lösen, technische Lösungen finden, dürfen sich selbst inszenieren so, wie sie am liebsten aussehen würden, müssen als Fotografin die Wünsche des Modells realisieren – dabei werden die Rollen getauscht und zugleich die Rollen gebrochen. Dies könnte in einem weiter gefassten Verständnis als Beispiel dekonstruktiver pädagogischer Praxis zum ›Text‹ des weiblichen Models verstanden werden (vgl. Kahlert 2000). Das Modell, das sich selbst bestimmt, und die Fotografin, die Wünsche technisch umsetzen muss – also Rollenflexibilität, Rollendistanz, Rollenwechsel, Rollenspiel (bei ulkigen Fotos), das alles sind Erfahrungen, die die Selbstwahrnehmung und das Handlungsrepertoire bereichern (vgl. Krappmann 1971); die Fotos wurden selbst entwickelt und abgezogen, so dass ein kompletter Arbeitsprozess erlebt und durchgeführt wurde. Bei Pia sind ruhiges Interesse und Konzentration im Text spürbar. Das ist eine andere Qualität als ›Spaß‹ – eher Konzentration und eine sich langsam entwickelnde Intensität als spontane Freude.

Den Aspekt der persönlichen Herausforderung in Bezug auf ein gelungenes pädagogisches Projekt gibt es deutlich bei Rebecca. Sie rahmt ihre ganze Geschichte der »Fotoausstellung – in der vor allem auch ihre Stärke sichtbar wird« mit einem »trotzdem«. Ihre Aufgabe war, sich mit Mädchen an einer Kampagne des ›Paritätischen Wohlfahrtsverbandes‹: »Gemeinsam handeln gegen Gewalt« zu beteiligen. Trotzdem sie anfangs noch Vorbehalte gegenüber der Arbeit zum Thema »Gewalt an Mädchen« hatte, hat sie sich darauf eingelassen. Sie eignet sich die Aufgabe an, indem sie ein für sich passendes Konzept entwickelt, das sowohl ihre Ängste als auch ihre Vorlieben berücksichtigt. Sie plant ein attraktives Endprodukt, eine Fotoausstellung und gestaltet eine offene, entspannte Arbeit im Café mit Akzentuierung der Stärke der Mädchen und mit Unterstützung einer Fotofachfrau, die sie für ihre Pädagogik entlastet. So wird es ihr möglich, Situationen zu gestalten, die Offenheit, Vertrauen und Sensibilität in den Beziehungen zulassen.

Rebecca schreibt, dass es für den Prozess wichtig war, dass sie angefangen hat, von sich selbst zu sprechen. Sie hat damit eine Atmosphäre für ein offenes und gleichzeitig geschütztes Beziehungsgeflecht geschaffen. Der Ort dafür war die Küche im Mädchentreff. Sie hat keine Türen, der Tisch mit Eckbank und niedriger Lampe lädt ein, sich dazu zu setzen, freundlich familiär und von Freiwilligkeit geprägt; jede bestimmt selbst, was und wie und ob sie überhaupt spricht. Damit ist ein positiver Raum eröffnet, in dem Unangenehmes, Schwieriges, Trauriges, Empörendes ausgesprochen werden kann. Es kann um das gehen, was Mädchen angetan wurde, um ihr Leid, um ihre Stärke. Ruth Großmaß beschreibt im Rahmen eines Aufsatzes über »Psychische Folgen sexueller Übergriffe auf Studentinnen« (ZSB Arbeitsbericht 1995), dass der öffentliche Diskurs darüber durch Ausgrenzung der Subjekte geprägt sei. Die Ausgrenzung passiert zum einen durch das aufgeregte Sprechen über das, was anderen passiert ist, zum anderen durch das Verhandeln von Statistiken oder Dunkelziffern, wobei Personen überhaupt nicht mehr vorkommen. Das hat für Betroffene zur Folge, dass sie zu Objekten in Geschichten oder zu abstrakten Größen werden. Der Übergriff selbst ist immer ein Angriff auf den Subjektstatus von Mädchen und in einem derart strukturierten öffentlichen Diskurs werden sie erneut zu Objekten. Dort über eigene Erlebnisse zu sprechen wäre entweder »sensationell« oder in dieser Konkretheit unangemessen (vgl. zum Stichwort

»Medien Infotainment« in diesem Zusammenhang: Burkert 1999, 127). Vor diesem Hintergrund erscheint das Gelingen von Gesprächen unter Mädchen über eigene Gewalterfahrungen sehr wertvoll. Rebecca schildert, dass die Mädchen sich gegenseitig ermutigt haben: »Wir hatten viel Spaß und die Schwere blieb aus« (Rebecca S 9). Das weist darauf hin, dass Mädchen einen positiven und produktiven Prozess miteinander hatten, dass sie die Verletzung persönlicher und körperlicher Grenzen bearbeiten, benennen, Gefühle von Scham und Ohnmacht überwinden und Zugang zu ihrer Stärke finden konnten.

Dabei hat das gegenseitige Mitteilen erfahrener Gewalt den positiven Effekt, die Vielfalt und die Alltäglichkeit sexueller Übergriffe deutlich zu machen. Denn ein Phänomen des Erlebens besteht darin, Übergriffe vor sich selbst als »das gilt nicht als Gewalt, das war gar nicht so schlimm, das lag an der Situation« zu labeln. Das ist eine Strategie, allein damit fertig zu werden, wenn kein akzeptabler, positiver öffentlicher Raum dafür existiert, das Erlebte auszusprechen.

Realisiert wurde also ein sensibles, positives Beziehungsgefüge, in dem Mädchen erlebte Gewalterfahrungen mitteilen und zu eigenen Stärkepotentialen Zugang finden konnten (vgl. Hagemann-White u.a. 1997).

Resümee:
Gute Beziehungen zwischen Pädagoginnen und Mädchen werden in den Geschichten der Mädchentreff-Mitarbeiterinnen als gemeinsames Erleben von Spaß, Arbeit und Selbsterfahrung geschildert. Als wichtige Voraussetzung für das Gelingen pädagogischer Interaktion wird deutlich, dass die Pädagogin in ihrer professionellen Rolle ihre subjektiven Voraussetzungen und Kenntnisse ernst nimmt. Sie arbeitet mit ihnen z.B. in einer Weise, dass sie sie direkt zum Planungskriterium pädagogischer Vorhaben macht. So werden analog zu den Stärken und Vorlieben der Pädagogin Projekte geschildert, die jeweils sehr unterschiedliche Schwerpunkte haben: eine Freundinnenclique, ein Fotostudio für Selbstportraits, eine Ausstellung zum Thema Gewalt. Auf dieser Basis können Beziehungen zu den Mädchen eingegangen werden, in denen sowohl positive Anerkennung als auch Abgrenzung und Zulassen von Unterschiedlichkeit möglich sind (vgl. Brown/ Gilligan 1994).

Die Geschichten zum Thema: »Das war eine misslungene pädagogische Situation mit Mädchen – das ging schief!« wurden von den Pädagoginnen des Mädchentreffs unterschiedlich angelegt: Bei Ines ist es die Erinnerung an schlechte Gefühle. Sie nutzt die Aufforderung zur Reflexion dafür, eine ungeklärte, belastende Beziehung zu einem Mädchen zu bearbeiten. Karen beschreibt ruhig und genau das Nichtzustandekommen einer Mädchengruppe, sie rekapituliert schwierige Bedingungen und den Prozess des Scheiterns.

In der Analyse zeigen sich zwei Phänomene als Ursachen für Probleme in den Beziehungen zwischen Pädagoginnen und Mädchen: Zum einen geht es um den Anspruch der Pädagogin an die eigene pädagogische Professionalität als Distanz von Gefühlen. Zum anderen zeigt sich als heimliches Verbot, mit Mädchen in Widerspruch zu geraten oder sie abzulehnen.

In Ines' Geschichte »Situationen mit Maren – es war wie ein Spiel, in dem wir unsere Rollen spielten« ist es die ›pädagogische Distanz‹, die ihre emotionale Verstrickung mit Maren auflösen soll. Dabei wird das Ideal der Pädagogin, die distanziert von eigenen Emotionen handelt, als normatives deutlich. So *soll* die Pädagogin dem Anspruch nach sein; erlebt sie sich anders, ist sie keine »richtige« Pädagogin. Ines versucht, ihre inneren Widersprüche zu rationalisieren. Ihre Emotionen Maren gegenüber werden als pädagogisch nicht relevant verdrängt. Das heimlich sich durchsetzende Ideal der von inneren Befangenheiten freien Pädagogin verstellt eine Bearbeitung des Problems.

Pädagogische Distanz als Element im Kanon pädagogischer Professionalität ist in sich ambivalent und muss im Spannungsfeld von Ideologie und angemessenem Anspruch an pädagogische Kompetenz beschrieben werden. Distanz in der pädagogischen Beziehung ist einerseits Ideologie, denn keine Pädagogin ist distanziert ihren Gefühlen gegenüber. Distanz ist andererseits notwendig, weil sich die Pädagogin in der Ausübung ihrer Profession in erster Linie mit Problemen und Lebenslagen anderer beschäftigt, nicht mit den eigenen. Das verlangt Distanz zu eigenen psychischen Befindlichkeiten, die nur durch Wahrnehmung und Anerkennung eigener innerer Bilder und Urteile geübt werden kann. Anerkennung ist die Basis für eine Auseinandersetzung mit ihnen: Einige Vorurteile stecken Grenzen für die Beziehung mit anderen, andere können transformiert werden. Pädagogisch-professionelle Distanz ist nichts Absolutes, sondern eher eine verständnisvolle, wache Aufmerksamkeit gegenüber sich selbst. In diesem Sinne ist sie nicht das Verbot von gefühlsmäßigen Reaktionen, sondern das Ernstnehmen ihrer Existenz als Versuch einer selbstreflexiven Haltung.

Darin liegt eine Paradoxie: Pädagogische Distanz verlangt die Wahrnehmung eigener Vorurteile und Emotionen; um eigene Vorurteile und Emotionen wahrnehmen zu können, muss ich aber zunächst mein Nicht-Distanziertsein anerkennen. Wenn Distanz normativ gesetzt wird, verhindert sie genau das, was sie leisten soll. Thiersch (1998) bestätigt, dass diese Normativität im pädagogischen Diskurs nach wie vor zu finden sei:

> »Die Gefährlichkeit dieser Befangenheiten und Projektionen sind offenkundig; Nietsche, Benfeld und Schmidbauer haben das Helfersyndrom hinreichend analysiert. – Aber: Erledigt das das Problem? Das Wissen um diese Gefährdungen hat in der sozialpädagogischen Diskussion eine Art von social correctness ausgebildet, die die hier gegebene Realität von Gefühlen und Erlebnissen ableugnet.« (a.a.O., 266)

Ines argumentiert: »Wenn ich Distanz gehabt hätte, wäre ich besser klar gekommen.« Sie hat Gefühle, die sie an sich selbst nicht akzeptieren kann, so dass es für sie unmöglich ist, sie Maren zu zeigen. Pädagogische Normativität liefert das Argument dafür, dass sie ihre Kritik nicht mitteilt. Für Ines ist Pädagogik eine Art Rettungsanker, um nicht in einen Konflikt heftigster Sorte einzusteigen. Sie vermeidet, ihre starken, widersprüchlichen Gefühle deutlich werden zu lassen – sich selbst und auch Maren gegenüber: Sympathie, Verletztheit, Wut, Abhängigkeit. Sie will eigentlich eine freundliche pädagogische Beziehung, in der Maren sich helfen lässt, ohne Ines unter Druck zu setzen, in der sie fair behandelt und nicht ausgenutzt wird.

Für Ines erfüllt die pädagogische Norm der Distanz in der Begegnung mit Maren die Funktion der Konfliktvermeidung. Sie vertauscht ihren Konflikt innerlich: Sie sagt sich, es sei schlimmer, keine professionelle Pädagogin zu sein, als Streit mit einem Mädchen zu haben. Hier ist ein empirisch-pädagogisches Beispiel für das von Brown/Gilligan (1994) analysierte Phänomen in der Sozialpsychologie von Mädchen und Frauen – das Aufgeben der Beziehung zu sich selbst um der Realisierung harmonischer, konfliktfreier Beziehungen zu anderen (vgl. ebd., 238).

Bei Karen »Die neue Mädchengruppe – ich wollte die Mädchen entscheiden lassen« schafft ihr unentschiedener Umgang mit den Mädchen Probleme in Bezug auf eine zu bildende Gruppe. Es kommen zu wenige oder nicht die Passenden für ihr pädagogisches Vorhaben. Daraus ergibt sich für sie das Dilemma, wie sie entscheiden soll, mit welchen Mädchen sie arbeiten will. Sie entscheidet sich nicht, sondern lässt die Mädchen entscheiden. In ihrem Text legt Karen dar, dass sie in dem Prozess wusste, »eine Konsequenz zu ziehen und zu handeln« (Karen S 7) wäre der Versuch gewesen, eine der beiden Gruppen anzusprechen und so für die Mädchengruppe zu gewinnen. Warum will Karen nicht selbst entscheiden? Weil sie beide Gruppen gleich gut findet? Oder Claude und Emma lieber mag, sich das aber nicht eingestehen will? Hier scheint die Regel wirksam zu sein: »Es ist verboten, Mädchen abzulehnen« (vgl. zu Konfliktfähigkeit und Affidamento 3.3.2). In ihrer Geschichte gibt Karen folgende Hinweise auf ihre eigentliche Vorliebe für Claude und Emma:

- sie nennt sie mit Namen, »die Kleinen« bleiben anonym;
- sie waren zuerst da, »die Kleinen« kamen dazu und störten den beginnenden Beziehungsprozess;
- sie waren schon »draußen »in der Welt«« (Karen S 4) und damit interessanter.

Karens Dilemma: Sie möchte die Gruppe lieber mit Claude und Emma machen, die aber nur zu zweit sind; »die Kleinen« sind für den Start einer Gruppe zahlenmäßig genug, aber letztlich nicht die Mädchen, die sie reizen. Also wartet sie ab, da jede Entscheidung unbefriedigend für sie gewesen wäre. Das gesteht sie sich nicht ein, vermeidet die Entscheidung und damit die Notwendigkeit, die kleinen Mädchen ausladen zu müssen.

In Gittes Geschichte der Freundinnenclique, die von ihr als ›gelungene‹ gerahmt ist, gibt es auch kritische Wahrnehmungen der Pädagogin gegenüber Mädchen. Es scheint so, dass es hier schwierig war, Negatives zu äußern – auf Seiten der Pädagoginnen, dass die Mädchen »immer öfter (...) über ihre neuesten Schwärmereien« reden wollten (Gitte S 9), auf Seiten der Mädchen und der Pädagoginnen, dass sie keine Lust mehr hatten, sich zu treffen.

Gittes Thema ist die Freundinnenclique. Das kann bedeuten, dass sie das Beziehungsmodell der Freundin auf den pädagogischen Kontext überträgt. Dazu passt das Motto »gemeinsam Spaß haben« der Gruppe. In dem Fall verwischen die pädagogischen Grenzen leicht. So ist es in Bezug auf das Ende der Clique: Mädchen und Pädagoginnen konnten sich nur sehr schwer trennen – obwohl alle »spürten, dass die Zeit eigentlich um war« (Gitte S 12). Gitte beschreibt den Abschied als etwas, was zu ihnen kommt, »dass keine es mehr übersehen konnte« (Gitte S 13). So als hätte die Trennung nichts mit ihnen als Personen zu tun. Die Mädchen kamen unregelmäßiger – aber alle konnten sich schwer trennen. Das kann damit zu tun haben, dass die Gruppe unter »Freundinnen«-Clique firmierte. Sich von Freundinnen zu trennen ist schwer. Dafür gibt es eigentlich keine Gründe, die nicht als verletzend gelten: »Ich habe nicht mehr so viel Lust, mich mit dir zu treffen«. Das ist schwer auszusprechen. Also wird der indirekte Weg gewählt – einfach nicht mehr kommen, sich seltener treffen. Wenn beide Seiten damit einverstanden sind, kann frau auf diese Weise den Kontakt auslaufen lassen und irgendwann das Ende feststellen. Die Beziehungsrealität: Mädchen und Pädagoginnen treffen sich für eine bestimmte Zeit – die Mädchen, um von den Pädagoginnen zu lernen, die Pädagoginnen, um ihre Arbeit zu machen – wird verschleiert.

Grenzen und ungleiche Interessen in Beziehungen zu verhandeln ist schwer, weil gerade Mädchen und Frauen harmonische Beziehungen haben sollen und Störungen der Harmonie als Verletzungen gelten. Auch hier, wie im Beispiel »Ines«, bringt das, wie Brown/Gilligan (1994) zeigen, Mädchen und Frauen häufig dazu, dass sie für die Beziehung zu anderen die Beziehung zu sich selbst aufgeben. Weil die Freundinnenbeziehung nicht gestört werden soll, sagen in diesem Fall weder Mädchen noch die Pädagoginnen »wir haben eigentlich keine Lust mehr, uns zu treffen«.

Gitte schreibt über die Beziehung zu den Mädchen, dass sie unterschiedliche Gefühle erlebt: Freude, Spaß, Begeisterung, geschmeichelt sein, aber auch Missfallen und unklare Gefühle. Dies Negative behält sie für sich und verliert dadurch den Kontakt zur Gruppe.

Resümee:
In der Analyse misslungener pädagogischer Situationen stellen sich zwei Ursachen für Störungen in der Beziehung zwischen Mädchen und Pädagoginnen heraus:

- zum einen: das Verständnis von pädagogischer Professionalität als Distanz zu Gefühlen; sie wirkt als normative Regel; sie führt im Ergebnis dazu, dass Konflikte mit Mädchen nicht ausgetragen werden;
- zum anderen und damit zusammenhängend eine scheinbar heimlich wirkende Verhaltensregel für die Pädagoginnen: Es ist verboten, Mädchen abzulehnen.

Auf Seiten der Pädagogin scheint Ablehnung, Abgrenzung, nicht einverstanden sein, Kritik an Mädchen sowie in der Folge das Wahrnehmen und Schützen der eigenen Grenzen, schwierig zu sein. Die Pädagogin nimmt sich in den Situationen nicht ernst. Sie vermeidet Konflikte mit Mädchen. In der Folge verliert sie den Kontakt zu sich selbst und zu den Mädchen.

Die Geschichten der Pädagoginnen als pädagogische Reflexionen gelungener und misslungener Situationen mit Mädchen belegen eindrucksvoll, wie das »Wohlergehen« der Pädagogin (Prengel 1993, 59; vgl. auch 3.3.2) und das »Gelingen« einer pädagogischen Beziehung, in der beiden

Seiten Anerkennung und Abgrenzung, Zustimmung und Kritik möglich sind, zusammenhängen. Normative Aussagen über »die gute Pädagogin«, die distanziert von ihren Gefühlen und offen für alle Mädchen ist, verhindern das, wofür sie antreten (vgl. Großmaß 1993; vgl. auch 3.3.2). In der empirischen Analyse hat sich gezeigt, dass die Pädagogin in ihrer Beziehungsarbeit in erster Linie mit sich selbst konfrontiert ist. Ein für feministische Mädchenpädagogik bedeutsamer bewusster Umgang mit Identifikationsprozessen verlangt ein professionelles Selbstverständnis, das eine verständnisvolle, reflexive Haltung sich selbst gegenüber beinhaltet (vgl. den für diesen Zusammenhang äußerst produktiven Begriff der »Achtsamkeit«, Kolk 1994). Die Anerkennung subjektiver Vorlieben und Grenzen seitens der Pädagogin erweist sich als Voraussetzung dafür, dass sie Bedürfnisse von Mädchen wahrnehmen und pädagogisch angemessen mit ihnen umgehen kann (vgl. insbesondere 6.2.2 und 6.2.3).

8.2 Pädagogische Beziehungen aus Sicht der Mädchen

Die Evaluation einer Pädagogik im Hinblick auf ihr Ziel, Selbstbestimmungsprozesse zu unterstützen, muss nach Brumlik (1992) die Selbstaussagen ihrer Adressatinnen einbeziehen. In der vorliegenden Studie wurden daher Besucherinnen über ihre Zeit im Mädchentreff interviewt (vgl. 1.4). Im Folgenden wird die Synopse der Interpretationen von Interviewpassagen vorgestellt, in denen die Mädchen über die Pädagoginnen und ihre Beziehungen zu ihnen sprechen. Die pädagogische Beziehung wurde als Bezugsrahmen der Untersuchung gewählt, entsprechend der zentralen Bedeutung, die diese in der Unterstützung selbstbestimmten Handelns von Mädchen hat (vgl. Brown/Gilligan 1994).

Wie beschreiben die Mädchen die Beziehungen, die sie zu den Pädagoginnen im Mädchentreff haben? In folgenden Kernaspekten lassen sich ihre Aussagen bilanzieren:

- Es ist eine Beziehung unter Verschiedenen und das finden sie gut so.
- In der Beziehung erwarten sie, dass die Pädagogin ihnen ihr Mehr an Wissen zur Verfügung stellt.
- Sie erwarten Verschwiegenheit von der Pädagogin.
- Sie nutzen die Pädagogin zur Stärkung ihrer eigenen Interessen.
- Sie machen deutlich, wie wichtig ihnen ihre Selbstbestimmung ist.

- Sie kritisieren einen unoffenen Umgang der Pädagoginnen mit den zu befolgenden Regeln im Mädchentreff.
- Sie merken, wenn sie nicht ernst genommen werden und kritisieren das.
- Sie behalten im Kontakt die Verantwortung für sich selbst.
- Sie übernehmen die Verantwortung in der Interaktion, wenn sie meinen, die Pädagogin zu überfordern.

Als Quintessenz aller Deutungen im empirischen Material stellt sich heraus: Die Mädchen schätzen die Differenz zwischen sich und der Pädagogin positiv.

An der Differenz zwischen Mädchen und Pädagogin lassen sich alle Möglichkeiten und Unmöglichkeiten, positive Unterstützung und negative Einmischung in der Beziehung zwischen Mädchen und Pädagogin verhandeln (Wolf 1998, 172f.; vgl. Bitzan/Daigler 2001, 174ff.).

Die drei nun folgenden Beispiele beziehen sich auf Beziehungssituationen, in denen Ratsuchen und Ratgeben im Mittelpunkt stehen.

Susanne entwirft unter ihrem Motto »... ich brauche die Pädagoginnen auch!« ein klares Konzept der Beziehung zwischen Mädchen und Pädagogin auf der Basis von Differenz und Gleichheit: Differenz der Rollen bei gleichem Anspruch auf Anerkennung der verschiedenen Rollen. Die Rolle der Pädagogin ist die derjenigen, die für Mädchen da ist, ihnen auf Nachfrage hilft; die Rolle der Mädchen ist die der Ratsuchenden, die sich mit der Bitte um Unterstützung an die Pädagogin wendet. Das ermöglicht Susanne ganz selbstverständlich und ohne sich klein oder abhängig zu fühlen, Rat und Hilfe nachzufragen. Die Differenz der Rolle und das Mehr an Wissen und Erfahrung macht die Pädagogin interessant für Susanne. Sie findet es »angenehm«, dass diese klare und unkomplizierte Art der Beziehung im Mädchentreff möglich ist. Dieses Beziehungsmodell scheint Konsens im Mädchentreff zu sein – sowohl für die Mädchen als auch für die Pädagoginnen.

Carola schildert ebenfalls einen Kontakt, den sie als Ratsuchende initiiert: »Da bin ich einmal zu Esther hingegangen, ...«. Aufgrund ihres »harten Problems«, sie erwägt eine operative Geschlechtsumwandlung, sucht sie das Gespräch mit einer Pädagogin. Hier ist das Merkmal Differenz in der Weise wichtig, dass es aus Sicht des Mädchens von der Pädagogin nicht beachtet wird. Die Interviewpassage konzentriert sich im Kern auf die Verhandlungen über den Umgang mit Differenz. Die Differenz zwischen Carola und Esther besteht zunächst darin, dass Carola das Problem hat und Esther nicht. Carola verlangt, dass Esther diese Differenz zwischen ihnen lediglich aushält. Esther macht jedoch Carolas Problem quasi zu ihrem eigenen, denn sie sucht auf eigene Faust eine Lösung. In dem Bemühen, das Problem möglichst schnell aus der Welt zu schaffen, greift sie in Carolas Selbstbestimmung ein, die auch in Bezug auf ihren Prozess der Problemlösung gilt. Carola kritisiert Esthers Verhalten klar als Einmischung, die sie in keiner Weise erwartet hat (vgl. zur pädagogischen »Gleichrangigkeit der Erfahrung« Giesecke 1997, 119).

Carola geht mit der Differenz zwischen sich und der Pädagogin darüber hinaus in der Weise um, dass sie im Kontakt die Verantwortung für sich selbst behält. In der Rolle der Ratsuchenden gibt sie sich nicht an die Pädagogin ab, schiebt ihr nicht die Verantwortlichkeit für die Lösung des Problems zu, sondern signalisiert mit ihrer expliziten Bitte um Verschwiegenheit im Gegenteil klar ihre Eigenverantwortlichkeit.

Als kontrastierender Vergleich zu Carolas negativer Erfahrung liegt im nächsten Fall ein Beispiel für den positiven pädagogischen Umgang mit Differenz vor. Bärbels Erinnerung an die Ereignisse rund um die Liste der »Berufe, die Bärbel nicht mag«, beschreibt eine Interaktion zwischen Pädagoginnen und Mädchen, in der Probleme nicht direkt gelöst, sondern zunächst lediglich als existierend wahrgenommen werden. In Bärbels Äußerungen im Interview wird deutlich, wie sie die bloße Anerkennung ihrer Lebenssituation entlastet. Über das Aufschreiben der Zumutungen, die sie während ihrer Erwerbslosigkeit erlebt hat, und die Veröffentlichung dieser Liste im Mädchentreff muss sie lachen. Das ermöglicht ihr Distanz zu sich selbst. Sie sieht sich mit eigenen Ansichten spezifisch und different dargestellt. Obwohl ihre Situation sehr düster und ausweglos erscheint, gibt es in ihren Ausführungen nirgendwo einen Hinweis darauf, dass sie von den Pädagoginnen eine Lösung ihrer Probleme erwartet. Sie sucht Zuwendung, Aufmerksamkeit und Anerkennung. Es wird deutlich, dass sie aus dem Kontakt mit den Pädagoginnen die Bestätigung herauszieht, die sie zur Stabilisierung ihrer Lebenslage braucht. Sie will standhalten in einer Situation, die sich dadurch auszeichnet, dass ihre nähere Umwelt eng geworden ist, sie bedrängt und ihr unakzeptable Arbeiten zumutet.

Die genannten Fälle zeigen beispielhaft empirisch Konzepte und Erfahrungen von Mädchen in pädagogischen Beziehungen. Mit ihnen erschließt sich die von ihnen eingeforderte positive Qualität von Differenz als Abstinenz der Pädagoginnen in Bezug auf Drängen auf Problemlösung. Die Anerkennung der Differenz von Rollen und Lebenslagen zeigt sich als Voraussetzung, Mädchen in ihrer Selbstbestimmung zu unterstützen.

Judith und Mechthild erzählen von anderen Situationen und Verhältnissen im Mädchentreff, für die sie ebenfalls gleiche Anerkennung in der Rollendifferenz fordern.

Bei Judiths Geschichte von ihrem ersten Besuch im Mädchentreff geht es darum, dass sie sich auf merkwürdige Art nicht ernst genommen fühlt. Sie schildert, wie sie auf eine rhetorische Frage hin ihr Selbstbewusstsein demonstrieren soll. Hier geht situativ die Differenz zwischen pädagogischen Zielen der Pädagoginnen und authentischem Kontakt verloren. Judith soll Rebeccas Wunsch, dass Mädchen selbstbewusst sind, exemplarisch erfüllen. Dieses Paradox spürt Judith und es befremdet sie. Sie fühlt sich als Objekt von Pädagogik. Differenz zwischen Pädagogin und Mädchen zeichnet sich auf dem Hintergrund dieser Geschichte dadurch aus, dass die Pädagogin auf der Basis gleicher Anerkennung der eigenen und der Ansichten des Mädchens die Beziehung gestaltet. Das hieße analog zum Modell pädagogischer Beziehungen von Annedore Prengel (vgl. 3.2), dass die Pädagogin um ihre pädagogischen oder ihre feministischen Herzenswünsche weiß und sie bei sich selbst anerkennen kann, etwa: »ich möchte, dass Mädchen selbstbewusst sind« – in Anerkennung der Wünsche von Mädchen nach Eigenständigkeit und Selbstbestimmung auch gegenüber der Pädagogin. Das wiederum bietet die Chance, dass die Pädagogin im Kontakt zwischen sich und den Mädchen zu unterscheiden weiß und nicht unbewusst die Erfüllung ihrer Ziele an die Mädchen delegiert (vgl. Brown/Gilligan 1994, 247).

Mechthild kritisiert die Praxis der »ungeschriebenen Gesetze« im Mädchentreff. Sie wünscht sich klare Regeln in Bezug auf die Programm- und Raumgestaltung. Gleichheit und Differenz zwischen den Pädagoginnen und den Mädchen sind in diesem Beispiel auf der faktischen Ebene klar: Die Pädagogin setzt in ihrer qua Profession verantwortlichen Rolle die Regeln; auf der alltagspraktischen Ebene sind sie unklar, weil es keine erklärten Ver- oder Gebote gibt, die Mädchen ihre Grenzen und Möglichkeiten im Mädchentreff transparent machen würden.

Mechthilds Ausführungen lassen sich als Plädoyer dafür verstehen, dass die Pädagoginnen ihre Rolle als Hausherrinnen des Mädchentreffs insofern übernehmen, dass sie ihre Regeln veröffentlichen. Diese Setzung müsste gegenüber den Mädchen begründet und mit ihnen verhandelt werden.

Ein wesentliches Merkmal der Rollendifferenz zwischen Pädagoginnen und Mädchen in diesem Prozess wäre die Gesamtverantwortung der Pädagoginnen für Leib und Seele der Mädchen als letztes Beurteilungskriterium für Regeln. Gleichheit zwischen Pädagoginnen und Mädchen würde hergestellt in Bezug auf das Recht an der Teilnahme am Aushandlungsdiskurs und das Geltendmachen von plausiblen Argumenten (vgl. dazu beispielhaft Heinemann 2000, 200).

Resümee:
Die Aussagen der Mädchen enthalten differenzierte Rückmeldungen, Wünsche und Ansprüche an die Pädagoginnen:

- sie schätzen die Selbstverständlichkeit des Rats und der Unterstützung, die sie im Mädchentreff erfahren
- sie sehen sich in ihrem Anspruch auf Anerkennung ihrer Lebenssituationen selbstbewusst neben den Pädagoginnen
- sie haben ein deutliches Empfinden für ihre Selbstbestimmung und können Einmischungen, Unklarheiten oder Projektionen seitens der Pädagoginnen klar benennen
- sie wollen jenseits pädagogisch-feministischer Ziele ernst genommen werden.

So wird durch die Mädchen das Beziehungsmodell pädagogischen Affidamentos deutlich mit dem Aspekt parteilicher Unterstützung durch das Mehr an Wissen und an Erfahrung der Pädagoginnen, auf der Grundlage gleicher Anerkennung der Wohlergehensansprüche von Mädchen und Pädagoginnen (vgl. Prengel 1993), dem Plädoyer für einen offenen Umgang der Pädagoginnen mit ihrer Machtbefugnis (vgl. 3.3.2).

8.3 Differenz und Gleichheit: Thesen zum Verständnis pädagogischer Beziehungen

Es folgt nun ein Vergleich der Aussagen der Pädagoginnen mit den Aussagen der Mädchen zu gemeinsamen Situationen und Interaktionen im Mädchentreff Bielefeld.

In den Geschichten der Pädagoginnen, in denen sie gelungene und misslungene Situationen mit Mädchen reflektieren, werden förderliche und hinderliche Herangehensweisen an pädagogische Beziehungen deutlich.

In den Interviews mit Mädchen über ihre Zeit im Mädchentreff gibt es direkte und indirekte Rückmeldungen auf ihre Beziehungen zu den Pädagoginnen. Direkt sind ihre Aussagen über die Pädagoginnen, indirekt lässt sich ihre Haltung deuten, die sie zu den Pädagoginnen einnehmen.

Es ist interessant, dass beide Seiten unterschiedliche Perspektiven auf dasselbe Beziehungsmodell werfen. Es handelt sich um die Beziehung zwischen einer Frau und einem Mädchen in einem freiwilligen Setting, in dem beide differente Rollen haben: Die Rolle der Frau ist die (qua Profession), ihr Wissen unterstützend zur Verfügung zu stellen; die des Mädchens (qua Status der Jugendlichen), Hilfe und Anregung im pädagogischen Rahmen von Mädchenarbeit nachzufragen. Innerhalb dieses Rahmens treffen Pädagogin und Mädchen aufeinander. Gleichheit bezieht sich auf die (auf Seiten der Mädchen klar formulierte) gleiche Anerkennung der differenten Rollen – der Differenz.

Die Geschichten der Pädagoginnen zeigen, wie aus ihrer Sicht das Gelingen bzw. Misslingen pädagogischer Situationen mit der Realisierung egalitärer Differenz (Prengel 1993) in pädagogischen Beziehungen zusammenhängt. Die Klarheit der Pädagoginnen in Bezug auf ihre professionelle Rolle stellt sich her in der Wahrnehmung subjektiver Vorlieben und Grenzen. Auf dieser Grundlage können pädagogische Ziele authentisch umgesetzt werden. Pädagogische Vorhaben können dann so gestaltet werden, dass tragfähige, anerkennende Beziehungen möglich sind: z.B. in gemeinsamer Fotoarbeit, einer freizeitorientierten Mädchengruppe und in der stärkenden Beschäftigung mit Gewalterfahrungen, Ohnmacht, Wut und Trauer.

Als Ursache dafür, dass Rollenklarheit auf Seiten der Pädagoginnen verloren geht, zeigt sich das Ausblenden subjektiver Befangenheiten und Gefühle in der Beziehung zu Mädchen. Aufgrund des normativen Anspruches an die eigene Professionalität, Subjektivität kontrollieren zu können, wird sie negiert. So wird die Beziehung zwischen Pädagoginnen und Mädchen gestört, da auf Seiten der Pädagoginnen das Management unerlaubter Regungen im Mittelpunkt steht und nicht die Wahrnehmung davon, was Mädchen und Pädagoginnen (aus welchen Gründen auch immer) in die Interaktion mitbringen. Hier wird die paradoxe Wirkung normativer Ansprüche deutlich: Sie verhindern genau das, wofür sie antreten. Nur die Anerkennung eigener Subjektivität ermöglicht einen selbstreflexiven und in diesem Sinne pädagogisch-professionellen Umgang mit ihr (vgl. Brown/Gilligan 1994; Thiersch 1998).

Besonders relevant wird der Zusammenhang von pädagogischer Professionalität und reflexiver Subjektivität, wenn es um die Wahrnehmung negativer Gefühle Mädchen gegenüber geht. Hier scheint der Grundsatz der Parteilichkeit letztlich als Argument für das Vermeiden von Konflikten mit Mädchen zu wirken. Parteilichkeit betont den Aspekt, Mädchen anzunehmen, wie sie sind, und widerständiges Verhalten unter dem Gesichtspunkt ihrer Stärke zu sehen. Diese Maximen sind als Gegenentwurf zu konservativer und koedukativer Mädchenerziehung entstanden, in der von Mädchen Anpassung verlangt wird oder sie im Vergleich mit Jungen defizitär beurteilt werden (vgl. Bitzan/Daigler 2001).

Im Konzept feministischer Mädchenpädagogik bedeutet der Grundsatz, Mädchen anzunehmen, wie sie sind, nicht, alles gut zu finden und zu tolerieren, was Mädchen tun. Annehmen meint ernst nehmen im Sinne einer Subjektorientierung und im Verständnis eines geschlechtshierarchischen Verdeckungszusammenhanges, Mädchen als Verantwortliche ihres Tuns zu sehen (vgl. dazu 3.3). Es verlangt, ihnen positive Bestätigung und kritische Rückmeldung zuzumuten, und es erlaubt der Pädagogin auch, sich gegen unfaires Verhalten von Mädchen zu wehren und eigene Grenzen körperlicher und psychischer Belastbarkeit zu schützen. Dieser Aspekt von Parteilichkeit ist auf der Ebene bewusster Reflexion sicherlich unstrittig. Wenn aber in schnellen und anspruchs-vollen Alltagssituationen Interessen oder Meinungen der Mädchen und Pädagoginnen auseinandergehen, scheint Parteilichkeit normativ zu wirken und das Argument für die Vermeidung von Konflikten mit Mädchen zu liefern.

Im Kontext von feministischer Beratungsarbeit mit erwachsenen Frauen stellt Katharina Gröning (1993) in ihrer Studie »Beratung in kommunalen Gleichstellungsstellen« etwas Ähnliches fest. Dort wird von den Beraterinnen unter dem äußeren Erwartungsdruck, »jeder Frau – praktisch – zu helfen« (ebd., 16), Parteilichkeit mit steter Zustimmung zu Lebensentwürfen und subjektiven Deutungen der Ratsuchenden verwechselt.

> »Mit dem Grundsatz der Parteilichkeit begibt sich die Beraterin in die Gefahr, ihre Affekte zum erzählten Material der Ratsuchenden zugunsten der Verbundenheit abzuspalten. Sie nimmt sich zurück, bekämpft Intuition oder/und Gegenübertragungsgefühle und damit den Schlüssel zum professionellen Verstehen.« (ebd., 194)

An dieser Stelle müsste das theoretische Konzept feministischer Mädchenpädagogik weitergeführt werden. Folgende Frage stellt sich aufgrund der empirischen Untersuchung pädagogischer Beziehungen: Was bedeutet die Konfliktorientierung für die Beziehungen von Mädchen und Pädagoginnen in Anerkennung der überwiegend negativen Konflikterfahrungen von Mädchen und Frauen in Beziehungen (vgl. dazu Bitzan 1998)? Ohne direkte Handlungsanweisungen zu geben, bestätigen sowohl Prengel (1993) als auch Großmaß (1993) diese Frageperspektive. Als analytisches Konstrukt für ein konfliktfähiges professionelles Selbstverständnis der Pädagogin ist das Subjekt-Subjekt-Modell pädagogischer Beziehungen von Prengel hilfreich. Dort werden die Wohlergehensansprüche von Mädchen und Pädagogin gleich anerkannt. Das Recht der Pädagogin auf eigenes Wohlbefinden wird als notwendig dafür angesehen, dass sie auf Bedürfnisse von Mädchen eingehen kann. Als Symbol dafür beschreibt sie zwei Menschen auf einem weiten Strand: Die Pädagogin hat Raum und lässt Raum für die Selbstbestimmung des Mädchens (vgl. 3.2).

Ruth Großmaß analysiert ebenfalls die Notwendigkeit auf Seiten der Pädagogin, persönliche und institutionelle Grenzen anzuerkennen, um eine fördernde pädagogische Beziehung gestalten zu können. Sie betont die unvermeidliche Realität und letztliche Produktivität von Konflikten, die Affidamento, verstanden als ehrliche Beziehung zwischen Pädagogin und Mädchen (vgl. 3.3.2), bedeutet.

Es scheint sich zu lohnen, dieses Wagnis einzugehen, denn:

> »Wenn Frauen und Mädchen sich an der Wegkreuzung der Adoleszenz begegnen, öffnet sich die Nahtstelle zwischen den Generationen, die Teil einer patriarchalen Kultur ist. Wenn Frauen und Mädchen sich zusammen dagegen wehren, die Beziehung um der »Beziehung« willen aufzugeben, dann liegt in dieser Begegnung das Potential für eine soziale und eine kulturelle Veränderung.« (Brown/Gilligan 1994, 256)

Die Mädchen beziehen Aussagen über ihre Beziehung zu den Pädagoginnen im Mädchentreff klar auf die Grenzen und Möglichkeiten eines pädagogischen Settings. In ihren positiven und negativen Rückmeldungen an die Pädagoginnen wird deutlich, was sie sich wünschen. Sie schätzen, dass sie im Mädchentreff auf unkomplizierte Art und Weise Unterstützung, Rat und Entlastung erfahren. Der Kontakt zu erwachsenen Frauen, mit denen sie nicht privat oder familiär verbunden sind, ist ihnen wichtig. »Unverstrickt und doch vertraut« (Bitzan/Daigler 2001, 175) kennzeichnet treffend die positive Qualität pädagogischer Beziehungen für Mädchen. Sie holen sich, was sie in ihrer jeweiligen Lebenssituation brauchen. Die Mädchen kritisieren scharf, wenn die Pädagoginnen mit dem Argument, zu helfen, eigenmächtig handeln und in ihre Selbstbestimmung eingreifen. Dies wird als Verhalten dargestellt, das sie nicht erwartet hätten. Als Eingriff in ihre Selbstbestimmung empfinden sie auch, wenn sie merken, dass sie im Kontakt bestimmte Erwartungen der Pädagoginnen erfüllen sollen und eigenwilliges Agieren nicht gefragt ist.

Die Mädchen akzeptieren die Rolle der Pädagogin als Betreuerin und verantwortliche Hausherrin im Mädchentreff. Aber sie verlangen, dass die Pädagogin mit dieser Rolle eindeutig umgeht, sowohl in Bezug auf authentischen Kontakt als auch in Bezug auf Regeln und Machtbefugnisse im Mädchentreff.

Die Aussagen der Mädchen sind Aufforderung und Ermutigung an die Pädagoginnen, ihre Lebenserfahrung und ihre Ansichten einzubringen, mit ihrem Mehr an Wissen und Macht im Mädchentreff offen umzugehen. Die Mädchen wollen einen klaren Umgang mit der Verschiedenheit zwischen Pädagoginnen und Mädchen auf der Basis gleicher Anerkennung der jeweiligen Lebenssituationen und Bedürfnisse. Sie wollen die Anerkennung ihrer Selbstbestimmung in Bezug auf eigene Entscheidungen und sie wollen die Auseinandersetzung über Regeln im Mädchentreff. Die Haltung der Mädchen in ihren Ausführungen ist selbstbewusst und klar zwischen sich und den Pädagoginnen unterscheidend. Ob sie diese Reife wegen der Beziehungsmöglichkeiten im Mädchentreff zeigen, kann hier nicht entschieden werden. Jedenfalls finden sie dort ein verlässliches Übungsfeld für genau diese Auseinandersetzungen (vgl. Möhlke/Reiter 1995; Wolf 1998).

Die Mädchen haben ein Modell von Gleichheit und Differenz für die Beziehungen zu den Pädagoginnen im Mädchentreff, ein Modell, das auf der Basis gleicher Anerkennung die Verschiedenheit der Beteiligten und ihrer Rollen wahrnimmt und positiv schätzt.

9. Ergebnisse und Ausblick

Die vorliegende Studie zum Thema Selbstbestimmung als Ziel feministischer Pädagogik, exemplarisch durchgeführt im Mädchentreff Bielefeld, richtete den Focus auf die pädagogische Beziehung zwischen Pädagogin und Mädchen. Die Perspektiven beider Akteurinnengruppen wurden miteinander verglichen. Die empirische Basis bildeten »problemzentrierte Interviews« (Witzel 1985) mit Mädchen und selbstreflexive pädagogische Geschichten (vgl. Baacke/Schulze 1993) der Mitarbeiterinnen des Mädchentreffs. Dieses Material wurde im Kontext der Methodologie qualitativer Sozialforschung mit dem Instrument der »strukturellen Beschreibung« (Schütze 1984) bearbeitet.

Die Untersuchung bringt Erkenntnisse darüber, *wie* sich in einem feministischen geschlechtshomogenen Feld Pädagogik realisiert. Sie erforscht pädagogische Beziehungen in einem Mädchentreff anhand der von den Mädchen und Pädagoginnen erinnerten Begegnungen, Situationen, Ereignisse, Konflikte, Ärgernisse und Highlights. Die »feine« Analyse des empirischen Materials (vgl. 6. und 7.) bringt Ergebnisse, die zunächst auf der Ebene der Rekonstruktion pädagogischer Phänomene und dann auf der Ebene von Verstehen alltäglicher pädagogischer Interaktion liegen.

Eingangs wurde als Ziel formuliert, zum einen im Sinne der »grounded theory« (Strauss 1991), durch diese beispielhaft in einem Feld durchgeführte Praxisforschung einen Beitrag zur Theorieentwicklung feministischer Pädagogik zu leisten. Zum anderen gehe es um die Evaluation der Pädagogik innerhalb eines Mädchentreffs, um Leistungen und Probleme der Praxis zu identifizieren, aber auch um empirisch fundierte Hinweise auf die Bedeutung dieser relativ jungen (wieder) geschlechtshomogenen Einrichtungen für Jugendhilfeplanungen und Jugendpolitik.

Die Ergebnisse zum letztgenannten Punkt lassen sich direkt aus den Rückmeldungen der Mädchen ableiten.

Rückmeldungen von Mädchen

1. Die Ausgangsfrage der Evaluation in Hinblick auf eine jugendpolitische Relevanz war, wie unterstützt ein Mädchentreff Selbstbestimmungs-

prozesse von Mädchen? Ein wesentliches Ergebnis ist, dass die Mädchen sagen, sie fühlen sich im Mädchentreff so akzeptiert, wie sie sind. Dieses Akzeptieren geht für sie über das hinaus, was sie in Schule oder Freizeit erleben: Sie fühlen sich ernst genommen sowohl mit ihren Bedürfnissen nach »abhängen, Spaß, rumflippen«, als auch mit den Anliegen und Problemen, die sie außerhalb des Mädchentreffs haben. Dabei ist für sie wichtig, nicht danach beurteilt zu werden, was ein »richtiges« Mädchen macht. In der Anerkennung der Vorlieben und Neugierde müssen sie nicht mit Jungen konkurrieren (vgl. 7.1).

Diese ungewöhnliche Erfahrung stärkt ihr Selbstbewusstsein und unterstützt sie in ihrer Selbstbestimmung sowohl bei alltäglichen Entscheidungen als auch bei Entscheidungen, die ihre Berufs- und Lebensplanung betreffen. Die Mädchen sagen, dass die Pädagoginnen »für sie da sind«. Dabei geht es um »da sein« in Bezug auf Interessen bei anderen, in der Schule oder zu Hause. Sie erleben, dass sie legitime Rechte haben und die Pädagoginnen sich für sie und ihre Rechte einsetzen. Sie werden ermutigt, ihre Rechte wahrzunehmen und durchzusetzen. Insofern macht der Mädchentreff Selbstbestimmung relevant als etwas, was den Mädchen zusteht, und bricht mit der kulturellen Haltung Mädchen gegenüber, in erster Linie »nett« zu sein, und d.h. oft, ihre eigenen Interessen denen anderer unterzuordnen (vgl. Brown/Gilligan 1994).

2. Der Mädchentreff unterstützt Mädchen in Krisen. Viele Mädchen erzählen, dass sich die Pädagoginnen in großen persönlichen Krisen parteilich für sie eingesetzt haben. Dabei machen sie deutlich, dass sie es keineswegs als selbstverständlich erleben, dass Menschen in ihrem Umfeld sich in Konfliktsituationen auf die Seite von Mädchen stellen. In einer Kultur, die Mädchen noch immer sehr viel weniger Experimente und Fehler zugesteht als Jungen, empfinden sie es als etwas Besonderes, wenn ihre Interessen gegenüber anderen verteidigt, wenn sie bei der Bewältigung von Fehlern unterstützt werden und wenn versucht wird, für die Realisierung ihrer Pläne Raum zu schaffen. Mädchenparteiliche Ressourcen dieser Art scheinen angesichts des aktuellen, ›modernen‹ Mädchenbildes zunehmend wichtig zu sein (vgl. 3.3.3). Die Auswirkungen von Pluralisierung und Individualisierung (vgl. Beck 1993) machen es nach wie vor nötig zu fragen:

> »Wie also können Konflikte/Probleme, auch Zuwendungsbedarf von Mädchen erkannt werden, wenn ihre Bewältigung für das Erscheinungsbild verschwiegen werden muss: ich habe keine Probleme, ich bin nicht benachteiligt, ich bin kompetent.« (Bitzan/Daigler 2001, 209)

3. Im Rahmen offener Jugendarbeit wird mit einem Mädchentreff Raum für Mädchen geschaffen, ohne geschlechtsspezifische Einschränkungen und Zuschreibungen aufgrund direkter Interaktion mit Jungen. Mit Michael Walzer (1992) könnte man sagen, dass der Mädchentreff eine »Sphäre der Gerechtigkeit« darstellt, innerhalb einer »Pädagogik der Vielfalt« (Prengel 1993), in der Mädchenkultur anerkannt wird neben und in einer von Jungen dominierten Jugendkultur (vgl. BKJ, Hg., 2000). Das ist das eigentlich historisch/gesellschaftlich Neue an einem Mädchentreff: Er ist ein öffentlicher, damit im Symbolischen präsenter (vgl. Muraro 1989), positiv besetzter Raum für mädchenbezogene Geselligkeit. Mädchen können kommen und gehen, wann *sie* wollen, ohne etwas lernen zu *müssen* und ohne Probleme haben zu *müssen*. Mädchen prägen und gestalten ihre eigene Kultur (vgl. Möhlke/Reiter 1995; Jaeckel 1998). Damit wird institutionell umgesetzt, was Annedore Prengel als Gegenentwurf zu »Assimilationspädagogik« fordert. Der gleichberechtigten Anerkennung und Pflege differenter Kulturen soll Ausdruck in eigenen Orten gegeben werden.

Als Beitrag zur Theorieentwicklung im Kontext feministischer Pädagogik lassen sich sowohl Ergebnisse im Hinblick auf das Verhältnis und den Status von Koedukation und Monoedukation als auch für die genauere Beschreibung einer produktiven pädagogischen Beziehung zwischen Pädagogin und Mädchen formulieren.

Zum Verhältnis von Koedukation und Monoedukation

4. Eine Distanznahme von der Koedukation als Paradigma der Organisation von Pädagogik in Bezug auf Geschlecht scheint in Theorie und Praxis schwierig zu sein.

> »In der Erziehungswirklichkeit ließe sich auf Anhieb eine Fülle von Normalisierungen entdecken. Alle Übereinkünfte, die auch anders geregelt sein könnten, stehen unter dem Einfluss von Normalitätsvorstellungen.« (Wenning 2001, 283)

Auch in der erziehungswissenschaftlichen Theorie gilt die Koedukation heute als »Normalpädagogik« (ebd., 287).

Doris Lemmermöhle (1996) und Sigrid Metz-Göckel (1999) vertreten jedoch die These, dass alle guten Erfahrungen feministischer Mädchenpädagogik in geschlechtshomogenen Formen folgenlos bleiben werden, wenn sie von allen Beteiligten, Mädchen und Jungen, Pädagoginnen und Pädagogen, nicht als normal erlebt und selbstverständlich praktiziert werden. Das würde ein Modell geschlechtsbewusster Pädagogik (vgl. Rauw u.a., Hg., 2001) verlangen, in dem Mädchen- und Jungenpädagogik, Ko-

und Monoedukation im Verhältnis egalitärer Differenz zueinander stünden und das über Maßnahmen »reflexiver Koedukation« (Horstkemper/Faulstich-Wieland 1998) hinausginge.

Mädchenarbeit im schulischen und außerschulischen Bereich unter Bedingungen der Koedukation ist »Mädchenförderung«, sie bleibt defizitär und stigmatisiert letztlich die beteiligten Akteurinnen. Im Rahmen der vorliegenden Studie findet dies Ausdruck in den Aussagen der Mädchen, die immer wieder berichten, dass sie sich erklären müssen, wenn sie den Mädchentreff besuchen – der scheint als positiv besetzter, öffentlicher Raum für Mädchen nicht »normal« zu sein (vgl. 7.1.2).

5. Im Kapitel »Geschlechtshomogenität« (3.3.1) wurde dafür plädiert, Pädagogik in der Weise anders zu denken, dass in die erziehungswissenschaftliche Systematik die Kategorie »Organisationsform in Bezug auf Geschlecht« eingezogen wird, unter der Monoedukation und Koedukation als zwei Formen gleichberechtigt nebeneinander stehen. Damit würde der Differenz der Geschlechter Ausdruck und Anerkennung gegeben, die im Gleichheitsdenken der Koedukation praktisch übergangen wurde (vgl. Rendtorff/Moser 1999). Die Kritik an diesem Differenzbegriff ist, dass er Verschiedenheiten letztlich ontologisiere und reifiziere, was er zu verändern suche (vgl. stellvertretend Gildemeister/Wetterer 1992; Löw 2001). Ich teile demgegenüber die Positionen von Prengel (1993) und von Kahlert (1996), die Differenz im Sinne von Derrida als différance verstehen, als unhintergehbares Phänomen ohne inhaltliche Qualifizierung. Sie verknüpfen Differenz mit Enthierarchisierung, so dass für eine Pädagogik der Vielfalt (sowie für eine demokratische Gesellschaft) Verschiedenheiten normal, entfaltet oder unwichtig sein können.

Differenz und Gleichheit als zentrale Kategorien in der pädagogischen Beziehung

Die Begriffe »Differenz und Gleichheit« haben sich für eine Annäherung an die Beschreibung von Selbstbestimmungsprozessen als überaus produktiv erwiesen. Differenz und Gleichheit, verstanden als egalitäre Differenz (vgl. 3.2.1), bilden die zentrale Denkfigur innerhalb der »Pädagogik der Vielfalt« (Prengel 1993), die als wesentlicher erziehungswissenschaftlicher Rahmen feministischer Mädchenpädagogik gelten kann. Diese Denkfigur ist ebenfalls zentral im italienischen Differenzfeminismus, der im Kontext der vorliegenden Arbeit als einschlägiger Bezugspunkt für Mädchenpädagogik gesetzt wurde, da in seinem Kontext die Beziehungsmodelle des

Affidamento, des »Sichanvertrauens« unter Frauen (Libreria delle Donne 1988) und der weiblichen Autorität (Diotima 1999) entwickelt wurden, die wichtige Impulse für die Diskussion um die pädagogische Beziehung zwischen Mädchen und Pädagogin gegeben haben (vgl. Großmaß 1993; Rauw 2001; Haasis 2002).

6. Die Aussagen der Mädchen im Mädchentreff konkretisieren ein Beziehungsmodell, das durchaus als ein Modell von Differenz und Gleichheit – als Anerkennung der Differenz der Rollen von Mädchen und Pädagoginnen, bei Gleichheit der Anerkennung der jeweils unterschiedlichen Lebenslagen, beschrieben werden kann. Die Mädchen erkennen und schätzen ihre Differenz zu den Pädagoginnen positiv, denn sie ermöglicht ihnen, sich selbstbewusst um Rat und Unterstützung an sie zu wenden und Wissen und Erfahrung der Pädagoginnen zu nutzen. Dabei behalten sie im Kontakt die Verantwortung für sich selbst und für die Bearbeitung ihrer Probleme. Die Beachtung von Differenz auf dieser Ebene erwarten sie auch von der Pädagogin, d.h. sie muten ihr zu, Probleme mit auszuhalten, ohne einzugreifen. Sie zeichnen ein Modell pädagogischen Affidamentos, in dem sie den Kontakt zu einer erwachsenen Frau suchen, die ihre Selbstbestimmung anerkennt und damit die Differenz ihrer Lebenslagen als gleiche Andere. Diese Aussagen sind sowohl Ermutigung für die Pädagogin, ihre professionelle Rolle klar anzunehmen, als auch Entlastung von selbst gemachten Ansprüchen, Probleme von Mädchen lösen zu müssen. Hier finden sich Konkretisierungen von Selbstbestimmung bzw. Bedingungen für die Ermöglichung von Selbstbestimmung aus der Sicht von Mädchen: die Anerkennung ihrer Lebenslage, z.B. ihres »Informationsreservates«, als »Territorium des Selbst« (Goffman 1974, vgl. 7.3.2) und ihres Subjektstatus als selbst (bestimmt) Handelnde.

7. Die pädagogischen Geschichten der Mitarbeiterinnen des Mädchentreffs beschreiben gelungene und misslungene Situationen mit Mädchen. Sie zeigen, was Differenz und Gleichheit für pädagogische Beziehungen aus der Sicht von Pädagoginnen bedeuten: Das von Seiten der Mädchen unmissverständlich formulierte Recht auf ihre Selbstbestimmung, für das die Anerkennung egalitärer Differenz in ihrer Beziehung zu den Pädagoginnen Voraussetzung ist, wird auf Seiten der Pädagoginnen in Bezug auf die Mädchen ebenfalls benannt, für sie selbst jedoch scheint die Anerkennung eigener Subjektivität und deren spezifischer Grenzen mit dem professionellen Selbstbild in Widerspruch zu geraten (vgl. 8.1).

Bei der Analyse der pädagogischen Geschichten wurde deutlich, dass es Situationen gibt, in denen es den Pädagoginnen schwer fällt, Mädchen zu kritisieren. Dieses Phänomen zeigt sich als Schattenseite des parteilichen Grundsatzes feministischer Pädagogik, Mädchen zu akzeptieren, wie sie sind. Auf der Ebene pädagogischer Reflexion ist den Pädagoginnen bewusst, dass diese Prämisse nicht besagt, dass sie alles gut finden müssen, was Mädchen tun. Wenn jedoch situativ die Interessen oder Meinungen von Mädchen und Pädagoginnen auseinander gehen, ist es schwierig, diese Unterschiedlichkeit anzusprechen. In diesem Fall scheint die Programmatik des »Mädchen-Akzeptierens« als Argument für Konfliktvermeidung zu wirken. Im Ergebnis geht die Pädagogin aus dem Kontakt mit ihren eigenen Wahrnehmungen heraus und verliert damit ihre Authentizität im Kontakt mit den Mädchen.

Analog dazu »gelingt« Pädagogik, wenn der Grundsatz der Selbstbestimmung auch für die Pädagogin gilt. Das bedeutet, dass sie ihre persönlichen Voraussetzungen für pädagogische Vorhaben ernst nimmt – sowohl negative Vorbehalte auch positive Vorlieben. Die Beispiele in den Geschichten zeigen, dass wenn diese bei der Konzeption von Projekten berücksichtigt werden, die Pädagogin Beziehungen zu den Mädchen eingehen kann, ohne dass Konflikte vermieden werden. Damit wird es den Mädchen möglich, in Identifikation oder Abgrenzung zu der Pädagogin selbstbestimmt ihren eigenen Weg zu finden.

8. An dieser Stelle ergaben sich wichtige Hinweise auf die Weiterentwicklung der Theorie feministischer Mädchenpädagogik: Sie müsste sich stärker mit den notwendig konflikthaften Phasen und Anteilen in der Beziehung zwischen Mädchen und Pädagogin beschäftigen (vgl. Bitzan 1993, 1998, 2000b). Konfliktfähigkeit ist nach der Analyse des empirischen Materials zentral für Selbstbestimmung unterstützende pädagogische Interaktionen. In der Untersuchung ist deutlich geworden, dass ein Zusammenhang besteht zwischen Selbstbestimmung von Mädchen zulassenden pädagogischen Beziehungen, der Anerkennung eigener subjektiver Voraussetzungen seitens der Pädagogin und der Konfliktfähigkeit der Pädagogin.

Das selbstreflexive und selbstbewusste »Ausgehen von sich selbst« (Rauw 2001, 117) im pädagogischen Bezug hat sich als eine Voraussetzung von Konfliktorientierung erwiesen. Nur auf der Grundlage

- der »Anerkennung eigener Wohlergehensansprüche seitens der Pädagogin« (Prengel 1993, 59; vgl. 3.3.2)

- von Wissen um enge subjektive und institutionelle Handlungsspielräume (Großmaß 1993, 327; vgl. 3.3.2)
- von Erinnerung an die eigene Mädchenzeit und die dort erlebten Bestärkungen und erlittenen Zumutungen (Brown/Gilligan 1992, 247; vgl. 4.)

kann die Pädagogin ernsthafte Beziehungen zu den Mädchen eingehen, die auch Meinungsverschiedenheiten und unterschiedliche Interessen zulassen und Selbstbestimmung nicht lediglich in Übereinstimmung unterstützt.

Die Anerkennung eigener Subjektivität seitens der Pädagogin und deren professioneller Wendung zeigt sich als praktische Voraussetzung dafür, Eigenart von Mädchen zulassende Interaktion gestalten zu können. Wenn Mädchen heute Eigensinn, Widerspruch, Selbstbestimmung, Wehrhaftigkeit zugestanden werden soll, dann muss die Pädagogik implizieren, dass die pädagogische Beziehung zu ihnen Grenzen hat, da diese Qualitäten auch dort relevant sind und ihr Vorkommen erwünscht ist. Da Eigensinn nicht inhaltlich definiert ist, kann er sich auch gegen wohlmeinende Absichten richten. An dieser Stelle ist die Konfliktfähigkeit der Pädagogin gefragt, ihre Fähigkeit, sich auseinander zu setzen und unter Umständen Trennungen zu Mädchen zu akzeptieren.

9. Differenz und Gleichheit in der pädagogischen Beziehung zwischen Mädchen und Pädagogin bedeuten für die Pädagogin also das (selbstreflexive) Anerkennen der eigenen, jeweils von den Mädchen differenten Lebens- und Interessenlage und die Anerkennung dieser Differenz als innerhalb der Interaktion gleichwertig. Differenz und Gleichheit in dieser Weise als Grundlage pädagogischer Beziehungen zu setzen, bietet eine Basis sowohl für Anerkennung des eigenen und der anderen, als auch für Konflikte, da Differenzen nicht ausgegrenzt, sondern integraler Bestandteil dieses Verhältnisses sind.

In diesem Sinne möchte ich mit Maria Bitzan enden, die Konflikt für ein zentrales und produktives Element in den Beziehungen zwischen Mädchen und Frauen hält:

> »(...) deren patriarchaler Kern ja gerade im Verbot des Verschiedenen liegt, des Subjektseins in der Differenz zu anderen. Das Verschiedene anzuerkennen erzeugt Raum – für Konflikt, für Ansehen, für Anerkennung.« (ebd. 1998, 195)

Literatur:

Abels, Gabriele 1993: Zur Bedeutung des Female-Stream für die Methodendiskussion in den Sozialwissenschaften. In: Soziologie, Heft 1, S. 6-17

Adorno, Theodor W. 1972: Soziologische Schriften 1, 1. Aufl. Frankfurt/M.

Altrichter, Herbert 1990: Ist das noch Wissenschaft? Darstellung und wissenschaftstheoretische Diskussion einer von Lehrern betriebenen Aktionsforschung. München

Altrichter, Herbert/Peter Posch 1990: Lehrer erforschen ihren Unterricht. Eine Einführung in die Methoden der Aktionsforschung. Bad Heilbrunn

Andreesen, A. 1926: Das Landerziehungsheim. Leipzig

Andresen, Sabine 1997: Mädchen und Frauen in der bürgerlichen Jugendbewegung. Soziale Konstruktionen von Mädchenjugend. Neuwied/Kriftel/Berlin

Arolt, Andrea 1987: Koedukation in der Diskussion: Das »Wesen der Geschlechter« als Kristallisationspunkt des Pro und Kontra. In: Faulstich-Wieland (Hg.), S. 33-79

Asmus, Miriam/Marion Sander 1998: Der Mädchentreff Bielefeld e.V. In: Deinet/Sturzenhecker (Hg.), S. 316-321

Auernheimer, Georg 1974: Erzieher-Erziehung-Erziehungsmittel-Erziehungstheorie. In: Wulf (Hg.)

Baacke, Dieter/Theodor Schulze (Hg.) 1993: Aus Geschichten lernen. München

Beauvoir, Simone de 1977: Das andere Geschlecht. Reinbek

Beck, Ulrich 1993: Die Erfindung des Politischen. Zu einer Theorie reflexiver Modernisierung. Frankfurt/M.

Becker-Schmidt, Regina 1998: Zum feministischen Umgang mit Dichotomien. In: Knapp, Gudrun-Axeli (Hg.), S. 84-125

Becker-Schmidt, Regina/Helga Bilden 1991: Impulse für die qualitative Sozialforschung aus der Frauenforschung. In: Flick u.a. (Hg.)

Becker-Schmidt, Regina 1985: Probleme einer feministischen Theorie und Empirie in den Sozialwissenschaften. In: Feministische Studien, 4, 2

Behm, Britta L./Gesa Heinrichs/Holger Tiedemann (Hg.) 1999: Das Geschlecht der Bildung. Die Bildung der Geschlechter. Opladen

Belenky, Mary u.a. 1989: Das andere Denken. Persönlichkeit, Moral und Intellekt der Frau. Frankfurt/M./New York

Benner, Dietrich 1983: Grundstrukturen pädagogischen Denkens und Handelns. In: Lenzen (Hg.), S. 283-300

Berliner Pädagoginnengruppe 1979: Feministische Mädchenarbeit. In: beiträge zur feministischen theorie und praxis 2, S. 87-96

Beyer, Johanna/Franziska Lamott/Birgit Meyer 1983: Frauenhandlexikon. Stichworte zur Selbstbestimmung. München

Bida-Winter, Renate 1991: Das Gespräch im Jugendzentrum. Eine pädagogisch-psychoanalytische Intervention. Frankfurt/M.

Bitzan, Maria/Claudia Daigler 2001: Eigensinn und Einmischung. Einführung in Grundlagen und Perspektiven parteilicher Mädchenarbeit. Weinheim und München

Bitzan, Maria 2000a: Veränderte Mädchenwelten und Parteilichkeit. In: Mädchenarbeit in NRW. 3. Rundbrief der LAG Mädchenarbeit in NRW e.V. »Erster Vernetzungskongress »Mädchenarbeit in NRW««, 22.-24.11.1999 in Aachen, S. 10-18

Bitzan, Maria 2000b: Geschlechtshierarchischer Verdeckungszusammenhang. Überlegungen zur sozialpädagogischen Mädchen- und Frauenforschung. In: Lemmermöhle, Doris u.a. (Hg.), S. 146-160

Bitzan, Maria 1998: Konfliktorientierung und Verständigung als methodologische Basiselemente feministischer Forschung. In: Tübinger Institut für frauenpolitische Sozialforschung e.V. (Hg.), S. 176-197

Bitzan, Maria/H. Reinl 1998: Frauenpolitik in pädagogischer Praxis: Privatinteresse oder fachlicher Standard. In: Tübinger Institut für frauenpolitische Sozialforschung (Hg.), S. 278-285

Bitzan, Maria 1993: Parteilichkeit zwischen Politik und Professionalität. In: Heiliger/Kuhne (Hg.), S. 196-206

BKJ – Bundesvereinigung Kulturelle Jugendbildung e.V. (Hg.) 2000: Kulturarbeit mit Mädchen. Remscheid

Blumer, Herbert 1969: Symbolic Interaction, Perspective and Method. Englewood Cliffs

Böhnisch, Lothar/Martin Rudolph/Barbara Wolf (Hg.) 1998: Jugendarbeit als Lebensort. Jugendpädagogische Orientierungen zwischen Offenheit und Halt. Weinheim und München

Böhnisch, Lothar/H. Gängler/Th. Rauschenbach (Hg.) 1991: Handbuch Jugendverbände. Eine Ortsbestimmung in Analysen und Selbstdarstellungen. Weinheim und München

Bollnow, O.F. 1955: Dilthey. Eine Einführung in seine Philosophie. Stuttgart

Bowles, Gloria/Renate Duelli-Klein 1983: Theories of Women's Studies. London (Routledge & Kegan Paul)

Bracht, Ulla/Dieter Keiner (Hg.) 1994: Geschlechterverhältnisse und die Pädagogik. Jahrbuch der Pädagogik 1994, Frankfurt/M.

Braun, Karl-Heinz/Gert Gekeler/Konstanze Wetzel 1989: Subjekttheoretische Begründungen sozialarbeiterischen Handelns. Didaktische Bausteine und dialogische Interviews zur Praxisreflexion und Innovation. Marburg

Brehmer, Ilse 1987: Koedukation in der Schule: Benachteiligte Mädchen. In: Faulstich-Wieland, Hannelore (Hg.), S. 80-111

Breidenstein, Georg/Helga Kelle 1998: Geschlechteralltag in der Schulklasse. Ethnographische Studien zur Gleichaltrigenkultur. Weinheim und München

Brendel, Sabine 1999: »Wir haben alles zusammen gemacht, ne ... das war immer so die gleiche Wellenlänge«. Zur Bedeutung von gleichgeschlechtlichen Freundschaften und »Peers« bei Mädchen. In: beiträge zur feministischen theorie und praxis, Köln, Heft 51, S. 37-45

Brezinka, W. 1974: Grundbegriffe der Erziehungswissenschaft. München

Brown, Lyn Mikel/Carol Gilligan 1994: Die verlorene Stimme. Wendepunkte in der Entwicklung von Mädchen und Frauen. Frankfurt/New York

Brumlik, Micha 1992: Advokatorische Ethik. Bielefeld

Brumlik, Micha 1983: Symbolischer Interaktionismus. In: Enzyklopädie Erziehungswissenschaft, Bd. 1, Stuttgart, S. 232ff.

Brunner, Reinhard/Wolfgang Zeltner 1980: Lexikon zur Pädagogischen Psychologie und Schulpädagogik. München
Bühler, Charlotte 1932: Jugendtagebuch und Lebenslauf. Zwei Mädchentagebücher. Jena
Bundeszentrale für gesundheitliche Aufklärung (BZgA) (Hg.) 2000: Sexualpädagogische Mädchenarbeit. Forschung und Praxis der Sexualaufklärung und Familienplanung. Band 17. Köln
Burkert, Esther 1999: »Mädchen allein auf der Straß, das gab es hier seit Mitte März kaum noch«. Sexualmorde an Mädchen, Medien-Infotainment und der Diskurs um Innere Sicherheit. In: beiträge zur feministischen theorie und praxis, Köln, Heft 51, S. 127-137
Butler, Judith 1991: Das Unbehagen der Geschlechter. Frankfurt/M.
Carter, Erica 1982: Momentaufnahme – drei Frauen. Über junge Frauen, Widerstand und Repression. In: Mc Robbie/Savier (Hg.)
Combe, Arno/Werner Helsper 2002: Professionalität. In: Otto/Rauschenbach/Vogel (Hg.), S. 29-47
Combe, Arno/Werner Helsper (Hg.) 1996: Pädagogische Professionalität. Untersuchungen zum Typus pädagogischen Handelns. Frankfurt/M.
Combe, Arno/Werner Helsper (Hg.) 1991: Hermeneutische Jugendforschung: theoretische Konzepte und methodologische Ansätze. Opladen
Cook, Judith A./Mary Margaret Fonow (Eds.) 1991a: Beyond Methodology. Feminist Scholarship as Lived Research. Bloomington and Indianapolis
Cook, Judith A./Mary Margaret Fonow 1991b: Back to the future. A Look at the Second Wave of Feminist Epistemology and Methodology. In: diess. 1991a
Courage 1981: Sonderheft 4, Mädchen. Berlin
Cramon-Daiber, Birgit u.a. 1981: Frauen und Soziale Arbeit – weibliche Praxis mit männlicher Theorie und Politik? Berichte und Reflexionen zur Jahrestagung 1980 der Neuen Praxis und der Gilde Soziale Arbeit. In: Neue Praxis, Jg. 11, Heft 2, S. 173-195
Dauner, Helmut 1989: Methoden geisteswissenschaftlicher Pädagogik. Einführung in Hermeneutik, Phänomenologie und Dialektik. München/Basel
Dauner, Helmut/Wilfried Lippitz (Hg.) 1984: Beschreiben – Verstehen – Handeln. Phänomenologische Forschungen in der Pädagogik. München
Deinet, Ulrich (Hg.) 2001: Kooperation von Jugendhilfe und Schule: ein Handbuch für die Praxis. Opladen
Deinet, Ulrich/Benedikt Sturzenhecker (Hg.) 1998: Handbuch Offene Jugendarbeit. Münster
Deinet, Ulrich 1992: Das Konzept »Aneignung« im Jugendhaus: neue Impulse für die offene Kinder- und Jugendarbeit. Opladen
Denzin, Norman K./Yvonna S. Lincoln (Eds.) 1994: Handbook of qualitative research. Thousand Oaks/London/New Delhi
Deutsche Shell (Hg.) 2000: Jugend 2000. Bd. 1 + 2. Opladen
Devereux, Georges 1967: Angst und Methode in den Verhaltenswissenschaften. München
Dewe, Bernd u.a. 1995: Professionelles soziales Handeln. Soziale Arbeit im Spannungsfeld zwischen Theorie und Praxis. Weinheim und München
Dewe, Bernd/Wilfried Ferchhoff/Frank-Olaf Radtke (Hg.) 1992: Erziehen als Profession. Zur Logik professionellen Handelns in pädagogischen Feldern. Opladen
Dewe, Bernd/Hans-Uwe Otto 1987: Professionalisierung. In: Eyferth (Hg.), S. 775-811

Dewe, Bernd u.a. 1986: Professionalisierung – Kritik – Deutung. Soziale Dienste zwischen Verwissenschaftlichung und Wohlfahrtsstaatkrise. ISS-Materialien 17. Institut für Sozialarbeit und Sozialpädagogik. Frankfurt/M.

Dienske, Ien 1984: Atmosphäre und Stimmung als Qualitäten der Lebenswelt. In: Dauner/ Lippitz (Hg.), S. 41-57

Dilthey, W. 1961: Pädagogik. Gesammelte Schriften, Bd. IX. Stuttgart

Diotima 1999 (ital. Original 1995): Jenseits der Gleichheit. Über Macht und die weiblichen Wurzeln der Autorität. Königstein/Taunus

Diotima 1993 (ital. Original 1987) (Philosophinnengruppe aus Verona): Der Mensch ist Zwei. Das Denken der Geschlechterdifferenz. Wien

Döpp, Wiltrud 1990: Das Modell des Lehrer-Forschers an der Laborschule. Kritische Rekonstruktion der Folgen seiner Institutionalisierung in der Praxis. Bielefeld

Döpp, Wiltrud 1988: Die Ameise im Feuer. Schulgeschichten. Essen

Duden 1974: Das Fremdwörterbuch. Mannheim

Duden 1963: Das Herkunftswörterbuch. Mannheim

Eichelkraut, Rita/Claudia From 1985: Alltagsbewältigung, Rückzug, Widerstand. Opladen

Enders-Dragässer, Uta/Claudia Fuchs 1989: Interaktionen der Geschlechter: Sexismusstrukturen in der Schule. Weinheim und München

Epstein, Max (Hg.) 1922: Die Erziehung im schulpflichtigen Alter nach der Grundschule. Karlsruhe

Eyferth, Hanns (Hg.) 1987: Handbuch zur Sozialarbeit, Sozialpädagogik. Neuwied, Darmstadt

Faulstich-Wieland, Hannelore 1994: Reflexive Koedukation. In: Bracht, U./Keiner, D. (Hg.), S. 325-342

Faulstich-Wieland, Hannelore 1992: Veränderungen der Jugendarbeit durch die Frauenforschung. In: Zeitschrift für Pädagogik 38.6, S. 895-909

Faulstich-Wieland, Hannelore (Hg.) 1987: Abschied von der Koedukation? Materialien zur Sozialarbeit und Sozialpolitik, Bd. 18. Frankfurt/M.

Ferchhoff, Wilfried/Georg Neugebauer 1989: Jugend und Postmoderne. Analysen und Reflexionen über die Suche nach neuen Lebensorientierungen. Weinheim und München 1989

Ferchhoff, Wilfried 1986: Zur Differenzierung qualitativer Sozialforschung. Mit einem Vergleich qualitativer und quantitativer Jugendforschung. In: Heitmeyer (Hg.) 1986, S. 215-244

Fischer, Cristina u.a. 1993 (ital. Original 1987): Die Differenz der Geschlechter: eine zu entdeckende und zu produzierende Differenz. In: Diotima, S. 31-64

Flaake, Karin 1998: Weibliche Adoleszenz – Neue Möglichkeiten, alte Fallen? In: Oechsle/ Geissler (Hg.), S. 43-66

Flick, Uwe u.a. (Hg.) 1991: Handbuch qualitative Sozialforschung. Grundlagen, Konzepte, Methoden und Anwendungen. München

Flick, Uwe 1991: Stationen des qualitativen Forschungsprozesses. In: ders. u.a. (Hg.), S. 148-173

Flitner, Andreas 1985: Gerechtigkeit als Problem der Schule und als Thema der Bildungsreform. In: Zeitschrift für Pädagogik 1, S. 1-26

Flösser, Gaby 2001: Das Konzept des Gender Mainstreaming als qualitätssicherndes Element in den sozialen Diensten. In: Stiftung SPI, S. 57-66

Freire, Paulo 1973: Pädagogik der Unterdrückten. Reinbek

Friebertshäuser, Barbara/Gisela Jakob (Hg.) 1997: Sozialpädagogik im Blick der Frauenforschung. Weinheim

Friebertshäuser, Barbara/Annedore Prengel (Hg.) 1997: Handbuch Qualitative Forschungsmethoden in der Erziehungswissenschaft. Weinheim und München

Froschauer, Ulrike/Manfred Lueger 1992: Das qualitative Interview. Zur Analyse sozialer Systeme. Wien

FUMA – Frauen unterstützen Mädchenarbeit e.V., Fachstelle Mädchenarbeit NRW 2001: Kommunale Leitlinien zur Forderung der Arbeit mit Mädchen und jungen Frauen in der Jugendhilfe in Nordrhein-Westfalen. Verfasst und zusammengestellt von Claudia Wallner. Gladbeck

FUMA – Frauen unterstützen Mädchenarbeit e.V., Fachstelle Mädchenarbeit NRW 1998: Bestandsaufnahme und Bedarfsanalyse von Mädchenarbeitskreisen und Mädchennetzwerken in NRW. Gladbeck

Funk, Heide/Anita Heiliger (Bearb.) 1988: Mädchenarbeit. DJI Materialien. München

Gamm, Hans-Jochen 1979: Allgemeine Pädagogik. Die Grundlage von Erziehung und Bildung in der bürgerlichen Gesellschaft. Reinbek

Geheeb, Paul 1926: Koedukation als Grundlage der Erziehung. In: Andreesen (Hg.), S. 110-112

Gernert, Wolfgang (Hg.) 1993: Das Kinder- und Jugendhilfegesetz 1993: Anspruch und praktische Umsetzung. Stuttgart

Giebeler, Cornelia 1992: Zwischen Protest und Disziplin. Die feministische Paradoxie. Bielefeld

Giesecke, Hermann 1997: Pädagogik als Beruf. Grundformen pädagogischen Handelns. Weinheim und München

Gilligan, Carol 1984: Die andere Stimme. München

Glumpler, Edith (Hg.) 1994: Koedukation. Entwicklungen und Perspektiven. Bad Heilbrunn

Goffman, Erving 1974: Das Individuum im öffentlichen Austausch. Mikrostudien zur öffentlichen Ordnung. Frankfurt/M.

Gottschalk-Scheibenpflug, Johanna/Christiana Klose 1987: »Sogar in den fortschrittlichsten Jugendverbänden ist die freundschaftliche Parität der Geschlechter noch nicht zustandegekommen.« In: Faulstich-Wieland (Hg.), S. 185ff.

Graff, Ulrike 1999: Selbstbestimmung für Mädchen. Pädagogische Auswertung der Theorie und Praxis des Mädchentreffs Bielefeld. Landschaftsverband Westfalen-Lippe (Hg.), Ideen & Konzepte Band 13, Münster

Graff, Ulrike 1997: Selbstevaluative Forschung in einem feministischen Projekt. Überlegungen zu einem Prozess in Nähe und Distanz. In: Friebertshäuser/Prengel (Hg.), S. 731-744

Graff, Ulrike 1990: Lebensplanung von Mädchen. In: Betrifft Mädchen 1/1990: »Zwischen allen Stühlen« – Mädchen und Beruf. Institut für soziale Arbeit e.V. (Hg.), Münster, S. 12-13

Graff, Ulrike 1988: Parteilichkeit-Identifikation-Autonomie. Zentrale Begriffe feministischer Mädchenpädagogik. In: Mädchentreff Bielefeld/Stein-Hilbers (Hg.), S. 82-85

Graff, Ulrike 1988: Der Mädchentreff Bielefeld. In: Funk/Heiliger (Bearb.), S. 104-108

Gröning, Katharina 1993: Beratung in kommunalen Gleichstellungsstellen: zwischen Fürsorglichkeit und Feminismus. Köln

Grossmass, Ruth 1995: Psychische Folgen sexueller Übergriffe auf Studentinnen. In: ZSB (Zentrale StudentInnenberatung Uni Bielefeld) Arbeitsbericht. Bielefeld

Grossmass, Ruth 1993: Die Beziehung zwischen Lehrenden und Lernenden in Bildungsinstitutionen – Gleichheit und Differenz. In: Landesinstitut für Schule und Weiterbildung, Oberstufen-Kolleg Bielefeld (Hg.)

Grossmass, Ruth/Christiane Schmerl (Hg.) 1989: Feministischer Kompaß, patriarchales Gepäck. Kritik konservativer Anteile in neueren feministischen Theorien. Frankfurt/New York

Haasis, Martina 2002: Die feministische pädagogische Beziehung. Ausgewählte pädagogische Konzepte und der Beitrag des Affidamento. Königstein/Taunus

Hagemann-White, Carol/Barbara Kavemann/Dagmar Ohl 1997: Parteilichkeit und Solidarität. Praxiserfahrungen und Streitfragen zur Gewalt im Geschlechterverhältnis. Bielefeld

Hagemann-White, Carol 1993: Die Konstrukteure des Geschlechts auf frischer Tat ertappen? Methodische Konsequenzen einer theoretischen Einsicht. In: Feministische Studien Nr. 2, S. 68-78

Hagemann-White, Carol 1988: Geschlecht und Erziehung – Versuch einer theoretischen Orientierung im Problemfeld der Koedukationsdebatte. In: Pfister (Hg.), S. 41-60

Hagemann-White, Carol 1984: Sozialisation: Weiblich – männlich? Opladen

Hansbauer, Peter 1999: Traditionsbrüche in der Heimerziehung. Forschung und Praxis in der Sozialen Arbeit. Band 1. Münster

Hartmann, Jutta u.a. (Hg.) 1998: Lebensformen und Sexualität. Bielefeld

Hartwig, Luise/Joachim Merchel (Hg.) 2000: Parteilichkeit in der Sozialen Arbeit. Forschung, Studium und Praxis. Schriften des Fachbereichs Sozialwesen der Fachhochschule Münster. Band 4. Münster

Hartwig, Luise/Monika Weber 2000: Parteilichkeit als Konzept der Mädchen- und Frauenarbeit. In: Hartwig/Merchel (Hg.), S. 25-48

Haug, Frigga 1983: Erinnerungsarbeit. In: dies., Frauenformen, Bd.2. Berlin, S. 8-40

Heiliger, Anita/Tina Kuhne (Hg.) 1993: Feministische Mädchenpolitik. München

Heinemann, Gabriele 2000: Mädchenarbeit im Stadtteil. In: Stiftung SPI – Mädea, Interkulturelles Zentrum für Mädchen und junge Frauen (Hg.), S. 193-207

Heiner, Maja (Hg.) 1988 a): Selbstevaluation in der sozialen Arbeit. Freiburg

Heiner, Maja (Hg.) 1988 b): Praxisforschung in der sozialen Arbeit. Freiburg

Heinzel, Friederike/Juliane Jacobi/Annedore Prengel 1994: Wie lange noch auf Nebengleisen? Zur Institutionalisierung der Erziehungswissenschaftlichen Frauenforschung. In: Erziehungswissenschaft, Jg. 5, Heft 9, S. 113-129

Heitmeyer, Wilhelm (Hg.) 1986: Interdisziplinäre Jugendforschung. München

Hentig, Hartmut von 1988: Einführung in die Schulgeschichten von Wiltrud Döpp, Die Ameise im Feuer, S. 7-17

Hentig, Hartmut von 1982: Erkennen durch Handeln. Stuttgart

Hörmann, M./B. Reinbold (Hg.) 1886: Die kleine Schwester der Frauenbewegung – Mädchenarbeit – gestern, heute, morgen. Frankfurt/M.

Honneth, Axel 1992: Kampf um Anerkennung. Zur moralischen Grammatik sozialer Konflikte. Frankfurt/M.

Holtstiege, Hildegard 1974: Erziehung – Emanzipation – Sozialisation. Perspektiven zum Problem einer Erziehung zur Mündigkeit. Bad Heilbrunn/Obb.

Hopf, Christel/E. Weingarten 1979: Qualitative Sozialforschung. Stuttgart

Horney, Walter u.a. (Hg.) 1970: Pädagogisches Lexikon in zwei Bänden. Gütersloh

Horstkemper, Marianne/Margret Kraul (Hg.) 1999: Koedukation. Erbe und Chancen. Weinheim

Huber, Günter L. 1976: Selbstbestimmung und Fremdbestimmung in Lernprozessen. München

Imhof, Margret 1978: Selbsterfahrung in der Schule: Bericht über einen gruppendynamischen Versuch. München

Irigaray, Luce 1991: Die Zeit der Differenz. Frankfurt

Jaeckel, Monika 1998: Weibliche Gegenkultur als Chance selbstbestimmten Lebens für Mädchen und junge Frauen. In: Hartmann u.a. (Hg.), S. 122-126

Janssen-Jurreit, Marielouise 1976: Sexismus. Über die Abtreibung der Frauenfrage. München/Wien

Kahlert, Heike 2000: Konstruktion und Dekonstruktion von Geschlecht. In: Lemmermöhle u.a. (Hg.), S. 20-44

Kahlert, Heike 1996a: Weibliche Subjektivität. Geschlechterdifferenz und Demokratie in der Diskussion. Frankfurt/M.

Kahlert, Heike 1996b: Für eine Pädagogik der Geschlechterdifferenz. In: Kaiser (Hg.), S. 163-167

Kahlert, Heike 1995: Demokratisierung des Gesellschafts- und Geschlechtervertrages. Noch einmal: Differenz und Gleichheit. In: Zeitschrift für Frauenforschung, 13. Jg., Heft 4, S. 5-17

Kaiser, Astrid (Hg.) 1996: FrauenStärken – ändern Schule. 10. Bundeskongress Frauen + Schule. Bielefeld

Kallmeyer, Werner/Fritz Schütze 1977: Konversationsanalyse. In: Studium Linguistik I, S. 1-28

Kamphoff, Marita/Elke Nyssen 1999: Schule und Geschlecht(erverhältnisse) – Theoretische Konzeptionen und empirische Analysen. In: Rendtorff/Moser (Hg.), S. 265-283

Kardoff, Ernst von 1988: Praxisforschung als Forschung der Praxis. In: Heiner (Hg.), S. 73-100

Kavemann, Barbara: Zwischen Politik und Professionalität: Das Konzept der Parteilichkeit. In: Hagemann-White u.a., S. 179-235

Kelle, Helga 1999: Mädchen und Jungen in Aktion. Ethnografische Ansätze in der schulischen peer culture Forschung. In: Horstkemper/Kraul (Hg.), S. 157-183

Kieler Jugendring (Hg.) 1982: Auf die Dauer Mädchenpower. Materialien und Arbeitshilfen zur feministischen Mädchenarbeit. Kiel

Kieper, Marianne 1980: Lebenswelten »verwahrloster« Mädchen. Autobiografische Berichte und ihre Interpretation. München

Klees, Renate/Helga Marburger/Michaela Schumacher 1989: Mädchenarbeit. Praxishandbuch für die Jugendarbeit. Teil 1. Weinheim/Basel

Klees-Möller, Renate 1995: Mädchen- und Frauenarbeit: Mädchenbildung, Frauenselbsthilfe, Frauenprojekte. In: Krüger/Rauschenbach (Hg.), S. 141-158

Kleinau, Elke u.a. (Hg.) 1996: Geschichte der Mädchen- und Frauenbildung. Frankfurt/M.

Klockow, Reinhard 1980: Linguistik der Gänsefüsschen: Untersuchungen zum Gebrauch der Anführungszeichen im gegenwärtigen Deutsch. Frankfurt/M.

Klose, Christiana/Pia Schmid/Brigitte Schultz 1989: Frauen im pädagogischen Diskurs: eine interdisziplinäre Bibliographie 1984-1988. Frankfurt

Knab, Doris 1970: Koedukation. In: Horney u.a. (Hg.), S. 80
Knapp, Gudrun-Axeli (Hg.) 1998: Kurskorrekturen. Feminismus zwischen Kritischer Theorie und Postmoderne. Frankfurt/M.
Knorr-Cetina, Karin 1989: Spielarten des Konstruktivismus. In: Soziale Welt, Sonderband, S. 86-96
Kohli, Martin/Günther Robert (Hg.) 1984: Biografie und soziale Wirklichkeit. Neue Beiträge und Forschungsperspektiven. Stuttgart
Kolk, Sylvia 1994: Von der Selbsterfahrung über die Selbsterkenntnis zur Einsicht. Ein Befreiungsweg im Kontext feministischer Bildungsarbeit. Bielefeld
Krappmann, Lothar 1971: Soziologische Dimensionen der Identität. Stuttgart
Kreienbaum, Maria Anna 1999: Wie geht's den Mädchen? Erste Ergebnisse einer Längsschnittsstudie. In: SPI Berlin (Hg.), S. 79-95
Kreienbaum, Maria Anna 1992: Erfahrungsfeld Schule. Koedukation als Kristallisationspunkt. Weinheim
Krieger, S. 1983: The mirror dance: Identity in a women's community. Philadelphia Press
Krüger, Heinz-Hermann/Thomas Rauschenbach (Hg.) 1995: Einführung in die Arbeitsfelder der Erziehungswissenschaft. Opladen
Krüssel, Hermann 1993: Konstruktivistische Unterrichtsforschung. Der Beitrag des wissenschaftlichen Konstruktivismus und der Theorie der persönlichen Konstrukte für die Lehr-Lern-Forschung. Europäische Hochschulschriften, Reihe XI Pädagogik. Frankfurt/M.
Kruschwitz, Simone/Jeanette Scharlinski 1999: »Muss denn Mädchenarbeit wirklich sein?« Entwicklung und Chancen von Mädchenarbeit in den neuen Bundesländern. In: SPI Berlin Bundesmodell »Mädchen in der Jugendhilfe« (Hg.), S. 39-53
Kuhlmann, Carola 2000: »Doing gender« – Konsequenzen der neueren Geschlechterforschung für die parteiliche Mädchenarbeit. In: neue praxis, Heft 3, Neuwied, S. 226-239
Kurzhals, H./K. Langmack 1998: Landesweite Netzwerke der Mädchenarbeit – Aufgaben und strukturelle Verankerungen. Referat zur Expertinnenrunde in Vorbereitung der Gründung einer Bundesarbeitsgemeinschaft Mädchenarbeit. In: 1. Vorbereitungstreffen zur Gründung einer »Bundesarbeitsgemeinschaft für Mädchenarbeit«. Arbeitsergebnisse, weiterführende Gedanken, Material. Frankfurt/M., S. 4-13
LAG Mädchenarbeit in NRW e.V. (Hg.) 2000: Erster Vernetzungskongress »Mädchenarbeit in NRW«, 22.-24.11.1999 in Aachen. 3. Rundbrief »Mädchenarbeit in NRW«. Bielefeld
LAG Mädchenarbeit in NRW e.V. (Hg.) 1999: »Was ist eigentlich eine Querschnittsaufgabe?« 2. Rundbrief »Mädchenarbeit in NRW«. Bielefeld
Landesinstitut für Schule und Weiterbildung/Oberstufenkolleg Bielefeld (Hg.) 1993: Mit unserer eigenen Stimme sprechen. Frauen und Mädchen in Schule und Bildung. Dokumentation einer Fachtagung vom 9.-11. Mai 1990 in Soest. Soest
Lamnek, Siegfried 1988: Qualitative Sozialforschung. Bd.1 Methodologie. Weinheim
Lather, Patti 1991: Getting Smart. Feminist Research and Pedagogy with/in the Postmodern. New York/London
Legewie, H. 1988: »Dichte Beschreibung«: Zur Bedeutung der Feldforschung für eine Psychologie des Alltagslebens. Vortrag auf dem 36. Kongress der Deutschen Gesellschaft für Psychologie. Berlin

Lemmermöhle, Doris/Dietlind Fischer/Dorle Klika/Anne Schlüter (Hg.) 2000: Lesarten des Geschlechts. Zur De-Konstruktionsdebatte in der erziehungswissenschaftlichen Geschlechterforschung. Opladen

Lemmermöhle, Doris 1996: Persönlichkeitsentwicklung und Geschlecht. Ziele und Ansatzpunkte einer geschlechterbewussten Mädchen- und Jungenbildung. In: Die Deutsche Schule, H.2, S.192-197

Lemmermöhle, Doris (Hg.)/Bernadette Bueren/Christiane Höke 1991-1994: Wir werden, was wir wollen! Schulische Berufsorientierung (nicht nur) für Mädchen. Dokumente und Berichte des Ministeriums für die Gleichstellung von Frau und Mann des Landes NRW 16

Lenzen, Dieter 1983: Enzyklopädie Erziehungswissenschaft Band 1. Stuttgart

Leonhard, Hans-Walter/Eckart Liebau/Michael Winkler (Hg.) 1995: Pädagogische Erkenntnis. Grundlagen pädagogischer Theoriebildung. Beiträge zur Pädagogischen Grundlagenforschung. Weinheim

Libreria delle donne di milano 1988: Wie weibliche Freiheit entsteht. Berlin

Lind, Georg 1993: Moral und Bildung. Zur Kritik von Kohlbergs Theorie der moralisch-kognitiven Entwicklung. Heidelberg

Lippitz, Wilfried 1980: »Lebenswelt« oder die Rehabilitierung vorwissenschaftlicher Erfahrung. Ansätze eines phänomenologisch begründeten anthropologischen und sozialwissenschaftlichen Denkens in der Erziehungswissenschaft. Weinheim und Basel

Lueders, C./J. Reichertz 1986: Wissenschaftliche Praxis ist, wenn alles funktioniert und keiner weiß, warum – Bemerkungen zur Entwicklung qualitativer Sozialforschung. In: Sozialwissenschaftliche Literatur Rundschau 12, S. 90-102

Luhmann, Niklas 1981: Politische Theorie im Wohlfahrtsstaat. München und Wien

Luhmann, Niklas/Karl Eberhard Schorr 1979: Das Technologiedefizit der Erziehung und die Pädagogik. In: Zeitschrift für Pädagogik 25, S.345-365

Lutz, Helma/Norbert Wenning (Hg.) 2001: Unterschiedlich verschieden. Differenz in der Erziehungswissenschaft. Opladen

Mädchentreff Bielefeld e.V. 2002: Jahresbericht 2001. Bielefeld

Mädchentreff Bielefeld e.V. 1988: Jahresbericht 1987. Bielefeld

Mädchentreff Bielefeld e.V. 1988: Planung und Wirklichkeit – Entstehungsgeschichte des Mädchentreffs Bielefeld. In: Mädchentreff Bielefeld/Stein-Hilbers (Hg.), S. 4-10

Mädchentreff Bielefeld/Marlene Stein-Hilbers (Hg.) 1988: »Marlene hatte andre Pläne...« Feministische Mädchenarbeit. Bielefeld

Markert, Dorothee 1998: Momo, Pippi, Rote Zora ... was dann? Leseerziehung, weibliche Autorität und Geschlechterdemokratie. Königstein/Taunus

Mayer, C./H. Krüger/U. Rabe-Kleberg/I. Schütte (Hg.) 1984: Mädchen und Frauen – Beruf und Biographie. München

Mc Cullers, Carson 1965: Frankie. Zürich

Mc Robbie, Angela/Monika Savier (Hg.) 1982: Autonomie – aber wie! Mädchen Alltag Abenteuer. München

Merton, Robert K. 1972: Insiders and Outsiders. A Chapter in the Sociology of Knowledge. In: American Journal of Sociology 78, S. 9-47

Metz-Göckel, Sigrid 1999: Koedukation – nicht um jeden Preis. Eine Kritik aus internationaler Perspektive. In: Behm, Britta L. u.a. (Hg.), S. 131-147

Metz-Göckel, Sigrid u.a. 1991: Mädchen, Jungen und Computer: geschlechtsspezifisches Sozial- und Lernverhalten beim Umgang mit Computern. Opladen

Meyer, Dorit/Gerlinde Seidenspinner 1999: Mädchenarbeit – Plädoyer für einen Paradigmenwechsel. In: AGJ (Hg.), 50 Jahre Arbeitsgemeinschaft für Jugendhilfe – Einheit der Jugendhilfe. Bonn, S. 58-71

Mies, Maria 1978: Methodische Postulate zur Frauenforschung – dargestellt am Beispiel der Gewalt gegen Frauen. In: beiträge zur feministischen theorie und praxis, München, Heft 1, S. 41-63

Ministerium für Frauen, Jugend, Familie und Gesundheit des Landes Nordrhein-Westfalen (Hg.) 2000: Parteiliche Arbeit mit Mädchen und jungen Frauen. Empfehlungen für die mit Mitteln des Landesjugendplanes geförderten Angebote. Düsseldorf

Möhlke, Gabriele/Gabi Reiter 1995: Feministische Mädchenarbeit – Gegen den Strom. Münster

Möller, Berith 1998: Mädchenarbeit als Lebensort – Parteilichkeit, Geborgenheit und Selbstwert. Eigenständigkeit und Selbstbezug. In: Böhnisch u.a. (Hg.), S. 195-206

Mollenhauer, Klaus/Uwe Uhlendorf 1992: Sozialpädagogische Diagnosen. Über Jugendliche in schwierigen Lebenslagen. München

Mollenhauer, Klaus 1983: Vergessene Zusammenhänge. München

Mühlfeld, Claus/Paul Windolf/Norbert Lampert/Heidi Krüger 1981: Auswertungsprobleme offener Interviews. In: Soziale Welt, Jg. 32, Heft 3, S. 325-352

Müller, Carl Wolfgang 1988: Achtbare Versuche. Zur Geschichte der Praxisforschung in der Sozialen Arbeit. In: Heiner (Hg.) b), S. 17-33

Müller, Carl Wolfgang 1982: Wie Helfen zum Beruf wurde. Eine Methodengeschichte der Sozialarbeit. Weinheim/Basel

Münchmeier, Richard 1992: Institutionalisierung pädagogischer Praxis am Beispiel der Jugendarbeit. In: Zeitschrift für Pädagogik, 38. Jg. Nr. 3, S. 371-384

Muraro, Luisa 1989: Weibliche Genealogie und Geschlechterdifferenz. Vorträge. Herausgegeben vom Verein Sozialwissenschaftliche Forschung und Bildung für Frauen e.V., Frankfurt/M.

Musfeld, Tamara 1992: ... Ich lebe, also bin Ich ... Postmoderne und weibliche Identität. In: Psychologie und Gesellschaftskritik 63/64, 16. Jg., 3/4, S. 125-144

Nadig, Maya 1985: Ethnopsychoanalyse und Feminismus – Grenzen und Möglichkeiten. In: Feministische Studien 2, S. 105-118

Naundorf, Gabriele u.a. 1986: Koedukation – Jungenschule auch für Mädchen? Opladen

Naundorf, Gabi/Sylvia Wetzel 1978: Wochenkurse für Hauptschüler/innen. Materialien des Wannseeheims für Jugendarbeit e.V. Berlin

Naundorf, Gabi/Monika Savier 1978: Was macht Mädchen so stark? In: Sozialmagazin 9

Nava, Mica 1982: Mädchen sind eigentlich kein Problem. Die politische Bedeutung von Ungleichheit in der Jugendarbeit. In: Mc Robbie/Savier (Hg.)

Negt, Oskar 1975/1976: Schule als Erfahrungsprozess – Gesellschaftliche Aspekte des Glocksee-Projekts. In: Ästhetik und Kommunikation 6/7, 22/23, S. 36-59

Neill, Alexander S. 1969: Theorie und Praxis der antiautoritären Erziehung: das Beispiel Summerhill. Reinbek

Nyssen, Elke 1996: Mädchenförderung in der Schule. Ergebnisse und Erfahrungen aus einem Modellversuch. Weinheim und München

Nyssen, Elke/Marita Kampshoff/Eva Bittner 1996: Der Technikunterricht – Beobachtungen, Interviews und Befragungen im fünften und siebten Schuljahr. In: dies., S. 29-92
Oakley, Ann 1981: Interviewing women: a contradiction in terms. In: Roberts (Hg.) 1981, S. 30-61
Oechsle, Mechthild/Birgit Geissler (Hg.) 1998: Die ungleiche Gleichheit. Junge Frauen und der Wandel im Geschlechterverhältnis. Opladen
Olk, Thomas 1986: Abschied vom Experten. Sozialarbeit auf dem Weg zu einer alternativen Professionalität. Weinheim
Oswald, Hans/Lothar Krappmann/M. v. Salisch 1988: Miteinander-Gegeneinander. Eine Beobachtungsstudie über Mädchen und Jungen im Grundschulalter. In: Pfister (Hg.), S. 173-192
Otto, Hans-Uwe/Thomas Rauschenbach/Peter Vogel (Hg.) 2002: Erziehungswissenschaft: Professionalität und Kompetenz. Opladen
Parmentier, Michael 1983: Ethnomethodologie. In: Lenzen (Hg.), S. 246-261
Pfister, Gertrud (Hg.) 1988: Zurück zur Mädchenschule? Pfaffenweiler
Piussi, Anna Maria 1993 (ital. Original 1987): Die Bedeutung/Sichtbarkeit des Weiblichen und der Logos der Pädagogik. In: Diotima, S. 133-172
Piussi, Anna Maria 1990: Towards a Pedagogy of Sexual Difference: Education and Femal Genealogy. In: Gender and Education, 2. Jg., Heft 1, S. 81-90
Prengel, Annedore 2001: Egalitäre Differenz in der Bildung. In: Lutz/Wenning (Hg.), S. 93-107
Prengel, Annedore 1994: Gleichheit und Differenz aus Sicht der Frauenforschung. Referat zum 20jährigen Bestehen der Laborschule Bielefeld
Prengel, Annedore 1993: Pädagogik der Vielfalt. Opladen
Pusch, Luise F. (Hg.) 1983: Feminismus. Inspektion der Herrenkultur. Ein Handbuch. Frankfurt/M.
Rabe-Kleberg, Ursula 1996: Professionalität und Geschlechterverhältnis. Oder: Was ist ›semi‹ an traditionellen Frauenberufen? In: Combe /Helsper (Hg.), S. 276-302
Rauschenbach, Thomas 1991: Jugendverbände im Spiegel der Statistik. In: Böhnisch/ Gängler/Rauschenbach (Hg.), S. 115-131
Rauw, Regina/Ilka Reinert (Hg.) 2001a: Perspektiven der Mädchenarbeit. Partizipation, Vielfalt, Feminismus. Opladen
Rauw, Regina 2001: »Was ich will!« Zur Weiterentwicklung von Mädchenarbeit. In: Rauw/ Reinert (Hg.), S. 29-47
Rauw, Regina/Olaf Jantz/Ilka Reinert/Franz Gerd Ottemeier-Glücks (Hg.) 2001b: Perspektiven geschlechtsbezogener Pädagogik. Impulse und Reflexionen zwischen Gender, Politik und Bildungsarbeit. Opladen
Rendtorff, Barbara/Vera Moser (Hg.) 1999: Geschlecht und Geschlechterverhältnisse in der Erziehungswissenschaft. Opladen
Rendtorff, Barbara/Vera Moser 1999: Geschlecht als Kategorie – soziale, strukturelle und historische Aspekte. In: Rendtorff/Moser (Hg.), S. 11-68
Richardson, Laurel 1994: Writing: A Method of Inquiry. In: Denzin/Lincoln (Eds.), S. 516-529
Roberts, Helen (Hg.) 1981: Doing Feminist Research. London/New York
Rose, Lotte 2000: Mädchenarbeit und Jungenarbeit in der Risikogesellschaft. In: neue praxis, Neuwied, Heft 3, S. 240-253

Rosental, Gabriele 1995: Erlebte und erzählte Lebensgeschichte. Gestalt und Struktur biografischer Selbst. Frankfurt/M.
Roth, Leo (Hg.) 1978: Methoden erziehungswissenschaftlicher Forschung. Stuttgart
Rupp, Leila J./Verta Taylor 1991: Researching the Women's Movement: We Make Our Own History, But Not Just As We Please. In: Cook/Fonow (Eds.), S. 119-132
Savier, Monika/Carola Wildt 1980: Mädchen zwischen Anpassung und Widerstand. Neue Ansätze zur feministischen Jugendarbeit. München
Scherr, Albert 1997: Subjektorientierte Jugendarbeit. Eine Einführung in die Grundlagen emanzipatorischer Jugendpädagogik. Weinheim und München
Schiefele, H. 1974: Lernmotivation und Motivlernen. München
Schimpf, Elke 1999: Geschlechterpolarität und Geschlechterdifferenz in der Sozialpädagogik. In: Rendtorff/Moser (Hg.), S. 265-282
Schmauch, Ulrike 1987: Anatomie und Schicksal. Zur Psychoanalyse der frühen Geschlechtersozialisation. Frankfurt/M.
Schründer, Agi 1982: Alltagsorientierung in der Erziehungswissenschaft. Studien zu ihrem Anspruch und ihrer Leistung auf dem Hintergrund alltagstheoretischer Ansätze in den Sozialwissenschaften. Weinheim und Basel
Schütz, Alfred 1960: Der sinnhafte Aufbau der sozialen Welt. Wien
Schütze, Fritz 1987: Das qualitative Interview in Interaktionsfeldstudien. Hagen
Schütze, Fritz 1984: Kognitive Figuren des autobiografischen Stegreiferzählens. In: Kohli/ Robert (Hg.), S. 78-117
Schütze, Yvonne 1993: Geschlechtsrollen – Zum tendenziellen Verfall eines Deutungsmusters. In: Zeitschrift für Pädagogik, 39. Jg., Nr. 4, S. 551-560
Schumacher, Michaela/Gitta Trauernicht 1987: Offene Jugendarbeit mit Mädchen in Nordrhein-Westfalen: eine Arbeitshandreichung. Düsseldorf
Soeffner, H.-G. (Hg.) 1979: Interpretative Verfahren in den Sozial- und Textwissenschaften. Stuttgart
Spender, Dale 1985: Frauen kommen nicht vor. Sexismus im Bildungswesen. Frankfurt/M.
SPI Berlin/Gabriele von Ginsheim/Dorit Meyer (Hg.) 2001: Gender Mainstreaming – neue Perspektiven für die Jugendhilfe. Berlin
SPI Berlin, Bundesmodell »Mädchen in der Jugendhilfe«/Gabriele von Ginsheim/Dorit Meyer (Hg.) 1999: Geschlechtersequenzen. Dokumentation des Diskussionsforums zur geschlechtsspezifischen Jugendforschung. Berlin
Spiegel, Hiltrud von 1997: Ein Kompetenzmodell für Pädagoginnen als Beitrag zur Qualitätsentwicklung und Qualitätssicherung in der Mädchenarbeit. In: Betrifft Mädchen 2, S. 16-22
Spiegel, Hiltrud von 1993: Aus Erfahrung lernen. Qualifizierung durch Selbstevaluation. Münster
Stanley, Liz/Sue Wise 1993: Breaking out again. Feminist ontology and epistemology. London
Stein, Gerd (Hg.) 1979: Kritische Pädagogik. Positionen und Kontroversen. Hamburg
Stein, Gertrude 1993: Die Welt ist rund. Klagenfurt
Steinert, Erika/Ute Straub 1988: Interaktionsort Frauenhaus. Möglichkeiten und Grenzen eines feministischen Projekts. Heidelberg
Stiftung SPI – Mädea Interkulturelles Zentrum für Mädchen und junge Frauen (Hg.) 2000: Mädchen in sozialen Brennpunkten. Dokumentation des Fachforums im Rahmen des

Aktionsprogramms »Entwicklung und Chancen junger Menschen in sozialen Brennpunkten«. Berlin
Stöcker, Lydia 1922: Besondere Unterrichts-Einrichtungen für Mädchen im Rahmen der gemeinsamen Erziehung. In: Epstein (Hg.), S. 339-342
Strauss, Anselm L. 1991: Grundlagen qualitativer Sozialforschung. München
Stübig, Frauke 1995: Schulalltag und Lehrerinnenbewußtsein: das Tagebuch einer Lehrerin und seine Reflexion im Gespräch mit Birke Mersmann. Weinheim
Sturzenhecker, Benedikt (Hg.) 1996: Leitbild Männlichkeit. Was braucht die Jungenarbeit? Münster
Thiersch, Hans 1998: Profession und Person. Zur Berufsidentität der SozialpädagogInnen. In: Böhnisch u.a. (Hg.), S. 263-270
Thiersch, Hans 2002: Sozialpädagogik – Handeln in Widersprüchen? In: Otto/Rauschenbach/Vogel (Hg.), S. 209-222
Thies, Wiltrud/Charlotte Röhner 2000: Erziehungsziel Geschlechterdemokratie. Interaktionsstudie über Reformansätze im Unterricht. Weinheim und München
Thürmer-Rohr, Christina 1984: Der Chor der Opfer ist verstummt. Eine Kritik an Ansprüchen der Frauenforschung. In: beiträge zur feministischen theorie und praxis 2, S. 71-84
Trauernicht, Gitta/Michaela Schumacher 1987: Offene Jugendarbeit mit Mädchen in Nordrhein-Westfalen: eine Arbeitshandreichung. Düsseldorf
Tübinger Institut für frauenpolitische Sozialforschung e.V. (Hg.) 1998: Den Wechsel im Blick. Methodologische Ansichten feministischer Sozialforschung. Pfaffenweiler
Walkerdine, Valerie 1990: Schoolgirl Fictions. London/New York
Wallner, Claudia 1999: Mädchenarbeit in Deutschland – vernetzt – kompetent – politisch. Referat zur Gründungstagung der Bundesarbeitsgemeinschaft »Mädchenpolitik« e.V. In: Rundbrief 6 der LAG »Mädchen und junge Frauen in Sachsen« e.V., Dresden, S. 8-10
Wallner, Claudia 1996: Mädchen im Blick. Mädchengerechte kommunale Jugendhilfeplanung. Münster
Walzer, Michael 1992: Sphären der Gerechtigkeit. Ein Plädoyer für Pluralität und Gleichheit. Frankfurt/M.
Watzlawick, Paul u.a. 1974: Menschliche Kommunikation. Formen, Störungen, Paradoxien. Stuttgart
Weber, M. 1999: Mädchengerechte Kinder- und Jugendhilfe. Im Auftrag des Ministeriums für Frauen, Jugend, Familie und Gesundheit NRW. Düsseldorf
Weimer, Herrmann 1992: Geschichte der Pädagogik. 19., völlig neu überarbeitete Auflage von Juliane Jacobi. Berlin/New York
Wenning, Norbert 2001: Differenz durch Normalisierung. In: Lutz/Wenning (Hg.), S. 275-295
Werthmanns-Reppekus, Ulrike 1993: Geschlechtsspezifische Jugendhilfe als Generalklausel. In: Gernert (Hg.), S. 56-65
Wetzel, Sylvia 2000: Mädchen und Freiheit – Wege zur freien Frau: sechs Beziehungen und eine Einsicht. In: LAG Mädchenarbeit in NRW e.V. (Hg.), S. 19-23
Weydt, Harald (Hg.) 1977: Aspekte der Modalpartikeln: Studien zur deutschen Abtönung. Tübingen
Wiedemann, Peter 1991: Gegenstandsnahe Theoriebildung. In: Flick u.a. (Hg.), S. 440-445
Windelband, Wilhelm 1910: Über Gleichheit und Identität. Heidelberg
Witzel, Andreas 1985: Das problemzentrierte Interview. In: Jüttemann, Gerd (Hg.) Weinheim und Basel, S. 227-255

Wolf, Barbara 1998: Kann Jugendarbeit Halt bieten? In: Böhnisch u.a. (Hg.), S. 169-181
Wollstonecraft, Mary 1787: Thoughts on the Education of Daughters. London
Woolf, Virginia 1994: Ein Zimmer für sich allein. Frankfurt/M.
Wulf, Christoph 1977: Theorien und Konzepte der Erziehungswissenschaft. München
Wulf, Christoph (Hg.) 1974: Wörterbuch der Erziehung. München
Zötsch, Claudia 1999: Powergirls und Drachenmädchen. Münster

Zum Weiterlesen

Martina Haasis
Die feministische pädagogische Beziehung
ISBN 3-89741-115-6

Anliegen dieser Arbeit ist es, ein Theorem einer pädagogischen Beziehung aus feministischer Perspektive zu formulieren, um den Bedürfnissen und Perspektiven von Frauen und Mädchen Eingang in die Theorieentwicklung zu pädagogischer Beziehung zu ermöglichen. Ziel dessen ist letztlich eine Demokratisierung des Geschlechterverhältnisses in allen Lebensbereichen. Diese Art der Demokratisierung wird auf der Ebene der symbolischen Ordnung im pädagogischen Verhältnis verfolgt, die als Handlungsebene anzusehen ist. Denn das Symbolische durchzieht die gesamte Gesellschaft und strukturiert die Wahrnehmungen, Interpretationen und Interaktionen. Ohne damit essentialistische Zuschreibungen zu untermauern, sieht Martina Haasis als Basis ihrer Konzeption einer feministisch pädagogischen Beziehung die Anerkennung von Differenzen unter Frauen. Der in Italien entwickelte und in Deutschland fortgeführte differenztheoretische Ansatz des Affidamento hilft nach Ansicht der Autorin nicht nur die Konstruktionen über Weiblichkeit aufzudecken und Geschlechterstereotypen zu erkennen, sondern auch, die Veränderung der symbolischen Ordnung zu unterstützen. Daneben zieht Martina Haasis Arbeiten von Herman Nohl und Klaus Mollenhauer heran und erweitert ihre Auseinandersetzung um die aktuelle Diskussion der Generationenbeziehung. Am Ende ihrer Arbeit steht die Rekonstruktion einer feministischen pädagogischen Beziehung.

MARTINA HAASIS, geboren 1968, promovierte zum Thema an der Universität Halle-Wittenberg im Fachbereich Erziehungswissenschaften.

Ulrike Gentner (Hg.)
Geschlechtergerechte Visionen
Politik in Bildungs- und Jugendarbeit
ISBN 3-89741-065-6

Wie partizipieren Jugendliche an Politik? Was setzen sie in eigenes Handeln um? Wie finden Mädchen und junge Frauen eigene Formen politischen Engagements?
Der Anspruch, Politik zu machen und gesellschaftspolitische Themen zu vermitteln, berührt Fragen nach der politischen Kultur für Frauen und Männer. Gerade für die Bildungs- und Jugendarbeit bedeutet dies den Anspruch, dass sie geschlechterreflektiert zu sein hat – mehr noch: dass ihr Vorstellungen von Geschlechtergerechtigkeit zugrunde liegen.
Im vorliegenden Band geht es darum, Qualitätsstandards für eine geschlechterreflektierte Bildungs- und Jugendarbeit zu entwickeln. Dabei verschränken sich wissenschaftliche Forschungen mit der Bildungspraxis: Wissenschaftlerinnen beziehen Aspekte der Geschlechtergerechtigkeit auf die Themen Partizipation, Politisches Lernen und christliche Sozialethik. Dabei konnten zentrale Ergebnisse eines bundesweiten Projektes der politischen Jugend(Bildungs)arbeit einfließen, die im Rahmen eines Modellprogramms des Bundesministeriums für Familie, Senioren, Frauen und Jugend, »Mädchen in der Jugendhilfe« entwickelt wurden.

Ingrid Thalhofer, Barbara Blüml, Gabi Reineke, Adelheid Unterstaller (Hg.)
GAIA – Feministische Bildungsarbeit in Bewegung
ISBN 3-89741-093-1

Affidamento, Feminismus, Buddhismus, Integrales Bewusstsein, weibliche Genealogie, Befreiung – passen diese Begriffe zusammen? Sie passen! Und lassen sich zudem zusammenfügen zu einem spannenden Ansatz feministischer Bildungsarbeit.

Sylvia Kolk hat diesen Ansatz begründet und über viele Jahre in der Praxis erprobt. Zusammen mit Gisela Strötges hat sie daraus einen mehrjährigen Lehrgang zur feministischen Bildungsreferentin entwickelt. Einige Absolventinnen haben sich nun zusammengetan, um die Vielfalt des GAIA-Ansatzes aufzuzeigen.
GAIA steht für »Gänzlichung analytischer und intuitiver Ansätze«. Der komplexe Name meint, dass Theorien und Erfahrungen bewusst zusammengebracht werden: Theorie wird so erfahrbar und Erfahrung reflektiert. Dies bietet zahlreiche neue Impulse für Frauen in der Frauenbildungsarbeit und Erwachsenenbildung in Volkshochschulen, an Universitäten, in Frauenbildungshäusern, Gewerkschaften und anderen Institutionen.